本书为北京用友公益基金会"商的长城"一般项目"近代云南地域商帮与社会变迁研究"（2017-YX05）结项成果

本书出版受到云南师范大学中国史学科建设经费和云南省"万人计划"青年拔尖人才专项经费资助

近代云南地域商帮与社会变迁研究

张永帅 著

中国社会科学出版社

图书在版编目（CIP）数据

近代云南地域商帮与社会变迁研究/张永帅著. —北京：中国社会科学出版社，2023.8

ISBN 978-7-5227-2357-0

Ⅰ.①近… Ⅱ.①张… Ⅲ.①商业史—研究—云南—近代②社会变迁—研究—云南—近代 Ⅳ.①F729②K297.4

中国国家版本馆 CIP 数据核字（2023）第 144934 号

出 版 人	赵剑英
责任编辑	安　芳
责任校对	张爱华
责任印制	李寡寡

出　　版	中国社会科学出版社
社　　址	北京鼓楼西大街甲 158 号
邮　　编	100720
网　　址	http://www.csspw.cn
发 行 部	010-84083685
门 市 部	010-84029450
经　　销	新华书店及其他书店

印刷装订　三河市华骏印务包装有限公司
版　　次　2023 年 8 月第 1 版
印　　次　2023 年 8 月第 1 次印刷

开　　本	710×1000　1/16
印　　张	16
插　　页	2
字　　数	258 千字
定　　价	89.00 元

凡购买中国社会科学出版社图书，如有质量问题请与本社营销中心联系调换
电话：010-84083683
版权所有　侵权必究

目 录

前 言 ……………………………………………………………… (1)
  一 相关概念 ………………………………………………………… (1)
  二 相关研究进展 …………………………………………………… (3)
  三 研究意义 ………………………………………………………… (6)
  四 研究目标与主要内容 …………………………………………… (7)

第一章 近代云南主要商帮及其民族性与地域性特征 ……………… (9)
  第一节 近代云南地域商帮兴起的时代背景与地理因素 ………… (9)
    一 近代云南本土商帮兴起的时代背景 ………………………… (9)
    二 滇南商帮兴起的地理因素 …………………………………… (11)
    三 滇西商帮形成的地理因素 …………………………………… (12)
  第二节 近代云南主要商号的兴衰 ………………………………… (14)
    一 顺成号 ………………………………………………………… (14)
    二 永昌祥 ………………………………………………………… (16)
    三 兴盛和与恒盛公 ……………………………………………… (18)
    四 洪盛祥 ………………………………………………………… (22)
  第三节 近代云南商帮的民族性和地域性特征 …………………… (24)
    一 近代云南商帮的民族性特征 ………………………………… (24)
    二 近代云南商帮的地域性特征 ………………………………… (27)

第二章　近代云南地域商帮管理模式及经营理念……(32)

第一节　喜洲商帮的管理模式及经营理念……(32)
一　集资合股，多元经营……(32)
二　号规明确，管理严格……(34)
三　诚实守信，信誉为本……(35)
四　重视人才，选贤用能……(37)
五　熟悉市场，摸准行情……(38)
六　吃苦耐劳，坚忍不拔……(39)

第二节　鹤庆商帮的管理模式及经营理念……(40)
一　家族式经营……(40)
二　健全、规范的管理制度……(42)
三　重信誉，讲诚信……(43)
四　重视商业信息……(45)
五　应时而变，合理布局与开拓市场……(46)
六　资金运用灵活……(50)

第三节　腾冲商帮的管理模式及经营理念……(52)
一　家族式管理和股份制企业……(52)
二　重视人才，唯才是举……(55)
三　因地制宜，洞察商机……(57)
四　诚信经营，善于合作……(60)
五　重视信息，有的放矢……(61)
六　控制成本，提高利润……(62)

第四节　建水、蒙个商帮的管理模式及经营理念……(64)
一　得"开放"风气之先……(64)
二　利用区位优势，以经营个旧锡矿为主业……(65)
三　注重制度建设，管理较为规范……(67)
四　亦官亦商，官商一体……(69)
五　以路兴商，重视地方交通建设……(70)

第五节　云南其他重要地域商帮的管理模式及经营理念……(72)
一　弥勒商帮管理模式及经营理念……(72)

二　丽江商帮的经营特点 …………………………………………… (77)

第三章　地域商帮与近代云南经济变迁 ………………………………… (82)
第一节　地域商帮与近代云南农牧业的商品化 ………………………… (82)
　　一　农牧业产品大量进入国内外市场 …………………………… (82)
　　二　地域商帮与近代云南种植业的商品化 ……………………… (85)
　　三　地域商帮与近代云南畜牧业的商品化发展 ………………… (93)
第二节　地域商帮与近代云南工矿业变迁 ……………………………… (98)
　　一　商人从事近代云南工矿业建设的原因 ……………………… (98)
　　二　"以商养工"：云南本土商人与近代云南工矿业的
　　　　变迁 …………………………………………………………… (100)
　　三　"以工促商"：投资工矿业与近代云南本土商人的
　　　　成长 …………………………………………………………… (120)
第三节　地域商帮与近代云南地方金融 ………………………………… (127)
　　一　地方汇兑业的开展 …………………………………………… (127)
　　二　商办银行的兴起 ……………………………………………… (132)
　　三　地方典当业的兴盛 …………………………………………… (134)
　　四　银庄、兼销铺的兴盛 ………………………………………… (136)
第四节　地域商帮与近代云南市场的发展 ……………………………… (138)
　　一　商人推动各地市场兴盛 ……………………………………… (138)
　　二　地域商帮与区域市场等级—分工体系的形成 ……………… (141)
　　三　地域商帮与市场物资供应的日渐丰富 ……………………… (142)
　　四　为偏远山区提供基本物资保障 ……………………………… (144)
　　五　商人与部分地方市场的产生、发展 ………………………… (146)
　　六　地域商帮与云南中转市场格局变化 ………………………… (147)
第五节　近代云南地域商帮与周边国家贸易圈的构筑 ………………… (149)
　　一　地域商帮与滇港贸易线的形成 ……………………………… (150)
　　二　地域商帮与云南—东南亚贸易圈的构建 …………………… (152)
　　三　云南地域商帮与滇印贸易的发展 …………………………… (160)
　　四　中国—南亚—东南亚贸易圈的性质与作用 ………………… (162)

第四章　地域商帮与近代云南社会生活 …………………（164）
第一节　地域商帮与近代云南社会风尚的变化 …………（164）
　　一　商品意识强化与从商观念盛行 …………………（164）
　　二　"洋"风盛行，民风由俭趋奢 …………………（167）
　　三　商人与地方大家庭制的兴起 ……………………（169）
　　四　商人与地方习俗改良 ……………………………（171）
第二节　地域商帮与近代云南社会公益事业的兴办 ……（172）
　　一　兴赈济，做慈善 …………………………………（172）
　　二　重教兴学 …………………………………………（174）
　　三　捐资医疗 …………………………………………（176）
　　四　铺路架桥 …………………………………………（177）
　　五　兴办水利 …………………………………………（179）
　　六　助推地方文化发展 ………………………………（181）
　　七　地域商帮从事公益事业的原由与社会效果 ……（182）

第五章　地域商帮与近代云南地方社会治理 ……………（185）
第一节　商人势力的膨胀与近代云南地方治理架构的变化 ……（185）
　　一　商人社会地位变化与社会流动 …………………（185）
　　二　商帮的增多与会馆的涌现 ………………………（188）
　　三　商会：商人参与社会治理的组织 ………………（190）
　　四　自治公所与县参议员选举 ………………………（192）
　　五　"商绅"主导下的地方治理 ……………………（193）
　　六　商人参与维护社会稳定 …………………………（195）
第二节　近代云南地域商帮与地方政治变革 ……………（196）
　　一　崛起于边疆民族危机之际 ………………………（197）
　　二　参与拥护辛亥革命 ………………………………（197）
　　三　卷入地方实力派的斗争 …………………………（198）
　　四　投身共产主义事业 ………………………………（200）
　　五　积极支持抗日救亡运动 …………………………（201）
　　六　对解放事业的鼎力襄助 …………………………（202）

七　商人参与政治变革的动机 …………………………………（204）

第六章　"汲取历史营养"，回应时代需要 ……………………（207）
　第一节　近代云南商帮的历史作用与商业精神传承 …………（207）
　　一　近代云南地域商帮的历史作用 ……………………………（207）
　　二　近代云南地域商帮的商业精神及其传承 …………………（213）
　第二节　超越"历史"，再铸辉煌 ………………………………（222）
　　一　近代云南地域商帮的局限 …………………………………（223）
　　二　新旧之间与近代云南商帮局限性的形成 …………………（226）
　　三　回应时代召唤，做云南"三个定位"建设的积极
　　　　实践者 ………………………………………………………（227）

参考文献 …………………………………………………………（233）

前　言

一　相关概念

（一）商帮

学界有关商帮的研究历来已久，至今方兴未艾，仍是经济史研究的一大热点。但大多研究或直接使用商帮概念，或径直采用已有相关定义，并未对其进行专门阐释和界定。截至目前，有关商帮的定义，以张海鹏、张海瀛主编的《中国十大商帮》一书中所做的定义最具代表性，为学界普遍采用，即"商帮，是以地域为中心，以血缘、乡谊为纽带，以'相亲相助'为宗旨，以会馆、公所为其在异乡的联络、计议之所的一种既'亲密'而又松散的自发形成的商人群体。商帮的出现标志着我国封建商品经济发展到了最后的阶段"[①]。这一定义明确了商帮的形成机理、组织形式与性质，是比较科学的。但是，这一定义是以商帮形成于明代，兴盛于清代为认识前提的，正因如此，才将其界定为我国封建商品经济发展到最后阶段的标志。很明显，基于对"十大商帮"的认识而形成的这样一个基本结论，没有充分考虑到当十大商帮开始衰落时，有些地域商帮才开始兴起这一历史真实，忽视了对除十大商帮之外的其他地域商帮的关注，是有失全面的。何况，正如吴承明先生所指出的那样，"在16世纪，中国也有了现代化的因子或萌芽，标志是大商帮的兴起，十大商帮有五个兴于16世纪，其余在17世纪前期"[②]，地域商帮也扮演了传统经济向现代经济转变的角色，不应将其仅仅限于明清"我国封建商品经

[①] 张海鹏、张海瀛主编：《中国十大商帮》，黄山书社1993年版，前言。
[②] 吴承明：《从传统经济到现代经济的转变》，《中国经济史研究》2003年第1期。

济发展到了最后的阶段"这一特定时期。

因此，笔者认为，商帮是以地域为中心，以地缘、血缘、亲缘为纽带自发结帮而形成的，在业务上往往相互关联，共享相对一致的经营理念与商业文化，在异乡多以同乡会馆、公所为联络感情、加强联系、共议商事的场所的一种既"亲密"而又松散的商业经营组织。

(二) 云南地域商帮

如上所述，地域性是商帮的基本属性之一。本书之所以没有径称"云南商帮"而是称作"云南地域商帮"，一是因为历史上几乎没有"云南商帮"的叫法，"滇帮"名号也不够响亮；二是正因如此，称作"云南商帮"或会产生两个完全不同的意思，即云南的商帮、活动于云南的商帮，造成理解上的偏差。本书的研究对象是形成于云南地域内的云南本土商帮，以不引起歧义计，称作"云南地域商帮"较为恰切。

尽管"对云南这样一个多民族地区的省份而言，商人群体的认同与整合，除了以血缘性的亲族关系以及地缘性的同乡关系为其重要的纽带外，民族认同也是不可忽视的重要纽带"[①]，但是我们也应该认识到，近代云南地域商帮所体现出的鲜明的"民族性"特征，本质上还是对商帮的"地域性"属性的反映。因为这些少数民族商人群体的兴起与发展，并不是不同地域的同一个民族的结帮，而是因为在这个地区主要聚居的是这一民族，地缘认同自然会融入民族认同，本质上还是地域性组织，而不是民族性组织。只有明确了这一点，才不至于将近代的云南商帮划分为"同乡商帮"和"民族商帮"[②] 这样本不应该并列的两个类别。

(三) 社会变迁

社会处在不断的运动变化中，对于社会变化的表述，社会学多用"变迁"一词。[③] 从这个意义上讲，"社会变迁泛指一切社会现象发生变化的动态过程和结果"[④]。其类型，按照变迁的规模来划分，可分为整体

[①] 罗群：《近代云南商人与商人资本》，云南大学出版社2004年版，第103页。
[②] 姚建峰、田生湖、喻凡、崔同宜：《云南商帮》，云南人民出版社2020年版，第70—80页。
[③] 吴增基、吴鹏森、苏振芳主编：《现代社会学》，上海人民出版社2018年版，第297页。
[④] 梁瑞明编著：《社会学基础》，中山大学出版社2019年版，第302页。

变迁和局部变迁；按照变迁的方向（即价值评价）来划分，分为进步的社会变迁和倒退的社会变迁；按照社会变迁的方式来划分，分为渐进的社会变迁和激进的社会变迁；按照人对社会变迁的参与和控制划分，分为自发的社会变迁和有计划的社会变迁。①

本书所谓的"社会变迁"，从理念上讲，指的是近代时期云南一切社会现象发生变化的动态过程和结果。但考虑到本书的核心内容是近代云南地域商人与云南社会变迁的互动关系，笔者认为，描述经济、政治、文化等不同"要素"的变化，分析地域商帮在这些不同方面的变化中起到什么样的作用，是较为有效的、可操作的切入方式。因此，本书的"社会变迁"指的是近代云南社会在经济、政治、文化、社会生活等方面发生的变化。而这自然是与社会学对"社会变迁"的研究强调的是社会结构的变化，"不讲经济的变迁、政治的变迁、思想的变迁等等"某些单一要素的变化②不同的。

二 相关研究进展

商帮是以血缘和地缘连接起来的商业集团，是明清以来商品经济发展的产物。商帮的形成与各地商品经济的发展紧密相关，是地域特征与时代背景共同作用的结果，并影响地域经济社会的发展与变迁，因此，对商帮进行研究向来为学界所重视，已经积累了非常丰硕的研究成果。

商帮兴起的背景与形成时间是研究商帮须首先解决的问题，因此，凡是研究各地商帮的相关成果无不对此有所关涉。但大多数成果存在不是过分强调全国的情形，就是过分强调各地的因素的问题，进一步的研究则将地方的与全国的因素结合，深入探讨地域商帮兴起的社会背景[3]，考察各地商帮的形成过程[4]。在考察商帮兴起原因的基础上，出现了大量有关商帮发展历程的研究论著，它们或以整体的"中国商帮"为研究对

---

① 梁瑞明编著：《社会学基础》，中山大学出版社2019年版，第302—303页。
② 吴增基、吴鹏森、苏振芳主编：《现代社会学》，上海人民出版社2018年版，第297页。
③ 范金民：《明代地域商帮兴起的社会背景》，《清华大学学报》2006年第5期。
④ 范金民：《明代地域商帮的兴起》，《中国经济史研究》2006年第3期。

象做鸟瞰式的叙述①,或以个体的地域商帮为研究对象做系统的梳理②,但其往往是以所谓的"十大商帮"为主要研究对象,或径直着力于对十大商帮的研究③,而对其他地域商帮的研究重视不够。

商人是商品经济发展的直接承担者,也是地方社会发展的参与者,因此,商帮与地域社会的关系问题是商帮研究的必然议题之一。该研究又可分为两大议题,一是地域社会对商帮与商帮文化的塑造,论者较多关注的是地理环境④、文化信仰⑤等因素对商帮文化的塑造作用;二是商人/商帮对全国或地方社会发展的影响,论者或从整体上研究商人/商帮对一时代社会变迁的影响⑥,或就某一商帮对地域社会变迁的影响进行个案的研究⑦,或探究相关商帮在社会变迁的具体方面所发挥的作用⑧。

商帮文化、治理模式及其商业遗产是近年商帮研究的热点之一。不同的商帮有其不同的文化,各有其治理模式⑨,不同族群治理模式直接影响商帮的发展⑩,一个有效的治理模式必然会有效利用地域文化中的合理因素与其内部治理进行整合⑪;对商帮文化的传承与商业遗产的挖掘的前

---

① 陈阿兴、徐德云:《中国商帮》,上海财经大学出版社2015年版。
② 李刚:《山西商帮史》,西北大学出版社1997年版;张振明、张舒:《晋商兴衰史》,山西经济出版社2010年版;陈学文:《龙游商帮研究》,杭州出版社2004年版;张守广:《宁波商帮史》,宁波出版社2012年版。
③ 张海鹏、张海瀛:《中国十大商帮》,黄山书社1993年版。
④ 石忆邵:《明清时期中国商帮崛起的动力机制及地域分异特征》,《同济大学学报》1997年第2期。
⑤ 张益赫、葛扬:《文化信仰与商帮治理:明清时期晋商、徽商比较制度分析》,《河南社会科学》2012年第6期。
⑥ 唐力行:《商人与中国近世社会》,浙江人民出版社1993年版;朱英:《近代中国商人与社会》,湖北教育出版社2002年版。
⑦ 王振忠:《明清徽商与淮扬社会变迁》,生活·读书·新知三联书店1996年版。
⑧ 范金民:《明清地域商人与江南市镇经济》,《中国社会经济史研究》2003年第4期;陈剑峰:《地域商人与明清时期浙北区域经济发展》,《浙江社会科学》2006年第6期。
⑨ 戴光中:《明清浙东学术与宁波商帮发展》,《宁波大学学报》2003年第4期;陈立旭:《区域工商文化传统与当代经济发展——对传统浙商晋商徽商的一种比较分析》,《浙江社会科学》2005年第3期。
⑩ 王里鹏:《晋商家族制与徽商宗族制之比较研究》,《山西大学学报》2010年第3期。
⑪ 蔡洪滨、周黎安、吴意云:《宗族制度、商人信仰与商帮治理:关于明清时期徽商与晋商的比较研究》,《管理世界》2008年第2期。

提是对商帮进行正确的评价①，须明晰当代地域商人群体与古代商帮的差异②，从而着力挖掘"商帮"历史遗产，在现代企业治理和民营经济发展等方面发挥特殊作用③。

云南本土商人崛起于明清时期，地域商帮迟至近代才形成，因此，其在有关中国商帮的研究中长期没有受到重视。近年来这一状况才有所改变，主要体现在云南当地学者的相关研究中，对滇商的历史进行概览式叙述④，重视对云南民族商贸的描述⑤；对各重要地域商帮的历史进行全面的梳理⑥，其中，对民族商帮的研究尤具特色⑦。在对商帮历史进行复原的同时，商人/商帮与云南社会变迁互动关系的研究也已展开⑧，商帮在云南对外贸易发展中的作用往往是论者关注的重点内容之一⑨，探索商帮文化与云南侨乡形成的关系⑩，对相关民族商帮商贸活动的持续性进行深入探讨⑪，挖掘少数民族独特的理财思想及其表现⑫，梳理商人组织

---

① 史晋川：《商帮文化：动力抑或阻力》，《浙江树人大学学报》2008年第8期。
② 周膺：《当代地域商人群体与古代商帮的差异》，《浙江学刊》2011年第5期。
③ 张光忠：《中华民族商帮文化的全球意义——基于中国企业的国际化经营战略研究》，《中南财经政法大学学报》2008年第1期；周黎安：《从明清时期的商帮治理看现代民营企业发展》，《中国市场》2011年第3期。
④ 罗群、罗敏：《话说滇商》，中华工商联合出版社2008年版。
⑤ 秦树才：《云岭金沙话货殖——云南民族贸易》，云南教育出版社2000年版。
⑥ 薛祖军：《喜洲商帮》，云南人民出版社2013年版；董晓京：《腾冲商帮》，云南人民出版社2013年版；赵启燕：《鹤庆商帮》，云南人民出版社2013年版。
⑦ 况浩林：《近代滇西白族商人严子珍创办的永昌祥商号》，《民族研究》1989年第6期；陈延斌：《大理白族喜洲商帮研究》，中央民族大学出版社2009年版。
⑧ 周智生：《商人与近代中国西南边疆社会——以滇西北为中心》，中国社会科学出版社2006年版；罗群、杨浩波：《近代云南商业发展与边疆社会民俗变迁——以大理鹤庆为中心》，《中国边疆学》第3辑，2015年10月。
⑨ 周智生：《云南商人与近代中印商贸交流》，《学术探索》2002年第1期；赵善庆：《近代滇西商帮与滇缅贸易》，《东南亚南亚研究》2014年第2期。
⑩ 杨永平、何作庆：《云南陆疆侨乡和华侨华人——以云南滇西地区为例》，《广西民族大学学报》（人文社会科学专辑），2009年6月。
⑪ 李灿松、周智生：《"藏彝走廊"地区白族商人商贸活动的持续性探讨》，《云南民族大学学报》2009年第4期。
⑫ 普卫明：《云南少数民族理财思想的起源及其表现形式》，《云南民族大学学报》2008年第4期。

的变化①，总结商帮的经营管理思想和治理模式②，对滇商文化遗产的发掘与研究已经提上议事日程。

商帮研究的成果虽然很丰富，但对十大商帮之外的商帮进行的研究还显得十分单薄。云南为边疆、民族地区，其商帮的形成与发展自有其特殊内涵，而对云南商帮的研究成果不仅数量少，且对云南商帮的地域性和民族性特征的挖掘明显不够，对云南商帮文化遗产的发掘与研究只是被提上了议事日程，尚未产出真正意义上的研究成果。因此，从深入发掘中华民族优秀商业文化传统这一目标出发，急须从商帮与社会变迁互动的视角，对近代云南商帮进行全面的研究，深入挖掘滇商文化遗产，为推动云南经济社会发展提供有益的经验和启示。

三 研究意义

作为边疆和民族地区的云南，商帮文化有其独特的内涵，而以往有关中国商帮的研究对此较为忽视，研究的数量和质量均有待进一步提高，从而使中国商帮的研究向深度和广度的推进受到一定程度的限制，不利于从更深层次上认识中国商帮文化的多样性和中国商业文明的地域差异。因此，对云南商帮进行全面、深入的研究，有助于认识边疆、民族地区商帮的特殊内涵，丰富和拓展中国商帮的研究；并通过对商帮与区域社会互动关系的梳理，发掘区域社会变迁的商业机理，对于重新认识传统社会中的商人和商业具有重要意义。

正如有论者所指出的那样，"由于地处西南边陲，目前又属于全国较为落后的省份之一，加之对外宣传不够，就形成了人们对云南近代历史的认识更多停留于'未开化的蛮夷之地'的层面，而对云南曾经的商业辉煌与近代云南商帮的历史知之不多、知之不深。这就出现了有人对滇商嗤之以鼻，甚至认为滇商是空穴来风、炒作概念，根本不存在可以称

---

① 罗群：《从会馆、行帮到商会——论近代云南商人组织的发展与嬗变》，《思想战线》2006年第6期；赵善庆：《统制与嬗变：抗战时期云南商会的组织演进述论》，《暨南学报》2016年第4期。

② 赵启燕：《近代滇西白族商帮的商贸经营与管理——以鹤庆商帮为例》，《思想战线》2007年第6期；太丽琼：《近代腾冲商帮的经营管理思想》，《保山学院学报》2010年第1期。

得上'滇商'的这样的一个群体的看法"①。因此，在已有研究基础上，对近代云南商帮历史、商帮文化及其影响进行较为全面的梳理，有助于改变人们的偏见，可在挖掘滇商作为地方文化遗产的资源价值，推动云南商帮文化的保护与传承，在深入认识滇商作为近代中国经济史、企业史、文化史之研究维度的历史价值等方面做出贡献。

四 研究目标与主要内容

本书的研究对象是近代云南地域商帮，主要探讨云南本土商人/商帮与近代云南社会变迁的互动关系，归纳和总结云南商帮文化的特殊内涵，推动中国商业文化遗产的保护与发扬。

我们将通过具体的实证研究，利用跨学科的理论与方法，丰富中国商帮史的研究，以期对中国商帮研究的一些重大问题做出回应；在全面梳理近代云南商帮兴衰史的基础上，归纳和总结出其民族特征与地域特征，从而展现中国商帮文化的多样性与复杂性，更为深刻、更为全面地理解中国商帮文化的共同属性和区域差异，形成对中国商帮文化的整体性认知；通过对商帮与社会变迁互动关系的全面探讨，分析商人在地方经济发展、社会变革、社会治理中的特殊功能，"以史为鉴"，探讨在现代社会治理中如何发挥商人的作用，并对构建新型的政商关系提供借鉴与启示。

我们研究的主要内容为"历史"，但着眼点为"现实"，关注现实的问题，既要"从历史中汲取营养"，推动滇商精神的传承，又要超越"历史"，克服自身局限，让云南商人为云南经济社会发展做出适应时代要求的更大的贡献。

为了实现上述研究目标，我们认为将具体的研究内容如下安排，应该是比较合理的：首先论述云南本土地域商帮兴起的背景和形成过程，以及主要的/代表性的地域商帮有哪些，即第一章"云南本土商人的崛起和地域商帮的形成"；然后具体论述各主要商帮的治理模式及其文化内涵，为第二章；接着，从近代云南经济变迁、社会生活变化、地方社会

---

① 林巧：《滇商"大集合"：振兴命题》，《云南经济日报》2011年1月6日，第A04版。

治理三个大的方面分析地域商帮对近代云南社会变迁的影响，分别构成本书的第三章、第四章、第五章，这是本书的主体内容；通过对以上"历史事实"的全面梳理与"复原"，在对近代云南地域商帮的历史作用及局限性做出客观评价的基础上，提出当下云南商人应该立足云南省情，做云南"三个定位"的积极践行者的思考，实现从历史到现实的升华，则构成本书第六章的内容。

第一章

近代云南主要商帮及其民族性与地域性特征

第一节　近代云南地域商帮兴起的时代背景与地理因素

一　近代云南本土商帮兴起的时代背景

受地理环境与经济发展水平的制约，云南商业素不发达，云南本地人以商为业者向来较少，对此，《新纂云南通志》的分析可谓全面、深刻："商业之发达与否，盖与时代、民生环境胥有密切之关系，而云南商业自古不振，其故可得而言：地处边徼，与中原窵远，一也；虽蕴地宝，开发者寥寥，二也；农产自给，又隔海洋，远不俟他求，三也；民风纯朴，不工操奇计赢之术，四也。凡此四端，可概其余。"① 由于各地民众普遍"不治末业"或"人鲜逐末"，云南本地商人人数少，不成组织，影响有限。清中叶以前，云南商业长期为省外各大商帮把持，"在清中世，外省之贸易于滇者，最早为江西帮，湖南帮之笔墨庄，四川帮之丝绸、玻璃、烟叶等，其世业有相沿至今者，江西帮之万寿宫遍于各地。其后则有两广帮、北京帮相继而来。今省会塘子巷、状元楼、南较场一带，

---

① 龙云、卢汉修，周钟岳、赵式铭等纂：《新纂云南通志》卷143《商业考一》，云南人民出版社2007年点校本，第7册，第87页。

皆昔日商业繁盛区域。金碧路旧名广马街，即广商汇集所在"①。但与此同时，在外省商贾的熏陶下，云南各族人民的商业意识不断增强，经商或兼事商业之人逐渐增多，特别是一些交通孔道和有一定发展基础的地方，本地商人势力显著增强，大理便是如此，"大理一县自洱东一带地割设宾川后，面积愈形狭窄，满清雍、乾、嘉、道间，人口繁重，生计日艰……穷则思变，于是合群结队，旅行四方。近则赵、云、宾、邓，远则永、腾、顺、云，又或走矿厂，走夷方。无不挟一技一能暨些须资金，以工商事业随地经营焉。迨及岁暮，联翩归来，春酒炰羹宴乐亲旧。正月既交。联翩复出，若是者岁以为常"②。尽管如此，云南本地商人群体的真正兴起是清中期以后的事，是对外贸易发展的产物。

　　随着对外贸易的发展，特别是蒙自、思茅、腾越等地的相继开放，云南本地商人除经营国内贸易外，纷纷经营对外贸易，"过去下关的商号主要经营农产品、土特产品、山货、药材、茶叶等，而此时不仅经营传统商品，而且还经营洋货，绝大多数商号以洋货为主打品牌，特别是以经营瓦花、洋纱、洋布的商家数量较多"③。在此过程中，云南本地商人群体进一步增大，实力进一步增强，逐渐形成以血缘为纽带的地域商帮，"至本地商人，则有腾冲帮、鹤庆帮、大理帮，经营于缅甸；临安帮经营于香港，其他各县城镇，以其地之广狭、人口之多寡、交通之便利与否，各为等差"④。近代云南主要地域商帮，影响较大者大致可分为滇南商帮和滇西商帮两大群体，滇南商帮的兴起与滇越贸易的发展相关，滇西商帮则主要经营滇缅贸易，而各大商帮之所以能借对外贸易的发展而兴起，与其所在地方的区位条件、商业发展的历史基础等又是密切相关的。

---

　　① 龙云、卢汉修，周钟岳、赵式铭等纂：《新纂云南通志》卷143《商业考一》，云南人民出版社2007年点校本，第7册，第91页。

　　② 张培爵修，周宗麟纂：《大理县志稿》卷6《社交部》，1916年铅字重印本，台北成文出版社1974年影印本，第376页。

　　③ 薛祖军：《喜洲商帮》，云南人民出版社2013年版，第44页。

　　④ 龙云、卢汉修，周钟岳、赵式铭等纂：《新纂云南通志》卷143《商业考一》，云南人民出版社2007年点校本，第7册，第91页。

二 滇南商帮兴起的地理因素

滇南商帮主要包括建水、蒙自、个旧等滇南地区的商号，主要有泰来祥、东美和、正顺昌、朱恒泰、豫顺隆、运天昌、万盛昌、顺成号等行庄，主要围绕滇越贸易开展业务，主要从事个旧大锡和其他土特产品的出口，进口外国棉花、棉纱、布匹和其他百货[①]，其业务所涉地域范围与蒙自关的腹地范围大致相当，即云南东部地区基本上是滇南商帮的天下。

滇南商帮大致可分为建水帮和蒙个帮。建水地处滇越交通要道之上，商业向来较周围其他州县为发达，而随个旧矿业的发达，建水商人以地利之便纷纷到个旧投资开矿。一些矿老板还在开矿的同时，兼事商业，特别是在蒙自开埠后，建水商人大多进行对外贸易，"建水有牛街子、狗街、岔科街等，商货多来自蒙自，运往江外土司"[②]，来自蒙自的货物主要为进口的洋货，包括洋纱、洋布、洋靛、煤油、烟草等，出口货物除了个旧的大锡外，还有从各地收来的土特产品。由此，建水商人逐渐发展成滇南较有影响力的商帮。其中，建水帮实力最强者则非"朱恒泰"号和"正顺昌"号莫属，不仅在蒙自设有总号，还在建水、个旧，以及省会昆明、香港等地设分号，出口以大锡、皮革、火腿等为主，进口主要经营纱、布等洋货。滇越铁路通车后，由于滇越铁路不经蒙自，蒙自的贸易地位由此受到影响，以蒙自为主要依托的建水帮自然会受到影响，建水帮由此逐步衰落了。

蒙个帮是在个旧大锡开发和蒙自进出口贸易中兴起的地域商帮。蒙自原为滇南对外贸易中心，特别是在其开关后，因国际、省际贸易逐渐发达，商业日趋繁荣。一些蒙自人借此地利之便，经营商业，逐渐形成有影响力的地域商帮。在滇越铁路开通以前，个旧大锡是经蒙自出口的，个旧商人便是以经营大锡出口与蒙自贸易而发家的。蒙个商人出口大锡、

[①] 罗群、罗敏：《话说滇商》，中华工商联合出版社2008年版，第97页。
[②] 龙云、卢汉修，周钟岳、赵式铭等纂：《新纂云南通志》卷143《商业考一》，云南人民出版社2007年点校本，第7册，第88页。

普洱茶、皮革、猪鬃、火腿等,进口棉纱、布匹、呢绒、海味、烟丝及各种机制日用品,主要商号有司裕号、广昌和、天德和、福顺昌、亿昌、裕昌、顺成号等。①

三 滇西商帮形成的地理因素

滇西商帮以喜洲商帮、鹤庆商帮和腾冲商帮为主,主要围绕滇缅贸易,从事滇藏贸易、滇川贸易与滇缅贸易的经营,主要商号有永昌祥、兴盛和、恒盛公、鸿兴源、复春和、洪盛祥、茂恒、永茂和等,其业务所涉地域范围与腾越关的腹地范围大致相当,包括四川宁远府、永昌府、大理府、丽江府、顺宁府等所属的几十个州县,含括川西南、滇西、滇西北地区,辐射藏东南地区。②

喜洲西倚苍山,东临洱海,土地狭促,人口繁重,因此,除耕地种田外,喜洲人向有以读书和经商谋生存的风气,"喜洲自古以来一贯重视经商和读书,并把经商和读书作为一个人成名成家的主要目标。由于人口多,耕地少,恰恰反过来推动了工商业发展和重视科举考试的新风气……读书和经商形成了支撑其生活的拐杖,也为改变自己的命运和解决剩余劳力提供了一条出路"③。下关位于滇藏、滇缅和东通昆明的交通要道之上,"因而自明清以来,下关便逐渐成为迤西的物资集散地"④,长期以来,喜洲商人则以下关为主战场,主要经营滇藏贸易和滇川贸易,经营的商品主要为农产品、土特产品、药材、茶叶等。随着腾越的开放,对外贸易的发展,喜洲商人除经营传统贸易外,也开始纷纷开展进出口业务。他们起初还只是主要依靠腾冲商人间接从事对外贸易,而随着其实力的增长,越来越多的喜洲商人便自行经营起了滇缅印贸易,到缅甸、

---

① 罗群、罗敏:《话说滇商》,中华工商联合出版社2008年版,第99页。
② 张永帅:《空间视角下的近代云南口岸贸易研究(1889—1937)》,中国社会科学出版社2017年版,第75页。
③ 赵勤:《"喜洲商帮"的形成及对地方的贡献》,《大理市文史资料》第13辑,2006年版,第84页。
④ 梁冠凡调查整理:《下关工商业调查报告》,《民族问题五种丛书》云南省编辑委员会编:《白族社会历史调查》,云南人民出版社1983年版,第123页。

印度等国设立商号，其经营重心开始转移到滇缅贸易，昔日的滇藏贸易、滇川贸易退居二线，成为对外贸易的补充①，将四川的黄丝、西藏的药材等经腾越关出口缅甸，又从缅甸进口棉花、棉纱等物向内地销售。

鹤庆，一方面北通丽江、中甸，直达康藏，南经大理与下关连接，东经省城昆明，西经保山、腾冲可至缅甸，还可经永胜而达四川西昌等地，地理位置十分优越；另一方面则土地比较贫瘠，出产有限②，从而造就了鹤庆人"喜治商业"的特点，"鹤庆人民富于经商性质，以商业为主体，迄今而远溯前代"，"四民自农业无一家不务外，大率商什之六，士什之三，工则仅什之一而已"。③ 与喜洲商人一样，鹤庆商人原本也主要是经营滇藏、滇川贸易的，但随着蒙自、腾越等地的开放，洋货大量输入滇境，"惟吾邑泊咸同以前，初无所谓洋货，光绪初，洋货始渐输入。泊越亡于法，缅沦于英，于是洋货充斥，近则商所售，售洋货；人所市，市洋货。数千年之变迁，未有盛于今日者"④。受此影响，鹤庆商人开始转向以经营滇缅贸易为主，并通过对外贸易，将原先相对独立的滇藏、滇川、滇缅贸易有机结合，形成以下关为中心，连接国内贸易与国际贸易的贸易网，"一由中甸、维西、兰坪、阿墩、川边之巴塘、里塘以及西藏属地购羽毛、皮革、药材及各种山货，其大宗者。麝香、黄连、贝母，运至滇省，由铁路转运香港，达广东，迄于上海、汉口，复由上海购绸缎、丝杂、金镑、页金，或由香港购洋纱、页金运至滇省，其金镑、页金运至下关，转运到缅甸仰光销售。一由缅甸仰光购洋纱、洋布，转运迤西及川省剑南所属地。一由成都及川道产丝最旺各地方购条丝、改丝，运至下关，转运至缅甸销售。一由缅甸开汇兑票达香港、广东、省城、上海。一由下关购山货运销西炉售出，金多则汇成都，购丝转运回滇"⑤。

腾冲地当滇缅交通要冲，为滇缅贸易必经之地，"腾越去京师万里，为滇西极边要地，厅治幅员辽阔，外环土夷，交通缅猛，向来珍异咸集，

---

① 薛祖军：《喜洲商帮》，云南人民出版社2013年版，第45页。
② 赵启燕：《鹤庆商帮》，云南人民出版社2013年版，第6—7页。
③ 赵启燕：《鹤庆商帮》，云南人民出版社2013年版，第9页。
④ 赵启燕：《鹤庆商帮》，云南人民出版社2013年版，第34页。
⑤ 赵启燕：《鹤庆商帮》，云南人民出版社2013年版，第35页。

商贾之捆载前来者，辐辏于道"，因此，腾冲素多经商之人，市场颇为繁荣，"而此邦人民亦多工计然、陶朱之术，以故市镇乡场栉比鳞次，洵西南一巨区也"①。腾冲商人长期所经营货物，进口以从缅甸采购玉石、棉花等物为主，将玉石加工后销售内地，棉花或直接销售内地，或织成布向各地销售；因缅甸气候炎热，其民喜衣丝绸，故出口缅甸之货则多为从川、滇各地采购之丝绸和丝绸制品为主。在印度、缅甸先后沦为英国的殖民地后，滇缅贸易开始发生变化，产自印度的棉纱逐渐成为缅甸经腾冲出口云南的重要商品，而在腾冲开埠后，经缅甸仰光而来的世界各地的商品纷至沓来。随着腾冲贸易的快速发展，腾冲商人实力迅速增强，一时间，腾冲县城有大小商号数百家，财力雄厚的商号亦有数十家，因在对缅贸易中拥有地利之便，在滇西三大商帮中，长期是以腾越帮为首的。

第二节　近代云南主要商号的兴衰

一　顺成号

近代的滇南商帮以泰来祥、东美和、正顺昌、朱恒泰、豫顺隆、运天昌、顺成号、万盛昌号合称为"八大行庄"，最具实力。其中，顺成号历史最久、招牌最响、实力最强。顺成号成立于1897年，由蒙自豪绅周柏斋、周厉斋兄弟创办。蒙自周氏乃地方豪绅，清季，家族中考中举人、进士者数人，亦官亦商，在当地很有实力，而这既是其发家的重要原因，也是其长期屹立不倒，"数十年间屡蹶屡起，直到解放前还有某些业务照常进行"的重要原因。②滇越铁路未通以前，蒙自—蛮耗间货运主要依靠马帮，随对外贸易的发展，改良路况成一时之需，顺成号借机以维修马路为名抽收马柜捐，每驮抽收一两五钱。当时蒙自—蛮耗间往来骡马络绎不绝，"马柜捐之收入为数不赀，但极多数均饱顺成号私囊，其用于维

---

① 陈宗海修，赵端礼纂：《腾越厅志》，光绪十三年刊本，台北成文出版社1967年影印本，序一。

② 吴溪源：《顺成号发家概略》，《云南文史资料选辑》第9辑，云南人民出版社1965年版，第114页。

修马路者不及十之一也"。此乃顺成号起家资本重要来源之一,另一资本来源则是攫取平粜羡余。蒙自平粜,原系官督绅办,其资金为库款拨支,原承办者马俊选办理得法,年有羡余。顺成号觊觎其利,将平粜事务攫取,委于李忠办理,而自己则掌握实权。当李忠接办平粜之际,平粜羡余合银一万余元,而不久平粜事务停办,是项羡余则被顺成号中饱。①

顺成号的主要业务分为采矿和贸易两个方面,而采矿从根本上讲,也是其贸易的组成部分,因为其在个旧设厂开采大锡主要是为了在大锡出口中拥有主动权,获得更大的利润。顺成号"在古山(草皮矿)、红土坡、全庄、麒麟山、马鹿塘等处拥有厂位,而以古山草皮矿极旺,顺成号又在个旧设立炉房,从事炼锡"②,其买卖锡砂采用的方法极为高明,"一方面,凭借后台老板的面子,拉拢'客号'(收购大锡的客商,多数为广人,直接运香港销售),可以先取价款,后收大锡。另一方面,则控制'厂户'(凭借资本雇佣工人生产矿砂),预行放款定砂"③,从而获利相当丰厚。除经营大锡出口外,顺成号还积极与外国洋行联手,推销外国商品,代理海防法商普利洋行,垄断该行入口棉纱的销售权,代理亚细亚水火油公司,垄断该公司在滇南蒙、个、临、屏等地之水火油销售权。④ 在当时的云南市场上,洋纱需求量较大,水火油的需求也是持续增长,顺成号因其垄断优势而获取了高额利润。与此同时,顺成号还经营鸦片贸易,或偷运出口,或运到广西等地销售,是其"大宗"生意之一。

顺成号的兴起、发展与蒙自贸易密切相关,蒙自贸易的持续增长是其生意越做越大的主要原因,该号成立于蒙自开埠数年之后,旋成立即积极通过蒙自、蛮耗、河口商道经营香港贸易,号称港帮。滇越铁路修通后,滇港贸易发展迅速,其后个碧石铁路的修通,则可使大锡经火车

---

① 吴能清:《我所知道的蒙自顺成号》,《云南文史资料选辑》第9辑,云南人民出版社1965年版,第105页。
② 吴能清:《我所知道的蒙自顺成号》,《云南文史资料选辑》第9辑,云南人民出版社1965年版,第107页。
③ 吴溪源:《顺成号发家概略》,《云南文史资料选辑》第9辑,云南人民出版社1965年版,第118页。
④ 谢溶:《近代云南商人的分布及其特点》,《河南机电高等专科学校学报》2010年第6期。

运输出口，从而进一步促进了大锡的出口，"顺成号因利乘便，更扩大其贸易，营业蒸蒸日上，盖已寝成首屈一指之巨商矣"①。但是，顺成号的商业帝国是构筑在亦商亦官，由商而官的基础上的，"顺成号富甲滇南，然而它并不知足，进一步向官场发展，以保障其财富"，周氏家族前后两代人不少人进入官场，积极参与地方政治事务，在一定程度上为顺成号的发展提供了一定的政治保障。但是，那时的云南官场阴晴不定，政治极为动荡，顺成号的生意也便不得不随政治形势的变化而起伏，在政局变动的旋涡中走向了衰落。1930 年，周子荫、周子庄兄弟两人受顾品珍牵连，曾被蒙自道尹江映枢逮捕解省，囚禁在五华山卫士队将近一年，后被龙云罚款 20 万元旧滇币而获释。周子荫、周子庄被释放后，周氏兄弟即以分伙收场，周家的生意虽没有因此完全丧失，但已大不如从前，只是残喘到解放前罢了。②

二 永昌祥

永昌祥是喜洲帮的头号商号，也是滇西商帮历史最为悠久的商号之一。永昌祥的前身为"永兴祥"，为喜洲商人严烈创立于清朝咸丰年间，主要经营大理、保山、云县、会理等地间的土布、杂货等生意，后由其子严子珍掌管。1902 年，严子珍与儿女亲家杨鸿春及江西商人彭永昌合伙组建股份制企业，起名为"永昌祥"，"永兴祥"至此结束。后来，杨鸿春、彭永昌先后分伙撤股，到 1917 年，永昌祥的产权全部归严子珍所有。1941 年，严子珍因病去世后，永昌祥事务由其长子严燮成执掌。③

永昌祥初设总号于下关，并成立之初即在大理、昆明、丽江、维西、四川会理、宜宾等地设分号多处，总分支机构共 7 个，经营范围以下关

---

① 吴能清：《我所知道的蒙自顺成号》，《云南文史资料选辑》第 9 辑，云南人民出版社 1965 年版，第 105 页。

② 吴能清：《我所知道的蒙自顺成号》，《云南文史资料选辑》第 9 辑，云南人民出版社 1965 年版，第 107、112—113 页。

③ 薛祖军：《喜洲商帮》，云南人民出版社 2013 年版，第 227—228 页。

为中心，跨越滇川两省，活动半径达 1000 公里以上。① 后来，为了摆脱腾冲商人的中转环节，直接介入进口贸易的经营，永昌祥于 1912 年在缅甸瓦城设立分号，1918 年在香港设立分号，1921 年在上海设立分号，并曾于 1925 年迁总号于昆明，至 1936 年又迁回下关。全面抗战期间，永昌祥的生意曾一度受挫，但其积极谋求发展。滇缅公路通车后，为了加强国外业务，永昌祥于 1939 年在缅甸腊戌设立分号，扩大滇缅贸易；太平洋战争爆发后，滇缅公路受阻，永昌祥及时调整战略布局，将缅甸业务转向印度，依然经营大规模的进出口贸易。抗战胜利后，永昌祥立刻着手恢复在缅甸、香港的业务。1945 年，永昌祥进一步将贸易扩展到美国，由波士顿华侨打理其商务，主要从美国进口百货、香烟、化妆品等商品。②

围绕进出口贸易业务，永昌祥经营的主要商品是生丝、茶叶和大烟，"其中大烟生意忽断忽续，生丝和茶叶却贯穿始终，成为五十年历史上的两大重要商品"③，茶叶主要销售川、藏等地，生丝多从四川收购销往缅甸，故有经典的"川销滇茶，缅销川丝"的战略策划④。以味道浓郁为特点的沱茶在四川很有销路，因此，永昌祥积极经营沱茶运销四川的生意。永昌祥先后在下关、昆明设立茶厂，从收购原料、加工成沱茶，再销售到四川及内地诸省，环环相扣，层层把关较严，由于其沱茶品质较高，销售得法，不数年即已创出销场。其沱茶除销售川南外，后来也还销售到泸州、重庆、成都等地，每年销售额为 1500—1600 担。⑤ 尽管如此，永昌祥并没有把沱茶作为最主要的经营项目，"下关沱茶的生产总额在永昌祥一家，每年不过几千担，所用资金只占全部资金百分之十几"，其最重要的经营项目为生丝运销缅甸贸易。川丝经滇销缅的历史悠久，腾越

---

① 杨克成：《永昌祥简史》，《云南文史资料选辑》第 9 辑，云南人民出版社 1965 年版，第 47—48 页。
② 薛祖军：《喜洲商帮》，云南人民出版社 2013 年版，第 228 页。
③ 杨克成：《永昌祥简史》，《云南文史资料选辑》第 9 辑，云南人民出版社 1965 年版，第 63 页。
④ 薛祖军：《喜洲商帮》，云南人民出版社 2013 年版，第 228 页。
⑤ 杨卓然：《"喜洲帮"的形成和发展》，《云南文史资料选辑》第 16 辑，云南人民出版社 1980 年版，第 275 页。

开关后，根据条约，缅甸对陆路运入缅甸的商品有不抽税的规定，则进一步促进了川丝出口缅甸贸易的发展。永昌祥在四川采购、加工生丝，经下关中转运销缅甸，并为了稳定和扩大缅甸市场，一方面，在缅甸瓦城设立庄号以便于川丝销缅和在缅甸进口棉纱、棉花；另一方面，积极探索生丝运销的规律，"最后创立了稳定的'双丝牌扬纺'名牌商品，经常供不应求，价格比一般的多卖百分之二十到三十"，使其滇缅生丝贸易每年保持在数千担到一万担，"瓦城庄号历年盈余占总盈余的比重很大，说明了生丝是永昌祥能长久站住脚跟的命脉"[1]。此外，永昌祥还兼营存款、汇兑、投资等业务，先后与30多家公私银行、钱庄、金店、银楼有业务往来，其中与交通银行、中国银行、印度商业银行、荷兰银行等来往较密切。

经过数十年的发展，永昌祥赚得可谓盆满钵满。1941年，严子珍去世后，有些官僚担心永昌祥的经营会走下坡路，借故退出了在永昌祥的投资，而在经历了此番退股风潮后，其仍有2058万元（法币）的资本实力。1945年，永昌祥的国内流动资金仅黄金就有两万余两。1950年，据政府相关部门的估计：1949年永昌祥商号的国内外总资本共计324亿多元。[2] 永昌祥的发展历程，虽不能完全说明近代云南地域商人发展的普遍历史，但也非个案，从中不难看出，对外贸易是近代云南地域商人兴起与壮大的关键因素。

三 兴盛和与恒盛公

兴盛和是19世纪末20世纪初鹤庆帮最为重要的商号，民国初年，鹤庆帮成为迤西第一大商帮，兴盛和商号在其中具有举足轻重的作用。兴盛和商号创办人之一舒金和早年父母双亡，因家境贫寒，为求生计，到腾冲、保山一带学习经商本领。在积累了一定经商经验和资本后，舒金和携资回到鹤庆，于1875年与同族舒卓然、舒程远共同创立了兴盛和

---

[1] 杨克成：《永昌祥简史》，《云南文史资料选辑》第9辑，云南人民出版社1965年版，第71—77页。

[2] 薛祖军：《喜洲商帮》，云南人民出版社2013年版，第228—229页。

商号。

鹤庆不仅是川货的采购基地，还是滇货入川的集散地，因此，为适应对滇川贸易的经营，兴盛和商号的总号最初设在鹤庆。后来由于其生意不断扩大，货源不断增加，业务日益繁忙，总号在鹤庆越来越不不能满足进一步发展的要求，于是，兴盛和将总号迁到下关，并在下关开设兴盛花店，同时在昆明、腾冲、保山设立了分号。腾越开关后，迤西纷纷转向滇缅进出口贸易，兴盛和也不例外，而且做得比较成功。兴盛和不仅适时将经营重点转移到滇缅贸易上，而且将之前经营的滇川贸易与滇缅贸易有机结合，相互促进，极大地促进它的进一步发展。为了打开四川黄丝的销路及收购洋纱、洋布、棉花的便利，不受中间商人转手渔利，兴盛和于宣统年间在缅甸瓦城设立恒通裕字号，这是第一家中国商人在缅甸瓦城设立的商号，"以前虽有腾冲商人进入，但都属于行商"[①]。

民国初年，兴盛和的资本已经由起初的七八万两增加到四五十万两。随着商号经营规模的日益扩大，兴盛和一分为六，兴盛和主号归舒金和，并分设恒通裕和日兴德两家商号，舒卓然另成立怡和兴商号，舒程远成立鸿盛昌商号，力股祁星垓、舒浩然、杨蕴山合组成立义通祥商号，兴盛花店由其掌柜舒子卿接管，改名为联兴昌商号。舒氏家族的子侄后辈还开设了裕兴宫、鼎兴泰、和盛兴、福顺昌、协兴隆、裕丰恒等十数家大小商号，形成了一个实力颇为强大的商业家族。

由于生丝出口带来了丰厚的利润，因而从事滇缅进出口贸易的各商号基本上都是以出口川丝，进口棉纱、棉花、棉布为主的。第一次世界大战期间，川丝出口缅甸曾盛极一时，大量川丝经云南进入缅甸。后来，由于运缅生丝过多，供过于求，造成大量积压。为了推销生丝，各商号不惜赊买多销，角逐竞售，不谈期限，任其拖延，各商号在瓦城售丝未收的账，每家都有三五万或更多[②]，致使各商号资金周转不灵。为了解决

[①] 舒家骅调查整理：《鹤庆商帮奠基人舒金和发家始末》，《民族问题五种丛书》云南省编辑委员会编：《白族社会历史调查（三）》，云南人民出版社1991年版，第266页。

[②] 杨卓然：《滇人赴缅做工人及经商情况简述》，《云南文史资料选辑》第9辑，云南人民出版社1965年版，第160页。

资金困难，各商号纷纷向英国汇丰银行贷款，收银价波动和汇率变化的影响，致使一些商家债务拖欠，债台高筑，一些商号因此而倒闭。1929年，世界经济危机爆发，汇丰银行受到影响，不仅停止向各商号贷款，还要求各商号限期还清贷款及利息。有些商号措手不及，只能以存货和房产作抵押，致使倒号风潮出现。其中，兴盛和商号是首当其冲者。1922—1923年间，瓦城兴盛和商号因"啾款啾纱，买卖预盘，因而吃亏，到期不能交款，宣布倒号"①。由于连环保的缘故，与之有关的七家商号日兴德、亨通裕、怡和兴、鸿盛昌等一并倒闭，此后，兴盛和其他商号相继倒闭不少，一家本颇有实力的商业家族便风光不再了。兴盛和因滇缅贸易而盛，又因滇缅贸易而衰，可谓成也对外贸易，败也对外贸易。②

恒盛公商号以麝香生意发其端，创立者为鹤庆人张泽万。张泽万的父亲张景文曾为躲避战乱只身前往四川谋生，在同乡开设的致和祥商号当差，负责在康定收购麝香、金子，颇受顾客信任，被誉为"金香客"，名噪一时。后来，张景文落籍雅安，娶了继室，"似乎是为了怀念家乡故旧，也有借此得到相互照顾的意图，汇了一点钱给一位姓王的家乡老友，在中甸合伙开了一家土杂店，把在家乡的大儿子张泽万附托给他，在中甸商店里当学徒"，丽江地区盛产麝香、知母、贝母、黄连等山货药材，中甸为集散地，恒盛公商号起家于经营麝香等山货药材，"张泽万子承父业，成为经营麝香业务能手，并具有关于知母、贝母等药材的商品知识，即渊源于此"③。

1907年，张泽万与兴盛和子号合伙在汉口开设了恒盛公麝香号，相当于兴盛和的子号，由张泽万任经理，主要经营麝香，附带销售知母、贝母、虫草、三七、肉桂、鸡血藤等云南名贵药材，以及普洱茶、印度进口的藏红花、木香等商品。麝香是我国特产，主要产于西藏、川西、

---

① 杨卓然：《滇人赴缅做工人及经商情况简述》，《云南文史资料选辑》第9辑，云南人民出版社1965年版，第161页。

② 以上关于兴盛和商号的兴衰，参见赵启燕《鹤庆商帮》，云南人民出版社2013年版，第41—50页。

③ 张相时：《云南恒盛公商号史略》，《云南文史资料选辑》第18辑，云南人民出版社1983年版，第1—3页。

云南中甸等藏族居住地区，由于其具有药用功效，同时作为香料可用于旧式化妆品和黑锭，又是法国香水的定香剂，在五口通商后，国内外市场需求日广。恒盛公收购的麝香主要销于湖北、江西、河南等地，并有部分转口销往国外，回头货主要为河南开封的纱帕、湖北楚布、汉口白铜器、南京缎子等，运往昆明、下关、鹤庆等地的兴盛和商号销售。在汉口经营麝香药材期间，恒盛公商号虽然发展顺利，但营业额不大，还只是附属于兴盛和的小商号。①

辛亥革命爆发之次日，革命军进占汉口，恒盛公被迫于短期内将麝香等药材转移到上海，并携带麝香到日本销售，成为其重要的发展契机。1913年，恒盛公存在上海的全部银货被和记栈房业主重庆人周坤元席卷逃走，损失白银4000余两，相当于恒盛公的全部流动资金。兴盛和派人到上海清理结账，"决定损失全部由张泽万负责，兴盛和脱离关系，其所投资金，由张泽万出立欠条，分期偿还"，至此，恒盛公走上了独立发展的道路。为了偿还欠款，维持业务，张泽万几经努力，先后得到在上海经营商贸的云南同乡杨竹筠、张祝三、华咏三、赵念修、部幼显等人的投资。这些投资在很大程度上解决了恒盛公的资金危机，借助于这些资金，张泽万在上海设立了分号（后改为总号），开设澡堂、餐馆、寿器店作坊等，又在昆明先后开设了科发药房、良记布铺等。1919年，为开辟对印贸易，张泽万派其子张相诚赴印度、西藏进行实地考察后，于1923年相继在印度加尔各答、噶伦堡开设分号，经营滇、印、藏贸易，将茶叶、布匹等经印度销往西藏，并运回羊毛、山货药材等，转销印度，其中，仅运销羊毛一项每年就有两三千包，最多时达五千包。对印贸易为恒盛公带来了丰厚的收益，到1937年，已有资金印度卢比8万余盾。②

1925年，杨竹筠退资脱离恒盛公，其后，张祝三等人也相继撤出资本，恒盛公逐渐发展成为张氏家族独资经营的大商号。全面抗战期间，

---

① 赵启燕：《鹤庆商帮》，云南人民出版社2013年版，第57页。
② 张相时：《云南恒盛公商号史略》，《云南文史资料选辑》第18辑，云南人民出版社1983年版，第7—30页。

恒盛公取道西藏、丽江，沿丽江、阿墩、维西进入西藏运送物资，虽然数量不大，但因战时物资奇缺，而获利丰厚。太平洋战争爆发后，日本侵占缅甸，切断了滇缅公路，一时间，从拉萨到印度的运输线地位陡升。恒盛公抓住时机，调整机构和人事，在昆明设总号，在丽江、下关设分号，恢复拉萨分号，下设缅甸景栋转运机构和帕里转运机构，除了继续将西藏羊毛继续运销印度外，将棉纱、布匹、呢绒、染料、文具及一些日用百货沿印度—西藏—丽江一线运回，赚了不少钱。到抗战结束时，恒盛公的资本已达卢比300余万盾。但在此后，由于分家分号，生意大不如前。张相诚在印度"恒丰"牌号继续从事商贸活动，其余兄弟子侄则于1946年在昆明成立"恒顺康"商号经营缅印藏贸易，但获利不多。解放后，"恒盛公"曾一度复号，后经社会主义改造，这一"家庭企业顺利地走上了公私合营的社会主义光明大道"①。

四　洪盛祥

洪盛祥是腾冲帮最具实力的商号，由腾冲商人董绍洪创立于1888年，其前身为"洪兴福"商号。由于田地不足腾冲人民为生计所迫，纷纷奔赴缅甸谋生，形成传统，到19世纪末一度达数万人之多，董绍洪便是其中之一。到缅甸后，董绍洪曾在同乡杨二老爷的商号里做学徒，几年之后，不仅学到了一些经商的经验，也积累了一些资金，便在1875年与同乡合伙成立了"洪兴福"商号，先后在腾冲、保山、下关、缅甸八莫、瓦城设店从事滇缅贸易。其主要业务是从缅甸、印度进口棉花、棉纱运至云南、四川销售，将四川的黄丝和云南的山货药材出口到缅甸。1888年，"洪兴福"商号拆伙，董绍洪独自开设了"洪盛祥"商号，仍从事中缅进出口贸易。②黄丝、茶叶为其出口之主要商品，进口则以棉纱、棉花、棉布、玉石为大宗。

董绍洪经商理财以"薄利""守信"著称，生意因而越做越大，到

---

① 张相时：《云南恒盛公商号史略》，《云南文史资料选辑》第18辑，云南人民出版社1983年版，第31—48页。

② 董晓京：《腾冲商帮》，云南人民出版社2013年版，第53—54页。

1900年，其资金积累已达缅甸卢比二三十万盾。董氏夫妇育有五子，成年后均随其父从事商业经营。次子董朝富主持腾冲业务，三子董朝荣驻下关负责滇、川业务，长子董朝春、四子董朝聘总揽缅、印业务，五子董朝钦驻上海、香港负责推销珠宝、玉石及开展申、港、滇汇兑业务，从而形成了一个分工明确而又相互联系的商业网。1905年，董绍洪去世，洪盛祥由其遗孀李氏主持，两年后，李氏令三子董朝荣为洪盛祥总经理。董朝荣主持洪盛祥期间，除继续发展原有业务外，经过一番努力，重点发展石磺贸易，并垄断了该项贸易，获利颇丰。石磺为一种黄色的矿物质，"成分为硫化砒，含砒之量，有时至百分之六十，可供颜料、药用及砒素之制造，中药矿物之一也。滇省宁洱、景东、平彝、保山之蒲缥、三台坡、老茶寨、沙河及凤仪均产之"①。缅甸瓦城、越南西贡、香港为云南石磺的主要销场，洪盛祥对石磺的垄断经营，石磺出口量不断增加，1922年为9046担，1930年就上升至14678担，除去各项费用，每年约有70万银元的利润。②

随着洪盛祥业务的发展，其机构不断扩大，到1920年，"以腾冲为总栈，其分支机构在国内有保山、龙陵、下关、昆明、嘉定、重庆、广州、上海、香港、拉萨，1926年又增加了佛海。国外的分庄有缅甸的仰光、瓦城、洞己、孟拱、锡箔、腊戌、八莫和印度的加尔各答、噶伦堡等地"，形成了一个地跨中国和东南亚、南亚的商业网络。其经营的商品，石磺居于首位，其他则主要为黄丝、茶业、棉纱、棉花、棉布和玉石等。③

1915—1936年是洪盛祥发展的鼎盛时期，年利润在100万龙元④左右，1935年资产在1000万左右。抗日战争期间，滇缅公路被封锁后，洪盛祥曾利用在印度、西藏的分号及熟悉印、滇、藏贸易、地理的有利条件，从印度的加尔各答，经西藏拉萨、德钦、丽江至下关的陆路国际运

---

① 龙云、卢汉修，周钟岳、赵式铭等纂：《新纂云南通志》卷65《物产考八》，云南人民出版社2007年点校本，第四册，第173页。
② 黄槐荣：《洪盛祥商号概况》，《大理市文史资料》第8辑，1999年，第136页。
③ 黄槐荣：《洪盛祥商号概况》，《大理市文史资料》第8辑，1999年，第137页。
④ 1937年前云南省流通的货币名称。

输线运送棉布、棉纱、药品等急需物资，赚了不少钱，当然也满足了人民的需要。1942 年，日本侵占缅甸，进而侵入腾冲，洪盛祥缅甸各分号的物资来不及撤运，全部损失，加之总经理董朝聘又于该年年底病逝，至抗战结束，各分号已形成"诸侯割据"的局面，致使这个曾活跃于滇、缅、印半个世纪的商号，从此一蹶不振，衰落了。①

第三节　近代云南商帮的民族性和地域性特征

商帮以地域性为其突出特征，但近代云南商帮除了具有明显的地域性外，民族性特征也很明显，或者可以说，近代的云南商帮，往往是兼有地域性与民族性特征的。

一　近代云南商帮的民族性特征

云南是一个多民族的边疆省份，人口超过 5000 人的少数民族就有 25 个。但是，从民族构成上看，近代云南商业史上参与度较高、影响较大的商人和商帮主要来自汉族、白族、回族、藏族、傣族等少数几个民族。如表 1-1，滇西主要三大商帮腾冲商帮主要商号的大股东都是汉族，喜洲商帮主要商号的大股东都是白族，鹤庆商帮主要商号的大股东则不是汉族就是白族，只有"福春恒"的创办者蒋宗汉及其儿子"复协和"的主要股东蒋仰禹是彝族。② 滇南商帮，除汉族商帮外，主要为回族商帮，如 19 世纪后期 20 世纪初云南最大的三个商号之一"兴顺和"号就是由玉溪回民马幼龄创办的，通海回民马同惠、马同桂等人创办的"原信昌"号也是一家非常有影响力的商号。③ 由此可见，民族性是近代云南商业和商帮的一个显著特点。

---

① 黄槐荣：《洪盛祥商号概况》，《大理市文史资料》第 8 辑，1999 年，第 141—143 页；董晓京：《腾冲商帮》，云南人民出版社 2013 年版，第 59 页。
② 熊清华：《百年滇商》，云南人民出版社 2013 年版，第 112—114 页。
③ 申旭：《回族商帮与历史上的云南对外贸易》，《民族研究》1997 年第 3 期。

表1-1　　滇西主要商帮、商号主要号主的民族构成一览

商帮	主要商号	商号主要号主	民族
腾冲商帮	茂恒	董爱廷、王少岩、金绍和	汉族
	洪盛祥	董耀庭	汉族
	永生源	贾向坤	汉族
	天德昌	杨质斌	汉族
	振昌记	杨尚初	汉族
	广茂祥	立绍柏	汉族
	元春号	杨锦帆	汉族
	恒顺祥	杨容光	汉族
	中和记	杨成之	汉族
鹤庆商帮	兴盛和	金舒和	汉族
	日兴德	李鸿康	白族
	福春恒	蒋宗汉	彝族
	复协和	周守正、赵如九、李岳嵩、蒋仰禹	汉族、白族、彝族
	恒盛公	张相成、张相如、张相时	汉族
	南裕商行	李茂柏	白族
	德泰昌	罗顺臣	汉族
	庆顺丰	蒋砚田	汉族
	福兴昌	华吉天、华吉三	汉族
	文华号	杨钟秀	汉族
喜洲商帮	永昌祥	严子珍、严燮成	白族
	锡庆祥	董澄农、董仁民	白族
	鸿兴源	杨炽东、杨丽东、杨亚东	白族
	复春和	尹辅成、尹业成、尹嘉成、尹良成	白族
	成昌	尹晋成、杨显成	白族
	光明	尹虞廷、尹卓廷、尹佑廷	白族
	德兴祥	杨运昌	白族
	源盛昌	杨卓然	白族
	复义和	尹卿初、尹介卿、尹简章	白族
	未开号	杨润馨（永昌祥大股东）	白族
	未开号	杨运春（鸿兴源股东）	白族

资料来源：陈延斌《大理白族喜洲商帮研究》，中央民族大学出版社2009年版，第148页。

除汉族外，近代云南商帮主要由白族、回族经营是与他们有善于经商的民族传统密切相关的。据表1-1，从一定意义上说，喜洲商帮也就是白族商帮，前揭赵勤《"喜洲商帮"的形成及对地方的贡献》一文说"喜洲自古以来一贯重视经商"，在经营滇藏、滇川贸易的历史长河中积累了丰富的商业经验和技能，或许正是这样的传统，才使喜洲人比周围的其他民族有着更高的商业敏感度，易于捕捉商业信息，从而在腾越等地开放后，他们便不失时机地转向对滇缅贸易的经营，并由此发展壮大，形成颇具实力的地域商帮。回族早有经商的传统，是一个善于经商的民族。由于历史的原因，云南回族大多居住在坝区、城镇等交通便利的地区，又进一步便利了云南回族对商业的经营。在近代云南对外贸易发展的过程中，各地回族商人积极参与其中。如下关回民马名魁曾在当地开有"福春""裕顺""泰来"3个商号，后又在四川宜宾、缅甸仰光、曼德勒等地开了13个，还拥有一个100多匹骡马的马帮，往来于云南和缅甸之间进行贸易；保山回民马润五曾开有"永丰祥"商号，自备汽车、雇佣工人从事外汇和进出口贸易，进口货物以棉花为主；腾冲回民明绍林家创办的"鉴记"商号，在保山、下关、昆明、重庆和缅甸曼德勒设有分号，从事棉纱、棉花进口贸易；通海回民马同惠、马同桂等人创办的"原信昌"号，以昆明为中心，经营长途马帮生意，与泰国、缅甸、越南、老挝的贸易往来相当频繁。[1] 傣族虽然也是一个具有经商传统的民族，不过傣族的商业活动多是以家庭单位进行的，规模不是很大，长途贸易不多，在近代的云南对外贸易中主要以跨境短途贸易为主，因此，没有发展出较大的企业，影响力不及回族、白族。[2] 藏族则基本上不直接从事对外贸易，而是以中甸等滇西北的藏人为主，因其居于滇、藏交接地带所具有的地利之便而多有从事滇藏贸易者，将云南茶叶运销西藏，将产自西藏的山货、药材、皮毛等运入丽江、下关等地。在近代云南的出口商品中，就有不少来自西藏的山货、药材等物，从这个意义上讲，藏族商人也是近代云南进出口贸易的参与者。

---

[1] 申旭：《云南回族商帮及其对外贸易的发展》，《回族研究》1996年第2期。
[2] 熊清华：《百年滇商》，云南人民出版社2013年版，第112—114页。

二 近代云南商帮的地域性特征

商帮是以血缘为纽带的地域商人群体,因此,一般对商帮地域性的探讨主要关注的是何以在"这一"地域形成了商帮,以及"这一"地域商帮具有怎样的与该地域相联系的特征,所谓近代云南商帮的地域性,当然也首先是要去关注这一问题的。但是,近代云南商帮的兴起是与对外贸易的发展联系在一起的,不同地域的商帮,其对外贸易对象往往是不同的,这也当是商帮地域性的一个体现。以上两个方面的"地域性"的结合则使近代云南的不同商帮形成了彼此相对独立的贸易圈。

为什么在特定的地域形成了特定的地域商帮,即地域商帮形成的地域因素,归结起来,有以下几点:一是商帮的诞生地往往是地少人多或土地贫瘠不足食用、人地矛盾较为突出、自然条件较为恶劣的地区,经商是当地人逼不得已而选择的谋生之道;二是各商帮的兴起地,大多土特产品,或者特色商品生产发达,各地人民可以利用相对有利的地利,通过商品买卖获得价格优势,摆脱困境,求生求富;三是各商帮的兴起地往往有着区位和地理上的优势,或处交通要道,或为商贾辐辏之地;四是各商帮的兴起地,重商崇商的观念一般都比较浓重,当地人民对于从商大多持肯定或赞扬等积极态度。① 近代云南地域商帮的形成自然也是这些因素作用下的产物,或是这四条因素共同作用的产物,或是其中几条因素的产物。分而论之,近代云南喜洲、鹤庆、腾冲、临安(建水)四大本省商帮,喜洲和鹤庆属于一类,腾冲和建水属于另一类。

如前所述,喜洲地少人多、鹤庆土地贫瘠,因而当地人民以经商为主要谋生手段之一,当地有着较为浓厚的经商传统,并且,喜洲和鹤庆都有行销周围的出产:喜洲土布业比较发达,"清代在苍山云弄峰山脚一带曾种植了大量的植物板兰,成熟季节作为染布的原料销售给喜洲的染户人家。迄今,喜洲仍有'染衣巷',就是因为当时染布而得名",附近邓川、洱源、宾川、鹤庆、剑川、丽江等10多个县都是喜洲土布的销售地;鹤庆手工业不仅门类多,而且技术高,特别是鹤庆所产白绵纸尤以

---

① 范金民:《明代地域商帮兴起的社会背景》,《清华大学学报》2006年第5期。

光滑柔韧出名,除在本地区销售外,还远销到大理、下关、昆明、邓川、宾川、丽江、永胜、剑川等地,此外,鹤庆地区的采矿业在明清时期就已发达,有北衙银厂、方丈山厂、蒲草塘银厂和铁厂等矿厂,据估算,当时仅北衙一带采矿的矿夫就不下两万人,年产银不下十万两,曾流传"千猪百羊万担米,不够北衙一早晨"之谚。①

  促成腾冲、建水商业发达,并由此形成有影响力的商帮的地域因素,则主要是其优越的地理位置和当地人民相对重视商业的传统。腾越"为全滇门户"②"为出缅门户"③,以此地理优势,成为云南对缅贸易的必经之地,所谓"从曼德勒到大理府,常走的道路有两条。一条直接从曼德勒经过锡尼(Thieunee)、永昌到大理府。另一条沿伊洛瓦底江而上直到八莫,从八莫又分出三条支路,汇于缅甸人称为莫棉(Momien)的腾越,然后到达大理府",而"若干世纪以来,通过八莫的这条道路,不论对侵略的军队,或是和平的商人,一向是从中国到缅甸的必经之路"。④从而使腾越成为对缅贸易最为重要的商品集散中心,正如前引《腾越州志》载:"今客商之贾于腾越者,上则珠宝,次则棉花,宝以璞来,棉以包载,骡驮马运,充路塞途。今省会解玉坊甚多,砻沙之声昼夜不歇,皆自腾越至者。"腾越商业的发达也说明了这一点,《永昌府志》载:腾越"蛮夷错杂,商贾丛集",又说永昌府内"经商者少,俱不善作贾……惟腾越较善经营(商业),故民户亦较裕"。⑤建水地理位置适中,是昆明通往红河南岸各地物资中转站和集散中心之一,商业因而较为繁荣,"在中法战争前,建水城商业活跃,交易兴旺,每逢中街天(属狗日),马市

---

  ① 张了:《解放前鹤庆矿业情况调查》,《白族社会历史调查(三)》,云南人民出版社1991年版,第276、191页。

  ② 屠书濂纂修:《腾越州志》卷2《疆域》,光绪二十三年重刊本,台北成文出版社1967年影印本,第23页。

  ③ 陈宗海修,赵端礼纂:《腾越厅志》卷2《形势》,光绪十三年刊本,台北成文出版社1967年影印版,第35页。

  ④ 姚贤镐编:《中国近代对外贸易史资料》(第2册),中华书局1962年版,第687—688页。

  ⑤ 刘毓珂等纂修:《永昌府志》卷8《风俗》,光绪十一年刊本,台北成文出版社1967年影印版,第47页。

街有数百驮棉花、数百挑土靛成交，还有数百人带着自己纺织和印染的布匹兜售"。同时，因建水地近个旧，随着个旧锡业的发展，建水人纷纷到个旧开矿，做与锡矿开发相关的生意成为建水商业一时之风尚。[①]

正因如此，在蒙自、思茅、腾越三关开放后，以上四地的商人才走在了前面，抓住有利时机，纷纷投身对外贸易，在促进云南对外贸易发展的同时也壮大了自己，近代云南四大商帮因此形成。

董孟雄在论及近代云南华侨聚居地区的相对集中性时指出："滇侨主要分布为三大区域：由滇南流往异国的华侨，主要集中于泰国……分布于上缅甸各地的云南华侨，则主要来自滇西一线的腾冲、龙陵、大理等地区……少数分布于印度的云南华侨，则多由滇西北的中甸、丽江等地区的少数民族"，近代云南邻国华侨主要是因经营对外贸易而产生的，滇南商人主要经营的是滇越贸易，越南是必经之地，但"越南在东南亚各国中，不仅资本主义经济不发展，而且土地利用率很低，毗邻云南的北越各省尤其如此，所以，北越只起了华侨'中转站'的作用"[②]。这也就是说，近代云南地域商帮对外贸易对象，滇南和滇西互不相同，"至于本地商人，则有腾冲帮、鹤庆帮和大理帮（即喜洲帮——笔者注），经营于缅甸；临安帮（即建水帮——笔者注）经营于香港"[③]。又因中国香港与东南亚越南、泰国、马来西亚、新加坡，以及中国东部沿海的广东、上海、江浙等地贸易往来密切，因此，滇南商人便与这些地区或直接或间接地建立了贸易关系；缅甸成为英国的殖民地后，经英国的经营，逐渐与印度在政治上、经济上形成一个整体，滇南商人的对外贸易对象因此而显得较为集中，在空间上可以说是一个相对完整的区域。蒙自、思茅、腾越三关开放后，对港贸易主要是经蒙自关进行的，蒙自是云南对港贸易主要中转站；对缅贸易则主要是经腾越关进行的，腾冲是云南对缅贸易主要中转站。根据本书第三章的内容，蒙自关的腹地主要包括滇南、滇中、滇东北和黔西北的部分地区，腾越关的腹地主要包括滇西南、滇

---

① 罗群、罗敏：《话说滇商》，中华工商联合出版社2008年版，第98—99页。
② 董孟雄：《云南近代地方经济史研究》，云南人民出版社1991年版，第253—254页。
③ 龙云、卢汉修，周钟岳、赵式铭等纂：《新纂云南通志》卷143《商业考一》，云南人民出版社2007年点校本，第7册，第91页。

西北和川西地区，并通过缅、印运输滇茶进入西藏，与西藏贸易密切，这便分别是滇南商人和滇西商人对内经营的主要空间范围。滇南商人和滇西商人相对独立的贸易圈由此形成，即滇南商人对外主要和香港及其与香港有密切贸易往来的东南亚国家、中国东部沿海地区相联系，对内与云南东部地区、贵州西北部相联系，其"内"与"外"的连接点为蒙自；滇西商人对外主要与缅甸、印度相联系，对内与云南西部、四川西部，以及西藏地区相联系，其"内"与"外"的连接点则为腾冲。

蒙自、思茅、腾越三关开放后，滇南商人的生意与蒙自进出口贸易密切关联，主要经营滇越贸易，滇西商人的生意则主要与腾越进出口贸易密切关联，以经营滇缅贸易为主。我们知道，近代云南三关，蒙自关的贸易量最大，常居全省进出口贸易额的80%以上；不仅如此，从总体上看，蒙自关的腹地范围在三关中也是最大的。① 并且，近代云南地域性商人群体的兴起，在一定程度上讲，是对外贸易发展的产物。因此，既然滇越贸易量大于滇缅贸易量，则滇南商帮即使不是商帮数量多，也应该是实力要更强，但事实却恰恰相反，这就成为不得不让人深究的一个问题。

诚如前述，云南商业素不发达，本地商人数量不多，实力不强，云南商业直至清朝中叶还是被外省商人把持。在1856年前，滇西地区的商业主要是四川人的天下，"他们主要经营从四川收购来的川烟、生丝、布匹、药材等物品运往下关，再采购鸦片及各种山货、药材云南往四川地区销售"②，咸同年间农民起义使四川商帮实力大为削弱，几乎退出云南，代之而起的则是云南本地商人在滇西的崛起，进而代替四川商人掌控滇西商业；与此同时，主要活跃于滇南、滇中地区的江西商人、湖南商人等外省商人也纷纷撤出云南，这一方面为滇南商人的兴起创造了条件，另一方面则为广东商人进入云南腾出了空间，在蒙自开埠以及后来的滇越铁路通车后，越来越多的广东商人来到云南从事商贸活动，"他们十分

---

① 张永帅：《腹地变迁：近代云南三关贸易地位形成的空间过程（1889—1937）》，《西南边疆民族研究》第18辑，云南大学出版社2015年版。
② 王川：《滇川贸易百年》，云南人民出版社2013年版，第79页。

团结，相互帮助，且在滇越铁路沿线设置他们的机构以便对滇越铁路沿途的商业进行控制"①，成为滇南商人强有力的竞争者，"蒙自开关后，滇越铁路通车前，计有较大的商号八家"，其中的四家即广昌和、天德和、亿昌、裕昌为广帮，滇越铁路通车后，又陆续增加四家较大的商号，其中的应云祥即为广帮商号。② 由此可见，滇南商帮是受广东商人的竞争而实力不及滇西商帮的；在滇南，有实力的地域商帮的数量也没有滇西多，在很大程度上，也是广东商人竞争的结果。

---

① 王川：《滇川贸易百年》，云南人民出版社2013年版，第79页。
② 蒙自县政协文史委：《蒙自的进出口贸易》，《云南文史资料选辑》第42辑，云南人民出版社1993年版，第304页。

第二章

近代云南地域商帮管理模式及经营理念

中国传统十大商帮都取得了鲜明耀眼的成就，其中代表就是晋商和徽商，其管理模式各有千秋，晋商实行的是以地缘为基础的股份契约管理模式，徽商推行以血缘为主的家族式管理模式。① 而云南地处边疆，与越南、老挝、缅甸三个国家接壤，便于跨境贸易，云南地域商帮主要经营滇缅、滇越贸易；另外，云南民族众多，各民族历来都有经商传统，比如著名的迤西喜洲、腾冲、鹤庆三大帮，滇南的建水、蒙自帮等云南地域商帮皆存在大量少数民族商人。因而云南地域商帮治理模式及其文化内涵不可避免地带有边疆性和民族性特征。

第一节 喜洲商帮的管理模式及经营理念

一 集资合股，多元经营

喜洲虽然经商的历史悠久，但长期多属于小本买卖。腾越开埠后，喜洲商人积极投身对外贸易，大力经营缅—滇—川贸易，其面临的主要困难之一就是资金不足。为此，他们普遍以家族为主，采取集资合股的方式，将各家的"小钱"汇聚在一起成为"大钱"，进而做大做强。这样一方面在很大程度上解决了资金短缺的问题；另一方面风险也可以均担，又在一定程度上解决了人力和人才问题，成为喜洲商帮迅速壮大的重要

---

① 王里鹏：《晋商家族制与徽商宗族制之比较研究》，《山西大学学报》（哲学社会科学版）2010年第4期。

原因之一。典型者如永昌祥商号，就是由严子珍、彭永昌和杨鸿春三人入股合伙创立的。后又有杨润馨、杨振春、严燮成等人相继入股，股东多达15人，但除彭永昌是江西汉族外，14个都是喜洲的当地白族，以家族和民族关系为纽带，不断拓展业务，实力不断壮大，成为喜洲帮最具实力的商号。① 如喜洲帮第二大商号锡庆祥，源于董澄农于1916年与人合伙成立的德润生商号，属于小本经营，后将德润生改组为天顺昌，喜洲好友杨茂清、尹聘三等人先后入股加盟，并在瓦城、香港、宜宾、保山、腾冲等地设立分号，在上海、重庆、丽江等处设有栈口，开始经营进出口贸易，为以后锡庆祥的设立与发展壮大奠定了坚实的基础。②

通过集资合股的方式解决资金问题，促进了喜洲商帮的壮大，而主抓对外贸易，采取多元化的经营策略可谓其资本快速增长的奥秘所在。这里所谓的多元经营，一是空间上的多元化，即国外以缅甸市场为主，与此同时积极开拓印度、东南亚市场，国内以云南市场为主，又大力拓展四川、西藏市场，以及东南沿海市场和香港市场，并将国内市场和国际市场有机结合，实现商品上的差异化和功能上的互补性，有利于从整体上实现资本的增值；二是以商业为主，在积累了一定资金后，投资工矿业、金融业等领域，通过行业间联动与互促，实现资本的增值。如永昌祥在四川嘉定建立缫丝厂，就地收茧抽丝，降低成本同时提高了产品质量，扩大了销售量；在喜洲建立一个小型发电站，使喜洲地区第一次用上电灯，也使永昌祥多了一项收入来源。锡庆祥的董澄农一直醉心于创办实业，自巧遇施嘉乾这位高级技术人才后，两人一拍即合，创建大成实业公司。"1940年8月起，大成实业公司各厂相继投产，生产面粉、电石、各种液体燃料，机油和水泥供应市场，其产品供不应求，收益效果显著。"③ 投资金融方面，仍以董澄农最为典型。他先后向云南实业银行、工矿银行、兴文银行、劝业银行、永丰银行等银行进行投资。此外，

---

① 杨克成：《永昌祥简史》，《云南文史资料选辑》第9辑，云南人民出版社1965年版，第52页。
② 薛祖军：《喜洲商帮》，云南人民出版社2013年版，第229页。
③ 冯永飞：《近代滇西商帮经营管理模式研究（1894—1949）》，硕士学位论文，云南师范大学，2022年，第32页。

喜洲商帮很注重与外国洋行联系，与英国渣打、礼和银行，法国的山打、宝隆等交易，对其垄断滇缅进出口贸易发挥了重要作用。

二　号规明确，管理严格

"没有规矩，不成方圆。"明确的号规和严格的管理，使得喜洲帮具有很强的组织管理效率。喜洲商帮不同商号虽然有其各自的号规，但以下喜洲商帮对售货员和从业者的行为规范与职业修养要求，为各商号共同遵守：

1. 对售货员的基本要求：

（1）店员（售货员）必须热情接待顾客，满足顾客要求，回答顾客的询问，并主动向顾客展示商品，介绍商品，提供挑选。顾客选定货物后，量尺寸，称分量，包装，等等，要做到顾客满意。遇有困难问题，必须为顾客尽量设法解决，不得简单甚至粗暴地回绝。

（2）向顾客介绍商品特点、使用价值，消除顾客顾虑，促使其下定决心购买。

（3）对甲顾客洽谈商品时，必须注意到其他顾客的情绪与要求，吸引其跟着购买货物。无论出现什么情况，必须保持冷静，避免冲突。

（4）积极协助本号铺改善经营管理，时刻牢记要保证满足各方面顾主的需要，使号铺的业务得到发展。

（5）尊重和热爱每位顾客，要为他们创造良好的气氛，使他们在与本号铺接触中心情舒畅。

（6）安心本职工作，钻研本职业务，不断提高自己的业务能力。

2. 从业人员（售货员）职业修养规则：

（1）对于来到本号铺的所有顾客都要热情接待，讲究礼貌，态度和蔼。

（2）服务周到。虚心听取顾客的意见和要求，努力改正和解决；出了问题，勇于承担责任。

（3）顾客要求虽因人而异，但对之态度要一视同仁，不能厚此薄彼，偏爱某些而厌恶另一些顾客，切忌看麻衣相的市侩作风。

（4）售货员应该工作熟练。

（5）售货员应该熟悉商品的用途和价格。

（6）售货员应该熟悉量尺寸、称分量、计算价格，做到迅速准确，分毫不差。

（7）要赢得顾客和同事的尊重和信任。

（8）切忌对顾客讽刺、戏弄或吵嘴、打架，如发生此类情况，按情节轻重以违反号规处理，情节严重的报请有关机关法办，或令其"出号"（开除）。

（9）谨记商业四名箴言："涵养怒中气，谨防顺口言，斟酌忙里错，爱惜有时钱。"①

该规定是喜洲商帮所有商号共同遵守的，属于喜洲商帮共同的经营准则。这些规定充分体现了"顾客就是上帝"原则，要求店员熟悉销售流程，耐心为顾客介绍，无论发现什么都要保持冷静，避免冲突。商铺经营最主要的目的就是把商品销售给顾客，喜洲商帮抓住这个关键点，该规定可谓喜洲商帮发展壮大的制度性保障。

三 诚实守信，信誉为本

正如林超民所指出的那样，"滇西北商人之所以能够取得成功，有许多值得总结的经验。其中十分主要的一条就是滇西北商人们诚信的品德……考查滇西北成功的商人，固然有不讲信义的奸商劣贾，但大多昙花一现，其兴也勃，其衰也速。凡是成功的商人，在商业活动中无不讲

---

① 杨宪典、杨茂华、何一琪：《大理白族"喜洲商帮"发展情况调查》，《民族问题五种丛书》；云南省编辑委员会编：《白族社会历史调查（四）》，民族出版社2009年版，第310页；杨国才：《中国云南白族近代商帮道德文化研究》，《回顾与创新：多元文化视野下的中国少数民族哲学——中国少数民族哲学及社会思想史学会成立30年纪念暨2011年年会论文集中国少数民族哲学及社会思想史学会会议论文集》，第150—151页。

究信誉至上，坦诚相待；他们不弄虚作假，不欺诈伪饰"①。诚实守信，重视信誉，具有较强的品牌意识，是喜洲商帮的一大经营特点，也是喜洲商帮成长为近代云南最重要的地域商人群体的主要原因之一。

喜洲帮与藏区贸易往来密切，主要以茶、土布及其他日用品交换虫草、麝香、毛皮等特产，是喜洲帮各大商户主要业务之一。受藏区交通和天气的制约，藏商每年只能在大雪封山之前出来做一次买卖，买卖常以期货的方式进行，双方彼此赊欠常达一年半载，只凭口头约定，不写任何书面契约，但双方并不会因此发生纠纷，如果商家没有极高的信誉简直是不可想象的。而这种不以一纸协议，全凭"信义"的做法，使得藏商与他信得过的商人建立主顾关系后，拉也拉不走，非常稳固。②

来往怒、曲两江经商的客商，大多数都没有多少资金，要向维西的永昌祥等商号赊货。他们凭信用和永昌祥等大商号交往，将赊到手、不适销的商品设法就地卖出去，又购进适销商品卖给傈僳、藏、怒等族人民，如加工好的衣服、民族饰品、铁锅和牛、羊、盐巴等，又把购进来的名贵药材、山货等，随市价优先卖给永昌祥等商号用抵赊账，如有盈余，就归客商自行处理。这样做是与怒、曲两江及边僻地带"无赊不成生意"的风习相适应的，有助于喜洲商人在这些地方拓展市场，即当地的住户村落极为分散，没有集市，要送货上门，做买卖时一般要先赊后付。"虽说实行以物易物，但是，现货成交的可以说十中无几。客商赊出去的商品，都不用货币计价，只讲合黄连多少、贝母若干，然后由双方各自记账，对方则凭木刻记事。到产品成熟时，能收到八成就算满意了。对客商虽说稍有损失，但是在成交时就已把这部分损失计算在里面了。像这样的交易方式，要凭主客间的友谊关系，熟悉当地的各种情况，才能经营得开。这些小商客、马帮和商品集散中心的大商号是有密切联系的。商号本身如果没有与众多的商客和中小商铺的往来为其代销的话，大商号的商品肯定是吞吐不了的，如果又没有马帮的运输，那么，大商

---

① 周智生：《商人与近代中国西南边疆社会——以滇西北为中心·序》，中国社会科学出版社2006年版，第7页。

② 姚建峰、田生湖、喻凡、崔同宜：《云南商帮》，云南人民出版社2020年版，第169页。

号的商品也是无法进行集散的,所以这些众多的小商客和中小商铺及马帮都是大商号和当地人民往来交易的纽带,他们与大商号从大小、远近各方面紧密结合,谁也离不开谁。"① 正是通过这种建立在诚信基础上的各大商号、马帮与众多中小商铺、小客商之间的密切合作,使喜洲商帮牢牢占据了僻远地方的市场。

四 重视人才,选贤用能

喜洲商帮一般都强调货真价实,特别讲求商品质量,因此特别需要识货的行家和专门人才。"每个商号店铺和行商,对他各自经营的货物的真伪、成色、出产地,只要用眼睛看上一眼,用鼻子闻上一闻,用手掂上一掂,就能识别。例如有的做茶叶生意的人,只要把茶叶用鼻闻一下,他就能说出这种茶叶是什么地方出产的。看上一看,就知道是雨前茶叶或是一般茶叶。又如做山货药材、皮毛、黄金、麝香、熊胆、虎胶以及玉器宝石,他们都能识别……而假货的识别,必须培养识货的专业人才。另外,货物的技术加工专业人才亦十分重要,如贝母、知母,必须经过熏制,猪毛、茶叶等都要经过技术加工,这些都需要专业人员,做生意还不是一买一卖的问题,而是要有专业技术人才。否则就谈不上发展。"② 正因如此,喜洲商帮各商号都非常重视专业人才,一方面积极延揽和利用有专长的人;另一方面花大力气培养人才、重用人才。如永昌祥严子珍广延各路人才,重金聘请鹤庆商帮兴盛和商号总会计师苏用九到永昌祥效力,用人不疑,给予充分信任和关怀。苏用九在兴盛和管账多年,给永昌祥带来了一套完备的会计方法。建立了以现金账代替传票的中式复试会计制度,后来被喜洲各商号纷纷效仿。③ 据调查,"1949 年全国解放以前,喜洲十六村居民中间,随时可以找到滇西各民族包括一些中缅边境的各种民族语言的翻译人员,这些人不仅懂得语言,而且对各民族

---

① 杨宪典、杨茂华、何一琪:《大理白族"喜洲商帮"发展情况调查》,《民族问题五种丛书》;云南省编辑委员会编:《白族社会历史调查(四)》,民族出版社 2009 年版,第 312 页。

② 杨宪典:《喜洲志》,大理白族自治州南诏史研究会,1988 年,第 164 页。转引自薛祖军《喜洲商帮》,云南人民出版社 2013 年版,第 291 页。

③ 姚建峰、田生湖、喻凡、崔同宜:《云南商帮》,云南人民出版社 2020 年版,第 173 页。

地方风土人情、物资出产,也都了解的一清二楚。这应该说是'河赕贾客'一直沿袭下来的,是商业上所必须的人才"①。所谓"资金是办事之父,人才是办事之母",② 这种因商业发展需要而出现的专业人才,在喜洲商业舞台上大施拳脚,保障了喜洲各商号的成功与壮大。对专业人才的培养与重用,以永昌祥为代表,喜洲商帮建立了一整套的规范与程序:不论是商家子弟,还是一般店员,也不论是何人介绍引进的,新入号的人必须从学徒做起,考核通过后才能正式在号内效力;对于号内的正式员工,永昌祥形成了一套科学、规范的用人机制,制定了员工升迁、提拔、分配和奖惩的制度,让每一个人都能发挥其所长。1907 年,永昌祥为激励职员,实行力股制度。明确规定资本报酬不变,人力报酬按"通年做事之臧否"升降,规定本后息五厘作为力股,力股可以转为股金,充分激发了员工的积极性,对永昌祥的发展壮大起到了至关重要的作用。

在人才的选拔和利用上,喜洲商帮各商号大都注意选贤用能,以才能为标准,人尽其能,才尽其用。如永昌祥在创号之初,严子珍就举贤不避亲,从喜洲选聘了严玉山、杨利甫、杨立成、杨位三、严和成、张乐廷、严明成、严茂馨以及他的大儿子严燮成等作为永昌祥的骨干,在报酬方面按人力、资金比例分成,以利益共享的方式激发了这批人的斗志,群策群力,为永昌祥的发展做出了极大贡献。③

五 熟悉市场,摸准行情

商号的发展系乎市场,而能否占领市场的关键在于及时掌握市场信息,摸准行情,有的放矢,不做盲目投资。喜洲商人做生意特别重视市场信息,在第一时间掌握市场行情,掌握"逢贵必贱,逢贱必贵"的物价涨跌规律,在尊重市场规律的前提下获取最大利益。很多大商号都有一套自己的密码信息术语,他们高价雇佣传信之人,把货物盈缺、行情

---

① 张旭:《喜洲释名》,载《大理白族史探索》,云南人民出版社 1990 年版,转引自薛祖军《喜洲商帮》,云南人民出版社 2013 年版,第 292 页。
② 杨克成:《永昌祥简史》,《云南文史资料选辑》第 9 辑,云南人民出版社 1989 年版,第 54 页。
③ 姚建峰、田生湖、喻凡、崔同宜:《云南商帮》,云南人民出版社 2020 年版,第 173 页。

涨跌的消息以最快的速度传递给本号的人,以对市场变化做出及时反应。①

作为喜洲帮最大的商号,永昌祥深谙此道,严子珍强调:"'莫买当头涨,莫卖当头跌','人弃我取,人取我与'。这是号上从业人员经常背诵的生意经,运用到做买卖上都非常有效应,实际上就是'为卖而买'追求差额利润的教条。"② 即随时观测市场需求,第一时间掌握商业行情,从而做出抉择,适时吞吐大宗商品,以达到及时组织货源,满足市场需求的目的;不仅如此,他们所控制的大宗商品的买卖甚至可以反过来影响市场行情,进一步达到利益最大化的目的。③

六 吃苦耐劳,坚忍不拔

喜洲具有较为悠久的经商传统,该地人多地狭,人地矛盾突出,经商就是求得生存与发展的路径。云南地势险恶,交通不便,喜洲商人要把大批货物运送到云南各地、藏、川各地以及周边国家,全靠马帮驮运,跋山涉水,艰辛异常。但各大商号并没有因为环境的艰苦而放弃或缩小经营,喜洲人具有积极进取,吃苦耐劳的品格,不怕苦、不怕累,克服种种困难,将生意进行到底。这种坚忍不拔的精神,使喜洲各大商号在商海沉浮中能够做到不怕跌倒,即使跌倒也能坚强地再爬起来,不断发展壮大。

喜洲商人所具有的吃苦耐劳、坚忍不拔的精神与喜洲地方长久以来的教育文化传统是密不可分的。喜洲人教育子女,注重孩子个人生活能力的培养和强调孩子品行的塑造,设法教会孩子适应社会,勇于承担责任,则是共同的。由于喜洲人特别注意培养孩子的竞争意识和独立生活的能力,因此,喜洲人普遍对各种生活环境具有较强的适应能力,具有较强的进取心和奋斗精神,韧劲很强。也正是这种喜洲人普遍具有的韧

---

① 杨宪典:《喜洲志》,大理白族自治州南诏史研究会,1988年,第164页。转引自姚建峰、田生湖、喻凡、崔同宜《云南商帮》,云南人民出版社2020年版,第172页。
② 杨克成:《永昌祥简史》,《云南文史资料选辑》第9辑,云南人民出版社1989年版,第55页。
③ 姚建峰、田生湖、喻凡、崔同宜:《云南商帮》,云南人民出版社2020年版,第172页。

劲和干劲,让喜洲人在面临困境时,迎难而上,读书成才者不乏其人,经商成功者比比皆是,使喜洲成为文教昌盛、商业发达的滇西名邦。

第二节　鹤庆商帮的管理模式及经营理念

一　家族式经营

刘云明曾指出:"血缘与地缘关系是维系大商号和商帮存在的最基本的纽带……从传统上看,中国人群意识的认同标准,是首重血缘性的亲族关系,次重地缘性的乡土关系。"① 鹤庆商帮正是如此。作为地域性商人群体,鹤庆商帮当然是地缘即同乡关系而建立起来的商业上有密切往来的人群,但细究起来,就会发现,鹤庆各大商号基本上都是以血缘关系组织起来的,由本家族的人员担任总掌柜(或总经理)及各分号掌柜(或经理),控制着本商号的经营投资与决策。也正是从这个意义上讲,鹤庆商帮各商号几乎都是家族式的企业。②

如大商号兴盛和总掌柜由舒氏家族的舒金和出任,分号掌柜则由舒氏家族的投资者和员工中工作能力较强的人担任。随着业务的扩展和实力的壮大,兴盛和于光绪末年商议分号,决定兴盛和主号归舒金和,由他任总掌柜。由兴盛和分出的恒通裕号由舒金和长子舒良辅任总掌柜,日兴德号由舒金和少子舒良佐任总掌柜;三子舒嘉烈任怡和兴商号西昌分号掌柜;四子舒嘉彦任怡和兴商号驻缅甸仰光分号掌柜;五子舒嘉祥任怡和兴商号驻缅甸曼德勒分号掌柜。

如恒盛公,张泽万"和他的后代都是把人事关系放在封建家庭、亲属及同乡亲友的范围内的。在不得已的情况下才使用外人。其次是非常重视保持张姓正统,对于凡把外姓投资人认作东家的人,就设法使他们不安而离去",完全是张氏家族控制和经营的一个大商号。③ 1941 年,张泽万去世后,由张相时任总经理,驻昆明;张相诚任印度分号经理,驻

---

① 刘云明:《清代云南市场研究》,云南大学出版社 1996 年版,第 161—162 页。
② 赵启燕:《鹤庆商帮》,云南人民出版社 2013 年版,第 93 页。
③ 赵启燕:《鹤庆商帮》,云南人民出版社 2013 年版,第 94—95 页。

葛伦堡；张相如任丽江分号经理。① 1943 年，恒盛公为了增加资本投入扩大经营规模，鼓励外姓同事投资入股，得到"孟明代表长支四万一千元，定波代表第二支四万二千二百元，振伦代表第三支四万零五百元，相时五万元，德筠代表第五支二万九千三百元，相成九万四千六百元，相如六万六千四百元"，其他投资"贾鉴堂一万一千七百元，李春圃七千一百元，李光甫七千一百元，刘君翚一千四百元"。②尽管增加了不少股东，扩大了恒盛公的资金，但大股东仍为张氏家族成员，并未因此改变恒盛公家族式企业的性质。

福春恒商号经过多次合并，吸收多人资产，表面看来是由蒋宗汉、周守正、赵如九、朱靖卿、祁星垓等人合伙投资的商号，不具备家族式经营特征。然而，周守正、赵如九、蒋宗汉均为儿女亲家③，具有姻亲关系，实质还是家族式经营。④

这种家族式的经营模式，虽然一方面有利于资金的集中，在管理上也由于家族成员以及联姻家族成员之间的亲缘关系使商号的凝聚力更强，鹤庆几大商号通过姻亲纽带结成联盟，相互照顾，有利于彼此都做大做强；但正如有学者所指出的那样，家族企业的经营决策往往是一个人大权独揽，缺乏健全的制衡机制，一旦企业决策出现失误，如家族企业冥顽不灵地坚持不改，就难以及时得到纠正。这种情况常常会给企业的发展造成严重的后果，有时会带来灭顶之灾。另一种情况是独揽大权的家长去世后，家族中丧失了统领全局的核心人物，一时无人替代，而子女们相互为权力和财产争斗不休，根本无暇顾及企业的经营与发展，也容易导致极为不利的消极影响。兴盛和及庆正裕的倒闭，尽管是多种原因

---

① 冯永飞：《近代滇西商帮经营管理模式研究（1894—1949）》，硕士学位论文，云南师范大学，2022 年，第 37 页。

② 赵启燕：《近代滇西白族商帮的商贸经营与管理——以鹤庆商帮为例》，《思想战线》2007 年第 6 期。

③ 蒋万华：《福春恒的兴衰》，《云南文史资料选辑》第 49 辑，云南人民出版社 1996 年版，第 91 页。

④ 冯永飞：《近代滇西商帮经营管理模式研究（1894—1949）》，硕士学位论文，云南师范大学，2022 年，第 37 页。

作用的结果,但不能不说是与这种家族式经营的弊端直接相关的。①

二 健全、规范的管理制度

在近代云南各大商帮中,鹤庆商帮是以健全、规范、严格的管理制度而著称的,这集中体现在人事管理制度和财务分配制度两个方面。在人事管理制度上,以福春恒为例,以周守正为首的福庆仁商号并入福春恒后,周守正任总经理,一上任就着手健全管理制度,他在分析了迤西商帮在管理方面的各家之长和不足后,借鉴、吸收陕西商帮的一些管理办法,制定了一整套较为系统的商号管理制度。学徒制是鹤庆商号人事制度的基础,福春恒规定:入号的学徒,不论什么人,哪怕是股东的子弟,都必须先从洒扫开始学起,然后逐步教授记账的方法和珠算的技巧,使其掌握最基本的商业技能;接着才让学徒学习誊抄信件、写信、算账等,在教授其业务知识的同时,使其逐渐了解全商号的经营计划和各分号的业务经营情况。待学徒掌握了一般的商业知识后,给予机会安排其独立处理某一事务或财务账款。经考察认为其能独当一面时,才能调到分号担任副职,再经过一段时间的历练和培养后,才能担任分号主要负责人。这样经过系统训练和培养出来的人才,既熟悉商号经营的各个环节、各个方面,又系统掌握和具备处理各种问题的能力,且能够做到总号与分号之间协同一致,经营效果自然会更好。虽然鹤庆商帮中的各大商号,如兴盛和、庆正裕等基本上都是通过这一制度招纳和培养商号的工作人员的。但福春恒训练出来的人员,由于业务技术熟练,对信账熟悉,因而迤西各商号多乐于聘任福春恒的伙计担任信账先生或分号经理,使福春恒商号一度成为迤西各商帮商业人才的训练机构。②

在财务管理和利润分配上,鹤庆各大商号也都有一套严格、规范的制度。在财务管理上,大多商号在每期结账时,由各分号将资产负债表、损益表等呈送总号,报告盈亏,以了解资金的日常运用情况,强化和提

---

① 赵启燕:《鹤庆商帮》,云南人民出版社2013年版,第96页。
② 施次鲁:《福春恒的兴衰》,《云南文史资料选辑》第42辑,云南人民出版社1993年版,第50页。

高资金的使用效益。在利润分配方面，鹤庆商号一般都是年底结算分红，股本也多分为本股和力股。福春恒也按照本股和力股分配红利，但福春恒是每三年结算一次大账，考核一次绩效，分配一次利润，成绩优良的职工即使没有投入本股也会给予相应股权。福春恒的本股和力股各占利润的一半来进行分配，如结算总利润为 100 元，本股有 10 股，力股有 5 股，则每股本股可分得 5 元，即总利润的一半除以本股数量；而每力股可分得 10 元，即总利润的一半除以力股数量。职员所分得的红利，扣除平时的借支款外，可按自愿原则全部转为本股；力股则是按照对工作成绩的考察来分配。这种本股结合力股的分配制度，有力地激发了员工的工作积极性，员工都想争取力股，工作会更加努力，也不会徇私舞弊，同时还提高了股东的责任心，防止股东坐享其成，使上下都干劲十足，企业充满活力。①

三　重信誉，讲诚信

鹤庆商人之所以能在近代的云南兴起并成为大商帮之一，是与他们普遍重视信誉，讲究以义取利，货真价实，诚信经营密不可分的。这或许与他们所谓的"以儒家理性指导自己的行为，把经营之道与为人之道结合起来，以为人之道去经营商业"②有关，但更多的还是对最为朴素的商业理性的反映，但凡成功的商人都是比较重视信誉的，因为他们明白以欺诈的方式是不可能长久获利的。

兴盛和商号创始人之一的舒金和为"邑商之最以义著者也"，"人皆谓有信"。在其创立商号之前曾在打箭炉与陕西商人有生意往来，有一次，设在打箭炉的大商号"世丰和"在计算布价时，不小心少收舒金和 800 金，"金和为核其误，诅如数归之，由是义声益以著闻，炉商皆愿与交，不数年遂致累巨万"③。由于信誉良好，有口皆碑，舒金和很快积累了较为雄厚的资本，进而创立了兴盛和商号。而在兴盛和后来的发展中，

---

① 姚建峰、田生湖、喻凡、崔同宜：《云南商帮》，云南人民出版社 2020 年版，第 119—120 页。
② 阎广芬：《近代商人捐资兴学的内发力量》，《社会科学辑刊》2001 年第 5 期。
③ 赵启燕：《鹤庆商帮》，云南人民出版社 2013 年版，第 84 页。

始终重视信誉，注意树立品牌，兴盛和才不断得到发展壮大。而在从事进出口贸易过程中，兴盛和之所以先后得到鹤庆地方政府和缅甸信贷商人大量的资金支持，除了自身强大实力所具备的还款能力外，良好的信誉让提供资金者对其产生的信任感也是重要原因。

同兴德商号因为讲求质量，以信接物，其创制的"德"字牌麝香驰名中外，为各路客商所欢迎，以致"他人艳其利，从而贩至犹是货，且自愿减价，而亦无人承买。不得以，仍以归之，盖其忠信之孚于州里，蛮狸如此"①。而正是这种以诚为本的经营理念，为同兴德树立了良好的商业形象，为其业务的扩展与实力的壮大起到了极为重要的作用。

福春恒商号因为资本雄厚，以重视信誉为人所称道，因而缅甸老银厂劳工都乐意将工资交到福春恒腊戌办事处转汇回家，其他华侨也有不少人将汇款交付福春恒办理，从而每年为福春恒商号间接提供了五六十万卢比的资金供其在缅甸购货之用。恒盛公商号在创立之初，接连遭到货银被卷，其投资商兴盛和又与之脱离关系要求赔偿损失的双重打击，但号东张泽万凭借过去建立起的良好信誉和自己的人际关系，争取到了当时在上海经商的云南同乡的投资与借贷，才化险为夷，度过了倒号危机。而在其后来的经营中，非常重视和强调"信誉至上"。由于本着市不二价，以信接物的经营作风，恒盛公的业务拓展迅速，成为鹤庆帮的大商号。

不仅大商号如此，鹤庆帮其他中小商号也都重信誉、讲诚信。如以开设金铺为主营业务的宝兴祥商号，以经营药材生意为主的同春盛、锡兴祥商号，以及南裕商行、德泰昌、庆顺丰、福兴昌、文华号、怡和兴、鸿盛昌、义通祥、联兴昌、庆昌和等，无不如此。正是鹤庆帮注重对商业信誉的追求，形成风气，为鹤庆商人树立的良好商业形象，使得鹤庆商帮在迤西地区，乃至在重庆、汉口，以及缅甸、印度等地区的商界都拥有良好的声誉，鹤庆商帮的影响力与日俱增，从而有力地促进了白族

---

① 民国《鹤庆县志》卷12《人物志·货值》。

商人拓展商业领域，壮大经营规模，得到持续发展。①

四 重视商业信息

能否及时获取准确的商业信息，直接影响商人能否及时对市场变化做出反应，以便做出正确的商业决策的前提。正是从这个意义上讲，商业信息关乎资金的投资、货物的买入卖出，以及盈利与否，关乎商号的生存与发展。因此，鹤庆商帮各商号都很重视对商业信息的收集，重视通讯手段以提高商业信息获取的及时与快捷。

当时鹤庆商帮各商号获取、传递商业信息的主要工具是通关信函、电报和人工传达等。为了整个商号各分号之间及时了解各地的商业信息，从而做到步调一致，协同合作，利于管理与全局统筹，福春恒商号除了针对各分号的具体问题进行个别指示外，还定期编写通关信函。这种通关信函的周期一般为一周，即每周由总号将各分号汇聚来的商业信息进行整体研究，并制定出全号的经营举措，对各分号下一阶段相互的业务往来、款项调拨等做出具体的部署与安排，将这一安排形成通函发给各分号遵照执行，并将各分号来函发来的商业信息抄附给其他分号以供参考。每年由总号和分号各将通关信函装订成册，作为本商号的年鉴留存。②福春恒通关信函方式的实行，可以使各地的商业信息在商号内部各分号之间传递与共享，可以较好地做到协同，并从整体上对市场行情做出及时、有效的反应，增强其竞争力。恒盛公各分号除了负责接收商品、出售商品等一般业务外，还负责收集当地的商业情报，并及时向总号汇报。并且，除了一般性的信息收集与汇报外，恒盛公还特别制定了一份《密电总则》对相关商业信息赋密进行传递，其具体规定为："1. 此项秘电底及代日秘请勿（印庄无秘请勿）交各庄经理人秘存，且须严守秘密，不得使庄内外任何人知晓；2. 非必要时勿请发秘电；3. 各项秘底之'附记'极为重要，须加以注意方易于拍发及查封；4. 一电文中可同时拍发

---

① 赵启燕：《近代滇西白族商帮的商贸经营与管理——以鹤庆商帮为例》，《思想战线》2007年第6期。

② 赵启燕：《鹤庆商帮》，云南人民出版社2013年版，第87页。

'货''物''汇''运'四项秘电秘文,虽然可联络秘底则不能参谋互用,为'货秘'之秘底不能混入'物秘'底内,而'物秘'之秘底上不能混入'物秘'之谜底内;5. 发电日期仍用普通代日韵目,但'物秘''货秘'电中不能用上平声,发电人名仍照原名用;6. 凡接探询秘密后,必须立即复电,因电文中未设有'电复''盼复'等字。"① 这种只有本号人员才能读得懂的秘电,保证了商业情报的机密性,为恒盛公的正确决策提供了重要条件。为了及时准确了解物价涨跌、社会秩序、政治动态,以及天灾人祸、交通运输等方面的信息,兴盛和也特别重视通信,并且为保密通信内容还专门有自备的通信密码;在电信不通的地方,还设有专人往来送信。在滇缅电信线路受到损害时,还用上海、香港等地商人的电路传送信息,以便掌握先机,在经营上创造优势。②

鹤庆商帮对商业信息的普遍重视,以及采取有效措施保证商业信息的机密性,在很大程度上使其对经营的调整与安排能够做到及时、到位,增强了其竞争力,这也正是鹤庆商帮发展壮大的一个重要因素。

五 应时而变,合理布局与开拓市场

鹤庆商人最初的经营主要限于滇西北一带,以经营滇藏、滇川等省际贸易为主,但随着对外贸易的发展,鹤庆商人积极顺应形势发展的需要,努力扩展经营范围与拓展市场空间,以省际贸易为基础,逐渐构筑起国内贸易与国际贸易互联互促的系统而庞大的贸易网络。并不断按照社会变化与市场需求状况调整经营策略与经营重心,持续优化市场布局。这是鹤庆商帮兴起与迅速壮大的一个重要因素。

兴盛和商号在成立之初,主要在滇西北一带活动,从事滇川贸易,将四川的丝绸及生活用品运销滇西一带,将云南的茶叶、药材和地方土特产运四川销售,总号设在鹤庆,在建昌、叙府、富宁、嘉定、成都、会理等地设分号,贸易线路相对单一,主要走建昌—会理—仁和街(今

---

① 云南省档案馆藏:《恒盛公商号史料》,卷宗号132-3-101。转引自赵启燕《鹤庆商帮》,云南人民出版社2013年版,第87—88页。
② 姚建峰、田生湖、喻凡、崔同宜:《云南商帮》,云南人民出版社2020年版,第122页。

攀枝花）—永北（今永胜）—鹤庆—下关一线。但随着经营范围的日益扩大，兴盛和将总号改设地理位置更为优越的下关，并以下关为集散中心开辟出更多的贸易线路：①由鹤庆—大理—下关一线，运送火腿、纸、烧酒，由下关分往各地；②由下关—鹤庆—丽江—石鼓—维西西—中甸—阿墩子（德钦）—拉萨一线，运进茶叶、糖、盐、纸、布匹、瓷器，运出沙金、银子、药材、山货（木耳、竹叶菜）、皮革、毡绒、氆氇；③由下关—鹤庆—永北（永胜）—会理—建昌—炉城—雅安—成都，由建昌—嘉定（乐山）犍为—叙府（宜宾）—泸州—重庆运进洋纱、洋布、山货、药材、外国日用品，运出黄丝、绸缎、布匹日用品；④由下关—南华—昆明运出洋纱、洋布、瓦花（缅甸棉花）；⑤以下关—永昌（保山）—腾越（腾冲）为出进口的主要商路，运出纸、酒、火腿、药材和大量的黄丝，每年约有一二千驮（每驮150斤）计二三十万斤，运进洋纱、洋布、瓦花及少量日用品。① 随着这些商路的开辟，兴盛和业务范围、市场空间和经营规模都大为扩展，并且以滇—缅—印—藏贸易为主，将中国西南市场和东南亚、南亚市场连成一片，使兴盛和在对外贸易中大获其利。同时，鉴于原先由建昌至下关的商路运输困难，兴盛和商号适时调整，将此条运输线路改由宜宾经盐津，进入昭通，到达昆明，再从昆明运销下关，并在盐津和昭通开设了转运分号。因为运输条件的改善和运输效率的提高，兴盛和的川滇生意得到进一步发展。为了畅通货源，保证运销，兴盛和商号的子号怡和兴还将一部分货物由宜宾运往重庆，再转运上海，通过上海邮局经海道运往缅甸仰光，因此又在上海、仰光增设了分号；此外，为了汇兑调剂，还在香港开设了专门负责缅甸和国内相互转款的分号，以便加速资金的周转。② 由此可见，兴盛和是不断根据市场变化和业务发展需要不断调整和扩展其市场布局的，进而随着其贸易组织的增加，市场不断扩展，经营规模和效益不断扩大和提高，使其竞争力和影响力得到不断增强。

---

① 舒家骅调查整理：《鹤庆商帮奠基人舒金和发家始末》，《民族问题五种丛书》云南省编辑委员会编：《白族社会历史调查》（三），云南人民出版社1991年版，第266—267页。
② 赵启燕：《鹤庆商帮》，云南人民出版社2013年版，第78—79页。

福春恒商号最初的经营范围也比较有限，仅在下关、腾冲、保山设有分号。但为了适应进一步发展的需要，强化滇藏、滇川贸易，拓展滇缅贸易，总经理周守正从健全和增设分号入手，在缅甸瓦城、昆明、巍山、鹤庆、镇南、昭通、漾濞、弥渡等地先后设立购销机构，后来又随着在四川、西康等地业务的发展，又在重庆、宜宾、泸州、成都设立分号，进而扩大了四川黄丝出口缅甸的生意；为了调拨款项，又在上海、汉口、香港分别开设分号，香港、上海分号负责转款业务，汉口分号除了调拨资金外，还经营鸦片的转运。① 福春恒这样的分号设置和市场布局是比较合理的，因为通过这样的市场布局，既使富春恒形成了以主要市场需求为导向的——进口以棉花、棉纱等为主，出口以黄丝、药材及土特产为主——进出口贸易格局，又通过香港、上海等重要国际贸易中心建立起与更为广阔的世界市场的联系，有力地促进了富春恒的发展与壮大。

恒盛公商号最初是作为兴盛和商号的子号在汉口开设的，以麝香为主营业务。为了进一步拓展麝香市场，恒盛公掌柜张泽万曾两次远赴日本。与兴盛和脱离关系后，恒盛公商号重新独立开业，并进一步拓展麝香市场，除在汉口设号外，还在上海设立分号。与此同时，为了进一步积累资本，在上海投资开设收益有保障的菜馆、澡堂、寿器店、寿器作坊等，在昆明开设药房、布铺，逐渐积累了一定的资金。后来，恒盛公将茶叶贸易作为主营业务，1923 年，恒盛公在印度葛伦堡设立分号，在勐海设立茶厂，将勐海茶厂揉制的紧茶用马帮运输到缅甸昔卜，然后用火车运到仰光，用船运到印度，再经印度铁路、公路运输和马帮驮运，运到西藏销售，虽然路途迂回，但节省了时间和成本，获利丰厚。全面抗战后，恒盛公撤回了上海、汉口的子号，当时除了西藏的羊毛还能继续运销印度外，紧茶业务已完全中断，西藏的药材生意也逐渐变得冷淡。面对战争带来的影响，"整个中国对外交通线只剩印度—西藏—川、滇腹地这样遥远而艰险的一条。印度恒盛公有数十年的印藏人事关系，认为

---

① 施次鲁：《福春恒的兴衰》，《云南文史资料选辑》第 42 辑，云南人民出版社 1993 年版，第 52—53 页。

这正是全力进行商业活动的有利时机"①,于是,恒盛公循滇藏古道,从印度—西藏—丽江一线运回国内紧缺的物资,诸如染料、文具、棉纱、布匹、日用百货等,从事单边贸易,并根据经营业务变化对商号机构设置进行调整,将总号设在昆明,由张相时任总经理,恢复拉萨分号,在丽江、下关新设分号,印度分号由张相诚任经理,在帕里设转运机构,还在昆明自由市场购买黑市外汇以周转资金。随其转换经营思路和业务重点,重新布局市场而来的,则是恒盛公的贸易经营活动达到了最鼎盛的时期。②

1931年从富春恒分伙出来组成的庆正裕商号,在昆明设总号,下关设分号,以滇西为主要经营范围。大约经过两年,随着业务的发展,又广设分号,且各有分工:在蒙化、弥渡设号,采购大烟;顺宁设号,采购大烟兼销洋纱;保山设号,"转运货驮和销售洋纱兼购大烟,并接济顺宁、镇康款项";腾冲设号,"转运缅甸进出口物资",而在滇缅公路通车后,"转移龙陵,运入缅甸物货,并以瓦城为销丝中心";在仰光设号,交汇申港款,并办求纱(即订货一二月后才取纱),在八莫设号,转运进出口物质;在果敢设号,"采办麻栗坝大烟",腊戍设号,"收汇苦工款","滇缅路通车后,以腊戍为转运重心";在上海设号,专营汇兑,调拨款项,"并在南京办厂做木机纺丝、泡丝,用邮包寄滇,转运缅甸";在汉口设号,"专销大烟,并办沔阳二条丝,作邮包寄滇";在宜昌设号,专销大烟;在重庆设号,"销大烟并办丝";"嘉定设厂改丝,用木机纺丝";在香港设号,"单纯收交款项"。③ 根据业务发展和市场布局所需所设置的这些分号,或为收货中心,或为销售中心,或为运输中枢,或为汇兑中心,或为生产基地,既各司其职,又相互关联,使整个商号形成一个有机的整体,可以有条不紊地进行经营,进而必然在占有广阔市场的基础上,获得长久、稳定的发展。

---

① 张相时:《云南恒盛公商号经营史略》,《云南文史资料选辑》第42辑,云南人民出版社1993年版,第217页。

② 赵启燕:《鹤庆商帮》,云南人民出版社2013年版,第80页。

③ 解乐三:《庆正裕商号回忆录》,《云南文史资料选辑》第9辑,云南人民出版社1989年版,第29页。

总之，鹤庆商帮具有较强的市场意识，各商号普遍能够做到应时而变，根据行情变化和业务发展需要，及时调整机构组成，合理谋划和布局市场，进而扩大其市场占有率，且因其较为讲求经营策略，适时有针对性地调整经营重心和经营手段，提高了商号的经营效益，促进了商号的发展。

六 资金运用灵活

进行商业经营，自然缺不了资金的支撑，资金的多少和资金使用的效率都会直接影响商号的发展与商号经营的效益。鹤庆商帮大商号在经营管理方面还有一个较为显著的特点就是资金运用较为灵活，他们会采取或者创造不同的办法来周转资金，目的是追求资金运作价值的最大化，有时甚至表现出投机的行为。[①]

借贷与汇兑是筹集资金、扩大经营、谋求利润的重要渠道，不仅可以最大限度地利用资金，而且通过汇兑尽可能缩短商品购销周期，为此，鹤庆各大商号一般在创号之初或在经营中需要大量资金都有借贷行为，也多从事汇兑业务。

如兴盛和商号在创业初期就曾利用官方存款拓展资金。光绪初年，鹤丽镇总兵朱洪章开挖南兴河，兴修水利，因公款没有按时拨到，曾向当地商人借贷。兴盛和商号认贷较多，支持南兴河水利的兴修。后来，南兴河公款拨到后，朱洪章将其全部存入兴盛和商号，实行整存零取。又将鹤庆州的钱粮赋税全部委托兴盛和代收，兴盛和一时间几乎成了鹤庆州的金库。为支付方便，兴盛和在求得官府同意后，印发了一百、五百、一千文的制钱票，称为兴盛和票，在鹤庆使用，凭票可以向本商号兑换银钱。官府的支持与资金的储备，为兴盛和的发展提供了充裕的周转资金[②]。此外，兴盛和还在缅甸仰光和香港设立分号，为包括兴盛和在内的六家大商号办理汇兑，使得缅甸的销丝款项能通过香港汇兑迅速转

---

① 姚建峰、田生湖、喻凡、崔同宜：《云南商帮》，云南人民出版社2020年版，第122页。
② 赵启燕：《浅析近代滇西白族商业的发展——以鹤庆商帮发展史为例》，杨福泉主编：《中国西南文化研究》，云南科技出版社2013年版，第113—114页。

入内地购置生丝，加快资金流转，提高了资金使用效率。

如福春恒商号，为扩大资金来源和规模，除吸收在缅劳工汇款外，还利用军款和钱庄贷款。1920年，滇军第二军进驻泸州，"当时的军阀都是克扣军饷，虚额吃空，把军费拿来营私肥己，滇军也不例外。福春恒就乘机派宜宾分号的张绍曾向滇军接洽，把每月所领军费10余万元全部存入福春恒，照付币息，要用的时候，才零星提取。派泸州负责人董伯超专办收支手续。福春恒就利用这笔款来扩建嘉定、宜宾、成都各丝厂"。另外，福春恒因在四川需款较多，所以还经常向钱庄贷款，"重庆钱庄是单纯经营存放款业务，放款以半月为一比期。那时福春恒在工商业中，声誉颇高，根基稳固，各钱庄多乐于与之往来。每一比期，都由重庆分号负责人施次鲁向各钱庄办理信用贷款，约规银100万两，到期时卖出申款，归还钱庄，下一比期又再借入。有时到期，就付息转期，延续使用，因而经常利用了钱庄的大批款项"。福春恒本身实力既已雄厚，再加利用上述各款及各地汇兑所收款项，所以资金随时充裕，业务更加发展。①

如前述，恒盛公循滇藏古道，到达丽江的商业活动，虽使其获利不少，但其特点是单边生意，无回头货，因而资金周转就必须依靠外汇。"但官侨外汇，对一般商人来说是非常困难的"，为此，恒盛公不得不到昆明自由市场上购买黑市外汇。"当时昆明自由市场上能够买到黑市外汇的地方只有法国天主堂和来自蒋管区的外国牧师，他们要从教会所属的国家调款来华，以资维持"，昆明恒盛公最初就是从这些人手中买到外汇，但成交数不大，一次买卖少则一万八千元，多则三五万元而已，"1942下半年，一个名叫徐铭信的天津人，持印度分号派驻加尔各答办理汇款收交的先生贾鉴堂介绍信前来联系，自此以后，恒盛公的外汇，除少数通过重庆金城银行向市场买进外，其余主要由徐铭信供给。其先后共达二三百万盾"，解决了单边生意资金周转的困难。②

---

① 施次鲁：《福春恒的兴衰》，《云南文史资料选辑》第42辑，云南人民出版社1993年版，第58—59页。

② 张相时：《云南恒盛公商号经营史略》，《云南文史资料选辑》第42辑，云南人民出版社1993年版，第218—219页。

庆正裕利用兴文当，"把庆正裕收交款项，划拨在兴文当，每天买申港款平均在十万元以上……供给昆明市匹条、百货、西药帮办货款项"，并作押汇，"至于中小商人，买几百或千元的申港款，遇航邮期填给汇票，一切予以便利，不似银行手续麻烦限制，所以顾客乐于交往，汇兑业务因之扩大"，"汇兑生意，惠而不费，既赚钱，又省事，但必须各栈款资充裕，调拨灵活，有时款资过剩，尚调去汉口、四川重庆等处兼营钱庄业务，半月一个比期，息率一分五厘至贰分，获利亦客观"。[①]

贷款和汇兑等方式，不仅使鹤庆商帮拥有了更为充足的资金来源，又缩短了每一次商贸活动的购—运—销的周期，有利于提高其经营效益。因此，可以说，对资金的灵活运用，是鹤庆商帮在激烈的竞争中，得以站稳脚跟，获得发展的重要原因。

第三节　腾冲商帮的管理模式及经营理念

一　家族式管理和股份制企业

在经营模式上，腾冲商帮已有采用较为现代的股份制管理的商号，但多数商号还是家族式的企业，即便是股份制企业，也是以家族为基础组成的。这反映出腾冲商帮在管理模式上既有"新"的一面，但"传统"的印迹还很明显。

洪盛祥商号是典型的家族式企业，以家族为经营单位，可支配的资金几乎完全来源于家庭内部，其经营人员尤其是高层管理人员也是来源于家族成员子弟，无论家族成员子弟能力如何都将担任企业的重要职位，同时由于家族内的血缘和亲缘关系的牵制，先进的、理性的管理措施难以真正落实到位，这在一定程度上会限制企业的发展。[②] 因此，洪盛祥历70余年的发展，经营了纺织、矿产、珠宝玉石、汇兑等多种业务，但它的扩大再生产主要依靠的是自身的积累，没有通过社会集资或银行贷款，

[①] 解乐三：《庆正裕商号回忆录》，《云南文史资料选辑》第9辑，云南人民出版社1989年版，第35页。

[②] 姚建峰、田生湖、喻凡、崔同宜：《云南商帮》，云南人民出版社2020年版，第230页。

资金受限，影响了企业的发展；在企业管理阶层中，虽然也出现过一些能力突出的佼佼者，但受传统守旧的管理方法的限制，无法发挥出更大作用，管理效率不高，制约了企业的发展。① 由于是典型的家族式企业，洪盛祥良好的运行和发展主要依托于最高管理者的权威和能力，这种将整个企业的发展系于一人的体制，必然影响企业的持续发展，"担任总经理的董珍廷于 1942 年底逝世，至抗日战争结束后，各分号形成'诸侯割据'局面，而第二代的董润廷、董亮廷均已古稀之年，已无力再视事，不能再将第三代的 18 个子侄凝集起来，而担任各分号经理的第三代无一人挺身出来肩挑重任，致使这个曾活跃于滇、缅、印市场半个多世纪的洪盛祥跨国商号，从此一蹶不振，衰落下去"②。

与洪盛祥不同，茂恒商号在成立之初，就认识到股份制的优势，于是决定采用股份制来经营管理商号，最初股东为董爱庭、董延庭、金熙一、王少岩四家，每家出资 75000 半开银币共 30 万元，作为股本，"规定了将来所得利润，以资本股占纯利润的 60%，人力股占纯利润的 40% 的比例进行分配"，另外，"春延记的董家还有半开银币 20 余万元，顺昌茂的金家和王家还有半开银币 30 余万元作为存款，存入茂恒企业只取利息，不参加利润分配"，"决定总号设在腾冲，在昆明、保山、顺宁（今风庆）、下关、昭通及四川的宜宾、重庆，缅甸的曼德勒几个地方设立分号，由董爱庭与金熙一负责腾冲总号业务，王少岩负责昆明分号业务，董延庭与王振宇（王少岩二弟）负责缅甸曼德勒分号业务"。③ 每年结账后，茂恒拿出一部分利润作为职工奖金，"按个人贡献大小来决定个人应得的数字，各人所得数字并不一律"④，剩余的 60% 作为股东红利，按股东的股额分配；40% 作为人力股金，分配给副经理级别和有一定职位的员工。得到人力股金的员工大多感念企业优待，自愿将所得股金投入企

---

① 董晓京：《腾冲商帮》，云南人民出版社 2013 年版，第 86 页。
② 黄槐荣：《洪盛祥商号概况》，《腾冲文史资料选辑》第 3 辑，1991 年，第 36 页。
③ 古高荣、杨润苍：《茂恒商号及其云茂纺织厂始末》，《云南文史资料选辑》第 42 辑，云南人民出版社 1993 年版，第 82 页。
④ 古高荣、杨润苍：《茂恒商号及其云茂纺织厂始末》，《云南文史资料选辑》第 42 辑，云南人民出版社 1993 年版，第 91 页。

业,成为企业的股东。此外,与茂恒有合作关系的人,如马帮的马锅头、运输公司的经理,也可获得股份。这样一来,员工和合作者都成了企业的主人,企业效益和他们的利益息息相关,企业盈利,他们自然分得红利;企业亏损,只能与企业共担风险,所以员工与合作者充分发挥主人翁精神,积极主动地努力工作,有力地推动了企业的发展。尽管如此,但茂恒的股份制还是带有明显的家族式管理烙印。茂恒在红利的分配上规定:凡原始股东的至亲进入茂恒工作,都可以享受人力股,按人力股所占比例分红,至于所分得的数额,视其与商号决策者的关系而定。这不仅会让原始股股东的亲戚在商号中地位特殊,甚至出现养懒汉的现象,也会导致商号中勤奋工作的员工产生不满情绪,在一定程度上影响企业的发展。①

永茂和商号也是一家股份制企业,"1897年,永茂和的资本已积累得缅币十余万盾,先父感于'多财善贾'的名言,为要扩大经营,必须充实财力和人力,便邀约同乡故旧中有经商才能之士合伙经营,组成永茂和股份有限公司",总号设在缅甸曼德勒,"先父把全部资金十余万盾投入公司,伙友们也都纷纷投入股金,并参加公司工作,既充实了资金,也延揽了人才。如张子耕、杨耀廷、张佑之、尹彦卿等都是在缅甸经营多年亦商亦儒亦侨的善贾者。并以公司名义向缅甸政府正式注册立案,确立了永茂和公司在缅甸经商的合法和有利地位。随即在国内外扩大建立分支机构"②。永茂和的职工包括邀约集股时无力投入股本的职工,只要在工作中表现确有才干,便可提拔为分号经理,担任经理职务,同样量才再定给人力股。正常情况下,各号经理一律不支工资和股息,生活所需可在规定范围内借支,年终结算分红;一般职工按月支取工资,还可在利润分成中获得奖金,在利润分成中支取的奖金,各号负责人占70%,职工可占30%;股东在职期间,如不幸死亡,可连续享受3年的股红待遇。③这些规定充分保障了股东和职工的权益,也极大地调动了他

---

① 董晓京:《腾冲商帮》,云南人民出版社2013年版,第121—122页。
② 李镜天:《永茂和商号经营史略》,《腾冲文史资料选辑》第3辑,1991年,第22页。
③ 姚建峰、田生湖、喻凡、崔同宜:《云南商帮》,云南人民出版社2020年版,第232页。

们各自发挥才能为企业奋斗的积极性,因而促使经营业务蒸蒸日上。当然,无论是从占股比例看,还是从管理决策权论,永茂和都是以李家为主导的,还是有一定的家族式管理的烙印。

腾冲商帮各商号尽管多少都有家族式管理的烙印,但正如董晓京所指出的那样,"1886年缅甸沦为英国的殖民地后,西方股份制经济随着商品流入与缅甸毗邻的腾冲。这个位于中国西南边陲的小县城,成为西方文明的一个重要窗口","使腾冲商帮中的一些商号有机会学习和借鉴股份制的管理经营模式"①,股份制成为腾冲商帮各商号更多采用的管理方式,如广义商号,就是典型的合股经营的进出口贸易商号,"股东实行年终按股分红;对职工则从总利润中提10%奖给勤劳者,守职尽责者,职工分得的奖金,如果不提取,可转化为资本","从业的股东以及职工,全部实行工资制,但从业的股东除按月领取工资外,还按所担负职的务及能力,确定给予人力股"②;再如万昌商号,也是股份制企业,并在其成立的第二年即1943年,注册登记了香港瑞成国际贸易有限公司③;等等。这都说明,腾冲位处近代云南对外开放"前沿"位置,对腾冲商帮的管理经营模式起到了一定的塑造作用。

二 重视人才,唯才是举

洪盛祥在用人上,虽然过于重视血缘和亲缘,有些"任人唯亲"的意味,但洪盛祥毕竟是由董家执掌的商号,而董家家教甚严,家族成员普遍素质较高,则在一定程度上弥补了家族式管理的缺陷。④ 这也可以说,洪盛祥也是非常重视人才,只是将人才的范围主要局限于家族内部罢了。

除此之外,腾冲商帮各商号,大多在人才的吸纳与利用上比较开放,以才能和人品为用人之标准,以贡献大小作为分配的依据和提拔的条件。如茂恒商号,"人事配备方面,除总经理一职由股东大会选举贤能担任

---

① 董晓京:《腾冲商帮》,云南人民出版社2013年版,第120页。
② 黄槐荣:《广义商号简介》,《腾冲文史资料选辑》第3辑,1991年,第44页。
③ 熊清华:《百年滇商》,云南人民出版社2013年版,第105—106页。
④ 董晓京:《腾冲商帮》,云南人民出版社2013年版,第71—85页。

外，各号经理一级人选，大都是从企业中选拔那些工作有年具有一定经验和能力的职工提升担任，在职工工作成绩考核中，成绩突出的还被提升为高级职员"①。如永茂和商号，"在人事上实行'不分亲疏，唯才是举'。公司职工包括邀约集股时无力投入股本的职工，只要在工作中表现确有才干，便可提拔为分号经理，担任经理职务，同样量才再定给人力股"②。如，"重视管理人才，重视和使用人才"是美兴和商号成功经营的重要原因。③ 如同茂和商号，坚持"疑人不用，用人不疑"的原则，可以让人才尽可能发挥其才能力谋商号发展，"由于是一家人同在一处忙里忙外，有时难免会发生一些摩擦，后经杨成梁（大老板）推荐自己的侄儿杨应楼到同茂和商号当掌柜（也叫账房）先生辅助何家事务"，"何以志老板自从聘用了杨应楼当掌柜先生后，他多数时间是在外面打外围，对于商号内的事务从不斤斤计较。有时他20来天个把月才进铺子一次，有很多人经常问何老板说：'你多少时不进铺子放心吗？'何老板回答：'我这个人疑人不用，用人不疑。'的确，杨应楼先生自从帮同茂和商号做事的第一天起就比做自己家的事更细心、更认真，杨应楼的一举一动深受何家父子的佩服和器重。到后来，杨应楼便成了同茂和商号的股东和主要成员"④。

总之，腾冲商帮各商号使用人才的范围，判定人才的标准，不尽相同，但任何一个商号的发展，如果没有各种人才，尤其是管理人才和各种专门人才以为支撑，是不可能真正成功的。正是从这个意义上讲，重视人才，对人才进行规范管理，是腾冲商帮主要商号兴起和发展的重要原因。

---

① 古高荣、杨润苍：《茂恒商号及其云茂纺织厂始末》，《云南文史资料选辑》第42辑，云南人民出版社1993年版，第83页。

② 李镜天：《永茂和商号经营史略》，《腾冲文史资料选辑》第3辑，1991年，第23页。

③ 赵谦庵口述，杨荣苍整理：《美兴和商号经营史》，《云南文史资料选辑》第42辑，云南人民出版社1993年版，第193页。

④ 杨炳权：《同茂和商号创始人何以志》，张志芳主编：《腾冲历史上的商号》，云南民族出版社2016年版，第347页。

三 因地制宜，洞察商机

腾冲商帮各大商号还有一个共同的特点，就是商号管理者都善于发现商机，因地制宜制定经营策略。①

首先，作为一个共同的经营策略，腾冲商帮各大商号，都能自觉地利用腾冲作为滇缅贸易前沿和中转中心的地位，进一步积极发展历史上就已有发展的滇缅传统贸易。

腾冲早就是缅甸珠宝、翡翠进口中国的集散中心，滇缅丝绵贸易也主要经腾冲进行，"今客商之贾于腾越者，上则珠宝，此则棉花，宝以璞来，棉以包载，骡驮马运，充路塞途。今省会解玉坊甚多，砉砂之声昼夜不歇，皆自腾越至者"②。积极利用腾冲这一贸易优势，腾冲帮各大商号普遍经营玉石进口和加工业务。如洪盛祥，缅甸玉石不仅是其经营的重要商品，其经营的秘诀在于把握好玉石"一进一出"两个关键环节，即进货要控制好货源，出货要降低成本，因此，获利颇丰；而且翡翠还是洪盛祥商号关键时候财富储备的手段，以备不时之需③；如富和美商号，就是靠经营玉石起家的，"有一位与'南刘'相呼应的经商家族，因其经营玉石生意而富甲一方，被腾冲人称之为'北邓'，他的创始人名叫邓体和"④；再如三益恒商号、炳春记商号、三成号等，也都经营玉石生意。

而向缅甸出口生丝，则是腾冲各大商号更为普遍的生意，"缅甸气候炎热，一般以丝织笼裙为上等衣着，黄丝是缅甸广大农村木机织笼裙的必须原料，早年以来即从滇缅边境进口我国的生丝，需要量很大，滇商从四川办运生丝供应缅甸广大织户历史悠久，大凡经营滇西贸易具有相

---

① 姚建峰、田生湖、喻凡、崔同宜：《云南商帮》，云南人民出版社2020年版，第232页。
② 屠书濂纂修：《腾越州志》卷3《土产》，光绪二十二年重刊，台北成文出版社1967年影印本，第46页。
③ 董晓京：《腾冲商帮》，云南人民出版社2013年版，第67—69页。
④ 董平：《从同昌公司到富和美商号》，张志芳主编：《腾冲历史上的商号》，云南民族出版社2016年版，第284页。

当规模的商号,无不以黄丝为主要的经营商品"①。在对缅大量出口生丝的同时,各大商号则纷纷由缅甸进口棉花、棉纱,如永茂和商号,"棉花是面甸出口的主要农产品,我号主要由总号在曼德里收购,连同布匹杂货等,交江轮运八募,除留部分八募就地销售外,分别转运腾冲、滇西销售和腊戌、南坎就地销售,大多是销售给马帮,实际仍是销入云南省境。三个就地销售的分号,年销棉花一万担左右,运入腾冲滇西销售的也相当于此数,每年约共销棉花二万担左右","本世纪二十年代前后,印度棉纱进入缅甸市场,取代了手工纺纱用的棉花,需要量越来越大,成为我号大宗经营的商品,每年由仰光分号向英商昔顶公司大量订购,曼德里也向印度商人订购一部份,总数达四、五千件……我八募分号雇有常年工人100人左右专做棉纱改装工作,按计件付工资每人每年工资收入约缅币二千余盾,八募年支此项工资即需二十余万盾之多,可见棉纱利润是相当好的"。②

其次,腾冲商帮各大商号一般会对市场进行调查,根据不同的市场特点和市场需求,抓住商机,制定对路的经营策略,经营适销商品。

如"洪盛祥号董耀庭父子经商缅、印数十年,知道缅、印一带气候湿热,石磺肯定是必需的物资",1913年,董耀庭偕同四弟董珍庭及侄子董明道赴印度和缅甸考察石磺需求,"经过长期的艰苦经营,终于打开了外销的局面",石磺的垄断性经营,为洪盛祥的崛起奠定了坚实的基础。③

云南紧茶行销西藏历史悠久,云南沱茶在四川有广大市场。滇商大户多以沱茶为主要经营商品,各家都为争取市场而激烈竞争,"茂恒的做法是,紧茶、沱茶两者并重,集中到下关来设厂揉制。每年清明前后要买入各种高质量的原料茶约3000担,5月、6月再买中级茶数百担才够揉制一年的销量,所制紧茶和饼茶经过牛驮马运行销滇西北丽江以至中甸、

---

① 古高荣、杨润苍:《茂恒商号及其云茂纺织厂始末》,《云南文史资料选辑》第42辑,云南人民出版社1993年版,第84页。

② 李镜天:《永茂和商号经营史略》,《腾冲文史资料选辑》第3辑,1991年,第24—25页。

③ 苏松林调查整理:《凤仪石磺生产与运销》,《白族社会历史调查(三)》,云南民族出版社2009年版,第276页。

德钦等藏族地区,并远销到西康、康定和西藏拉萨。西康、西藏的生意由于道远途长,交通特别困难,其它商号经营者不多。同时,也因为紧茶原料多年来都是用景谷所产大山茶为主要原料揉制,而茂恒所制的松鹤牌紧茶,则是适当加入了风庆、猛库的二水配茶合大山茶制成,提高了质量,很受藏胞欢迎,基本上占领了藏区的销售市场"。川烟产于四川成都金堂一带,又故名金堂烟,"30—40年代期间的云南农村人民,一般认为金堂烟质量优良,味香可口,而且吸后有化痰清神之功效。特别是滇西一带,如保山、腾冲的农民以及经商的大多数人很喜欢抽这种川烟,每年销量不少。其次,缅甸的一些人民和华侨也很喜欢吸川烟,因而还远销缅甸一部分。所以茂恒在30年代初期就注意由成都、金堂、华阳等县产烟区大量收购川烟运宜宾,经昭通运抵昆明销售一部分,再转运下关、保山、腾冲、龙陵、施甸等地销售。一部分还由腾冲运销缅甸。每年约购销六七千捆(每捆50市斤,用竹片包装,每驮驮2捆,也有的马能驮3捆),约三四十万市斤。其利润约在30%—40%,比之经营其他大宗货物的利润还高"[①]。

永茂和商号根据缅甸各分号所在地的特点,制定了各分号的业务重点和职能,"如仰光着重向外商订购棉纱、海盐和销售木材、大米、皮革、紫胶等;八募着重于收发包装和转运货物;南坎等几个分号着重于收购当地茶叶等土特产品;腊戌主要销售棉纱、棉花、海盐并代理美孚洋行销售汽油、水火油"。由于各分号针对市场供需,业务各有侧重,因而"采购方面可以保证货源不断,销售方面不愁没有买主",保证了永茂和商号的经营效益。[②]

美兴和商号创始人黄美之为确定主要经营业务,前往上海考察市场情况,"在他和赵念庵考察市场情况中看到上海的棉纱与棉布产销两旺。认为这两种货物是广大人民的日用必需品,也是昆明的畅销货,可以在上海采购,海运到香港转运越南海防港,经滇越铁路运昆明,作为美兴

[①] 古高荣、杨润苍:《茂恒商号及其云茂纺织厂始末》,《云南文史资料选辑》第42辑,云南人民出版社1993年版,第85—86、89页。

[②] 李镜天:《永茂和商号经营史略》,《腾冲文史资料选辑》第3辑,1991年,第23页。

和经营的主要商品,很有发展前途",进而将棉纱、棉布作为美兴和的主要经营业务,由于适销对路,质量有保障,使美兴和很快跻身于腾冲帮大商号之列。① 再如,洪盛祥、茂恒、永茂和等腾冲各大商号都曾经营过鸦片和白银生意,是因为他们敏锐的商业嗅觉发现了其中巨大的商机。②

四 诚信经营,善于合作

一个不重视信誉,不诚信经营的企业是不可能立于不败之地的,腾冲帮各商号是深知这一点的。"以诚待客"一直是洪盛祥经营的重要信条,商号在成立之初就规定对待顾客要童叟无欺,在商品上绝不以次充好,对待合作者绝不欺诈欠款。③ "茂恒在成立以来,就极为重视信誉,并在长期的业务活动中,树立和保持了自己的信誉,赢得了社会各方面的赞许,如腾冲海关对他们的进出货物一般不检查,银行对他们放心贷款等等,他们就利用这种信誉从各种渠道大力聚集资金。"④ 即使在缅甸和印度,茂恒因口碑和信誉良好,大大便利了其进出口贸易。在缅甸,茂恒可以其信誉担保赊购到大量棉花;在印度,茂恒不仅可以赊购棉纱,还可以让厂家按照它要求的规格,纺织棉纱,然后贴上自己的标签。⑤ 永茂和商号重视和坚守信誉,"随着各分号的建立和业务的发展,仍感资金不足,即以公司名义向缅甸政府银行及印度人开设的钱庄大量贷款,利息约为月息七厘,年息一分,由于我号信誉深得外商信任,随时可借贷一二十万卢比周转,对业务发展,起了很大作用"⑥。

谋求合作以扩大资金,拓展业务,是腾冲帮各大商号普遍采用的经营策略。洪盛祥与昆明的"陆根记"商号合股,各出资20万盾卢比开展西藏业务,自印度采购棉纱、棉布和西药,在拉萨中转,丽江接运,下

---

① 赵谦庵口述,杨荣苍整理:《美兴和商号经营史》,《云南文史资料选辑》第42辑,云南人民出版社1993年版,第182页。
② 姚建峰、田生湖、喻凡、崔同宜:《云南商帮》,云南人民出版社2020年版,第234页。
③ 董晓京:《腾冲商帮》,云南人民出版社2013年版,第70—71页。
④ 古高荣、杨润苍:《茂恒商号及其云茂纺织厂始末》,《云南文史资料选辑》第42辑,云南人民出版社1993年版,第99页。
⑤ 董晓京:《腾冲商帮》,云南人民出版社2013年版,第127页。
⑥ 李镜天:《永茂和商号经营史略》,《腾冲文史资料选辑》第3辑,1991年,第22页。

关收货，转运昆明销售，所有人力均由洪盛祥负责，仅三年时间，获利20多万盾卢比①；永茂和本身就是股份制企业，其与谢肇东合资成立"春永和"商号，与庆正裕、永昌祥各出30万港币合组"协记公司"，与同乡许卓如、贾象坤、李氏三家合组"永生源"商号；茂恒商号则是由当时在腾冲比较有名的经营滇缅贸易的"春延记"和"茂延记"两家商号联合创建而成，本身也是合资企业，后来茂恒还和永昌祥、庆正裕商号合伙组建了"永茂公"商号。②而其中的一些合作对象，本是生意上的竞争对手，而这种将竞争关系转变为合作关系的做法，可以减少不必要的"内耗"，将彼此做大做强，共同获得发展。

五　重视信息，有的放矢

要想做好生意，必须信息灵通，信息灵通，摸准了市场行情，才可有的放矢，赢得市场和拓展业务。为此，腾冲帮各大商号都很重视信息，及时、全面掌握市场行情，是其发展壮大的制胜法宝之一。

如，"茂恒就主要倚靠自己灵通的消息来指导和开展业务活动，各号经常及时了解当地工商市场情况，密切沟通各号之间的相互消息，不惜电报费用的巨额支出，同时又经常寻找机会和当地电信交通等有关人士广泛接触与重点来往获取信息"，此外，"由于主要经营商品棉花和棉纱的销场在广大农村，他们也经常深入到农村集市和织户那里了解情况，特别注意和小商贩的联系，这些小商贩资金不多，但走村串寨赶集经营却很活跃，茂恒对他们给予一些优惠，如售货价比市价稍低，对他们中信用较好的还可以赊新给旧（即取货时暂不付款，等卖完货，下次再来取货时才付清上次取货的款）。这些小商贩一方面成了茂恒在农村市场上的推销员，另一方面也给茂恒经常带来了农村市场的信息，大大有利于茂恒对情况的掌握和业务的推进"③。

如广义商号，"十分重视市场行情及商业情报的传递，以较高的代价

---

① 董晓京：《腾冲商帮》，云南人民出版社2013年版，第71页。
② 姚建峰、田生湖、喻凡、崔同宜：《云南商帮》，云南人民出版社2020年版，第233页。
③ 古高荣、杨润苍：《茂恒商号及其云茂纺织厂始末》，《云南文史资料选辑》第42辑，云南人民出版社1993年版，第101页。

付给保密公路电台，使其电讯为广义商号服务。在1945至1949年国民党统治时期，通货膨胀，'一天三行市'的情况下，昆明、下关、曼德勒的金钞、棉纱、棉花行情变化，它能及时掌握，采取对策；总号全面指挥，并规定各分号每五天向总号书面汇报购销活动及当地市场行情一次，遇到特殊情况，则采用电报、电话，由于信息灵通，故资金周转快，以少量的资金做大量的生意。从成立到1952年初结束，资本增值约二倍"[①]。

如美兴和商号，"1938年，黄美之面对上述南京失陷后大片国土丢失，昆明成为后方重镇等国内形势，意识到此后的上海纱、布业务不大可靠了。滇缅公路关系抗战大局，一定会很快修通。便决定要把业务重心全力转入缅甸，开辟和发展对外贸易。并鉴于缅甸盛产棉花又与纺织工业比较发达的印度接壤，花、纱货源充足，决定以经营棉纱为主，棉花，布匹为辅的业务方针"。且考虑到滇缅公路通车后，汽车必然要加油，"当时，美兴和的资金和人力都有足够力量扩大业务，所以又洽妥了开展代理英商亚细亚水火油公司的业务，并在楚雄设立了加油站。从此美兴和发挥了它全部人力物力的最大能量，运用了他们善于趋利避害的经商才能，很快就打开了缅甸外贸的主动有利局面"[②]。正是及时掌握滇缅公路修筑进展并做出准确研判，据此对经营重心进行重新布局，使其迅速壮大，跻身于大商号行列。

六　控制成本，提高利润

成本的高低决定着利润的多少，因此，大凡精明的商家，无不注意成本的核算。控制成本，或尽量降低成本，以提高利润，是腾冲商帮各大商号的重要经营策略。

棉花和棉纱进口是洪盛祥商号的主营业务之一。"早在1895年前后，洪盛祥的业务不断发展，驻缅甸经理董光廷在收购棉花时，乘机前往棉花主产区木朗参观考察，他在那里逗留了一个棉花收购季节，对其产销

---

① 黄槐荣：《广义商号简介》，《腾冲文史资料选辑》第3辑，1991年，第43—44页。
② 赵谦庵口述，杨荣苍整理：《美兴和商号经营史》，《云南文史资料选辑》第42辑，云南人民出版社1993年版，第185页。

情况有了较全面的了解,从而采取了在棉花成熟时期,派出专人,建立临时收购点,大量收购棉花,另一面对棉农采取预付订金的方法,因此,洪盛祥收购的棉花,质量好,付运早,且减少了'中间商'一道环节",因为质优价廉,而深受市场欢迎,"运入国内市场销售,卖得好价钱,年经营量约3—5千驮",而其最初经营的印度棉纱,是在印度仰光向印商预定的,产品交付和运输环节成本较高,为此,洪盛祥试图在印度本土直接和印商预定,"之后,洪盛祥开辟了印度加尔各答、孟买的石磺销售市场,洪盛祥商号声誉大振,从而在印度这两大商埠直接与该地纱厂打交道,每年与纱厂订立'瞅纱'合同,在印度'瞅纱'每件纱(40古)的进货价比在仰光低40盾,该号每年棉纱经营量在5000件左右,只此一项,就增加利润卢比20万盾"[①]。

茂恒商号经营四川生丝出口,"为了保证货源,减除中间转手环节,就在四川生丝产地筠连县设立了缫丝厂,向养蚕区收购蚕茧,并设小型发电站1座供缫丝动力之用。与此同时,茂恒的缅甸分号又深入缅甸农村了解织户对十几种黄丝的评价,提供给四川分号,以便在进行加工和订货,整理条丝及纺丝(即粗丝细织)时,即按照织户们乐于采用的丝料进行加工整理。于是黄丝生产成本降低,适销对路,年销量大增,增加到7000多包,居同业首位"。棉花和棉纱是云南省的大宗进口商品,"茂恒经营棉花最初是向印度商人在缅开设的轧花厂购买,不久即在缅甸棉花主产地谬萨,自设轧花厂,直接向棉农购买籽棉轧制成包,主要运销接近缅境的滇西一带,减除了印度商人的转手利润,降低了道远途长的运输成本",因而获得了更为丰厚的利润。[②]

缅甸是农业国,每年有不少大米出口,永茂和商号"果领、瑞波、贺奔三个分号的所在地,即是稻谷主产区,三个分号以经营谷物为主……每年新谷上市,价格较低,即收购稻谷约两万担,晒干存放,待

[①] 黄槐荣:《洪盛祥商号概况》,《腾冲文史资料选辑》第3辑,1991年,第33页。

[②] 古高荣、杨润苍:《茂恒商号及其云茂纺织厂始末》,《云南文史资料选辑》第42辑,云南人民出版社1993年版,第84—85页。

价而沽",即低价购入,高价卖出,获取较高利润。①

第四节　建水、蒙个商帮的管理模式及经营理念

一　得"开放"风气之先

云南蒙自、蛮耗相继开辟为通商口岸,法国商品经此进入中国,一律享有减税特权。蒙自县城东门外的大片土地上先后设立了意、日、德、美领事馆。蒙自海关由外国人把持,外国人开设的电报局、邮局、洋行、银行、商号、教堂、妓院纷纷涌入。②与此同时,先进的资本主义管理思想进入滇南,在滇南商帮中传播。蒙自较重要的洋行(公司)共20多家,其中,法商6家、英商5家、德商3家、意商1家、日商1家、美商1家。③滇南商帮与这些洋行是合作与竞争的关系,建水、蒙个帮许多大商号都会向洋行进行贷款,与外国人长期的交流合作中,难免会受其影响,有些大商号开始采用了部分资本主义管理方式进行经营。

建水帮的朱恒泰商号,就深受先进资本主义思想影响。其制定的《"朱恒泰"号事办法大纲》,体现了现代企业经营的股份制原则、集体决策和唯才是举。顺城号的周氏兄弟掌握铁路银行,利用蒙自新文书局、六艺林石印馆印制了大量"纸币",以铁路公司的名义发行,也是如此。④建水天吉昌商号,为扩大规模,创号人张桂明说动团山村同性的家族弟兄张国义、张国明、张福来及近邻毛有禄、毛有寿等投资,合伙成立股份制的天吉昌集团,就是对资本主义股份制管理方式的吸收与利用。其总号设个旧,几个分号即子公司:个旧福来祥和蒙自福来祥,由张福来任经理,这两个分号与个旧天吉昌总号业务相似,是采购精锡和销售香港运来的百货的购销店;建水马市街吉昌号,是香港百货的专卖店,由

---

① 李镜天:《永茂和商号经营史略》,《腾冲文史资料选辑》第3辑,1991年,第25—26页。
② 和中孚:《中国与东南亚的链接——滇越铁路》,云南人民出版社2014年版,第106页。
③ 蒙自县志编纂委员会:《蒙自县志》,中华书局1995年版,第591—592页。
④ 吴能清:《我所知道的蒙自顺成号》,《云南文史资料选辑》第9辑,云南人民出版社1965年版,第108页。

张国义、张国明任经理；香港天吉昌分号，由张桂华、徐仲铭担任正、副经理。①

滇南建水、蒙个等商帮，相比于迤西三大帮有一定的优势条件。首先，在于开埠时间上，蒙自于1889年率先开埠，腾越到1902年才开埠。其次，交通运输条件上迤西商帮主要经营的滇缅贸易，雇用马帮将货物从滇西运往缅甸北部的八莫，再用火车转运缅甸各地或运至仰光出口，耗时一般在半个月以上；而滇南商帮在滇越铁路开通后，利用火车周转货物，十天左右货物就可到达香港，资金周转较快。最后，滇南地区有储量丰富的矿产资源。滇南商帮虽具有一定的优势条件，但经济实力仍落后于迤西商帮。笔者认为造成这种状况的原因有三：一是，滇南商帮出口的商品结构单一，大锡占到出口商品总量的98%；二是，外国洋行众多，外国洋行通过借贷操纵蒙自市场；三是，广帮在蒙自、个旧市场实力雄厚，有著名的广帮"八大号"商铺。这反映出，滇南商帮虽占云南开放之先机，为其发展创造了有利条件，但凡事都有两面，由于在滇港贸易中，外省商人和外国洋行势力强大，在一定程度上又限制了滇南商帮的发展。

二 利用区位优势，以经营个旧锡矿为主业

1889年蒙自开埠，滇南商人纷纷从事滇港贸易，加入世界贸易体系。大锡为云南最为重要的出口商品，其生产数额自蒙自开埠以后快速增长，至宣统末年，年产102466担。云南大锡出产之巨，为全国第一，以光绪三十一年（1905）为例，竟达全国出产额99%以上。② 如此巨大的出口额，是与建水、蒙个帮的经营分不开的。建水、蒙个帮靠经营大锡发展壮大。建水还出现了专为个旧炼锡供应木炭的商帮，所谓"建水帮"最初也正是以此为特征。

朱恒泰是建水帮经营时间最早、资本最为雄厚的大商号，是建水帮

---

① 姚建峰、田生湖、喻凡、崔同宜：《云南商帮》，云南人民出版社2020年版，第276—277页。

② 蒙自县政协文史委：《蒙自的进出口贸易》，《云南文史资料选辑》第42辑，云南人民出版社1993年版，第305页。

的典型代表。从朱广福开始就到个旧开采锡矿，开设商号朱恒泰，初次挖掘连发硐，便挖到富矿。其子成章、成凤、成彩、成藻，继承父业，并扩大生产，又买进花扎口、矿王山红荒矿等多处厂位开采，并在个旧市区下和沟修建炉房，冶炼大锡。① 蒙自开埠后，所产大锡进入国际市场，朱恒泰商号资本得以爆发。此后，朱恒泰除了采矿、冶炼外，还兼营进出口贸易，在蒙自设立总号，昆明、建水、个旧、香港、上海等地设立分号，成为滇港贸易中首屈一指的建水大商号。

蒙自顺成号是蒙个帮中经营最为长久、资产实力最强的商号，受第一次世界大战的影响，蒙自八大家商号大多关门倒号，顺成号则顺利度过危机，还在抗日战争中发展壮大。顺成号起家经营的主要业务就是个旧大锡，在古山、红土坡、全庄、麒麟山、马鹿塘等多处拥有厂位，在个旧设立炉房，进行大锡冶炼。② 经营大锡业务使顺成号迅速发家，成为蒙个帮的代表性商号。

个旧鸿发昌商号，也是典型的以经营个旧锡矿而发家的。鸿发昌商号创始人李文山出身轿夫，白手起家，最初只是在矿山"拣小琉"，后来在老厂银硐挖到了"大瑞"而暴富。于是，从最初的小硐尖，发展到拥有七八百人的大硐尖，李家熔锡的大炉，每年出大锡几百吨，红极一时，鸿发昌在国内13个省份都设立了分号。③

云南解放初期，"人民政府的工作千头万绪，中国矿产公司还来不及到个旧收购土锡，而运销商又停止买卖锡，故锡价下跌。此时在个旧买锡囤放的，有个旧、蒙自、建水及昆明的部分商人"，而以建水蒙个商人存锡占绝大多数，"据1950年6月个旧商业联合会对商业存锡不完全的统计，这些商人的囤锡量达684吨。其中属于昆明商号存锡184.5吨，属于蒙自、建水商号的存锡237.5吨，属于个旧商号的存锡262吨"④。建水、蒙个卷入个旧锡业之深由此可见一斑。

---

① 建水县地方志编纂委员会：《建水县志》，中华书局1994年版，第760页。
② 吴能清：《我所知道的蒙自顺成号》，《云南文史资料选辑》第9辑，云南人民出版社1965年版，第107页。
③ 陈吕范等编：《个旧锡业私矿调查》，云南历史研究所，1979年，第9页。
④ 魏少堂：《个旧大锡交易所》，《个旧文史资料选辑》第4辑，1984年，第72—73页。

三 注重制度建设，管理较为规范

随着商号经营规模的不断扩大，业务增加，各商号便设分号于各地。为了有一个统一的管理标准，蒙个各大商号一般都会制定一份商业办事准则，使商号经营有统一的规则，方便人员管理，提高管理效率，促进商号发展。其中，以朱恒泰商号最为典型。

朱恒泰商号的朱氏家族，为了促进朱氏产业的大发展，抛弃封建传统家族观念，吸收现代资本主义管理模式，决定由大家推荐有才智人员负责办理商号事物，制定了一份《"朱恒泰"号事办法大纲》。现节录几条如下：

一、本号办理各事无准绳，以致百弊丛生，毫无忌惮，因之一蹶不振。现今阖家觉悟，一致团结，共同奋斗以挽既倒之狂澜，特立此规条共同遵守，并公推有才智人员负责办理，倘内外人等有反对破坏及任意胡行梗阻者，即认为本号之公敌，阖家老幼应群策群力为此条规之后援，群起而扫除之，勿使办理之人感受困难，以免妨碍号事，如阖家人不能为此条规后援时，负责办理人得自行告退，阖家人不得留难异议，并将此条规呈请当地官署及商会立案以作本法之保障。

三、本号以办厂熔锡为宗旨，若遇营业发达，得扩充营业于各埠。

六、本号股份分为四大股，每房领占一股，若有长余，将此四大股化为十股，以十分之三作为公积金，十分之三作为人力股，十分之四作为资本股。若遇亏折则照四大股平均担任，不得推诿异言。兹将人力股、资本股之分配列下：

（甲）人力股：以个厂两道办事人为定，现因经济支绌，个厂办事人员暂设六人或七人，计负责办理人一人，厂道监察一人，会计兼庶务一人，上前人二人，厨役一人或二人，若遇事业发达时，此十分之三人力股化为十小股；以十分之三归负责办理之人享有；十分之一归五厂道监察享有；十分之一归五会计兼庶务及厨役暨其他人享有，此项由负责办理人视其勤惰而分配；其余十分之四归上前人享有，每人领十分之二。

（乙）资本股：此项资本股若事业发达而能摊派时，年扎后则将此十分之四资本股划为十小股，以十分之六偿还外欠，由负责人分别缓急，全权处理，或召开阖家会议处理之，以十分之四分派阖家，但在未经扎帐时期，家内之人有特别事故发生必须用款时，亦需经阖家决议给予若干报告办理之人，方得所用，否则无论何人不得任意索要。

九、本号薪水：经理月俸一百五十元，厂道监察月给一百元，会计兼庶务月给八十元，上前人月给八十元，其余厨役等由经理斟酌而定，但不得超过三十元。

十、本号办事人及上前人无论由内选用、向外雇佣均受经理之指挥，若有不法情事，办事人及上前人由经理取缔，经理由阖家弹劾更换。

十二、本号银钱账务一律公开，不得徇私舞弊，每至年终决算一次，三年总扎一次，但无论年扎总扎均需报告阖家人等，俾得了然。

十七、本号各事凡阖家老幼只具有会议权、弹劾权、监察权，除此而外，无论进行事宜，只需无违大纲，即不得阻止。

十八、本号会议应办事件，以过半数人通过决议者，即认为发生效力，其人数以先辈四大房为定。①

从中我们可以看出，朱家商号采用了现代企业科学的管理办法，比起传统的封建家族企业有了很大进步：第一，采用股东大会形式，号内大事由阖家集体决定，保障了决策的科学性和可行性，避免独断专权带来的危害；第二，股权分配明确、权益划分清晰，股份分给四大房，维护了家族的团结，使家族成员利益一致，都会为商号尽职尽力；第三，

---

① 汪致敏：《朱家花园——滇南豪门的兴盛与隐退》，云南人民出版社2013年版，第43—46页。

规定办事人员的职权和薪水，明确规定商铺人事组织和薪水，给予办事人员制度性保障，使店员能够安心为商铺办事；第四，账务一律公开，商铺成员对商号货物往来、盈亏状态能够随时了解，避免账务混乱带来的损失；第五，民主集中制原则，会议以半数人以上，才能通过决策。《"朱恒泰"号事办法大纲》使商号经营有了共同遵守的行为准则，确保了朱家商号条理有序的运行。虽是公推管理人，但商号高层管理人员，都是朱家四大房的后代，体现出一定的时代局限性。

四　亦官亦商，官商一体

中国古代社会，大多数人的最高理想就是通过考取科举，谋得一官半职，光宗耀祖。大多商人致富后，也注重培养子弟参加科举或者通过捐纳，获取一些官衔。通过捐纳所获官衔虽是虚衔，却也能满足商人光宗耀祖的心理，同时也能与官府结成亲密关系便于经商活动。建水、蒙个帮不少人也有通过参加科举或参加革命成为官员，以官员身份从事经商活动的。

蒙个帮的顺成号之所以能在锡价猛跌，迤南商帮纷纷倒号之际屹立不倒，与周氏兄弟的亦官亦商的身份很有关系，"清季，其号主弟兄五人中，周云辉（行五）中了举，下辈弟兄十四人中，周子懿（行一）中进士，得了内阁中书；周子阴（柏斋行六，即所谓六老板）中举后，保送得了知县，并曾署过直隶的大名县；周子庄（苣斋行七，即所谓七老板）考取了拔贡；周子祐（启斋行八，即所谓八老板）入了学为秀才，并任过龙济光在粤称王时的警卫营长；周子乔（行十一）讲武堂毕业，追随唐继尧为军官，任过李友勋的大队长"①。

朱恒泰商号作为建水帮首富，其辉煌成就也离不开其管理者官员身份的支撑。朱氏成章、成鑫、成彩、成藻四兄弟的子侄辈都曾获得官员身份，成章的三子朱朝琛取得举人身份，在贵州任职多年；成鑫三子朱朝瑾任个旧商会会长，控制个旧财政、司法大权；成彩二子朱朝琼参加

---

①　吴能清：《我所知道的蒙自顺成号》，《云南文史资料选辑》第9辑，云南人民出版社1965年版，第107页。

辛亥建水起义获得军械官职务；成藻长子朱朝瑛成功策划辛亥建水起义，被推举为南防军都统，被省军政府委任为临元镇总兵，授"中将衔"，后任民国首届众议院议员。①

依附于官府，亦官亦商，固然可以为商号的发展带来诸多便利，但政治一变，人事一动，商号的命运则随之而变。如鼎盛时期，顺成号在蒙自拥有连片的房屋与土地，周家兄弟把持地方事务，占据很多重要位置，受到权力的庇护，商号的发展迅速，但最终周家兄弟在江映枢任蒙自道尹时被逮捕，商号随之散伙。②朱家兄弟官商一体的身份，为朱恒泰商号带来了长久的暴利，也为其衰败埋下了伏笔。由于卷入云南波动不居的政局太深，朱恒泰商号的发展也是沉浮不定，1929年，朱朝瑛去世，"随着朱朝瑛的下葬，朱氏家族几十年的繁华如镜花水月般转瞬即逝，从巅峰跌到了谷底，从此一蹶不振，终在军阀割据势力的混战中走向了终结"③。

五 以路兴商，重视地方交通建设

所谓"云南地处边陲，交通梗阻，故货弃于地，商务晚开。洎乎法并越南，英吞缅甸，蒙自、河口、思茅、腾越、昆明相继开为商埠，藩篱尽撤，门户洞开。追滇越路成，西人之经济势力，乃随着而深入，三迤商务，亦因之丕变矣"④。交通运输条件的改善是云南商业实现重大转变的重要原因之一。

滇越铁路未修通之前，建水、蒙个帮运送大锡需雇佣马帮，从个旧运大锡至河口，装船顺红河而下，最快也须12天到达越南河内，再转运香港。1910年滇越铁路开通，火车一天就可到达河口。滇越铁路通车，

---

① 汪致敏：《朱家花园——滇南豪门的兴盛与隐退》，云南人民出版社2013年版，第21—23页。
② 姚建峰、田生湖、喻凡、崔同宜：《云南商帮》，云南人民出版社2020年版，第278页。
③ 汪致敏：《朱家花园——滇南豪门的兴盛与隐退》，云南人民出版社2013年版，第152—153页。
④ 云南省通志馆：《续云南通志长编》（下册），云南省志编纂委员会办公室，1986年，第535页。

增加了大锡及其他土特产品的出口，使云南空前加入到现代国际市场之中，推动了商品经济的发展，瓦解了原始经济、自然经济和闭关自守的封建经济，出现了现代商业、银行和工业生产。[①] 快速便捷的铁路运输，使商家们看到了巨大的经济利益，于是，他们联名上书要求修建由个旧至碧石寨站（滇越铁路站点）的铁路。1913 年，决定由滇署铁路公司与个旧股东组成官商合办的"个碧石铁路股份有限公司"，1915 年，个碧石铁路正式动工。1921 年 11 月，全长 73 公里的个旧到碧色寨段通车；1928 年 10 月，再完成 61.5 公里，延伸至建水；1936 年，建水至石屏 48 公里建成，个碧石铁路全线贯通。[②] 个碧石铁路的修建，极大地便利了建水、蒙自帮商品之运输，促进了各商号的发展。

朱泰恒是率先入股修建铁路的商号。朱朝瑛认为出口大锡靠骡马驮运来往不便，效率低下，且成本高，于是与其弟朱朝瑾商议修建铁路。当时朱朝瑾任个旧商会会长，召集会议，取得大多数厂家赞同并组织股东会，决定征收锡、砂、炭股为资金。[③] 朱恒泰率先交出股款，个碧石铁路得以勘探动工。

顺成号的周柏斋，因厂商商议修建个碧石铁路，原计划由雨过铺顺北山直达碧色寨车站。周柏斋认为交通线离蒙自城太远，商业发展必受影响，于是约地方绅士，力争线路靠近蒙自县城，所增筑路费用，由蒙个帮入股本 40 万元。[④]

建水、蒙个帮都注重个碧石铁路的修建，个碧石铁路开通后，因其高效快捷的运输条件，加速了各大商号资金的周转，增加了资本积累。

---

① 杨毓才：《云南各民族经济发展史》，云南民族出版社 1989 年版，第 340—342 页。
② 张永帅：《云南铁路百年跨越历程：从米轨到高铁的沧桑巨变》，《云南日报》2016 年 10 月 4 日。
③ 建水县地方志编纂委员会：《建水县志》，中华书局 1994 年版，第 760—761 页。
④ 吴溪源：《顺成号发家概略》，《云南文史资料选辑》第 9 辑，云南人民出版社 1965 年版，第 114—115 页。

第五节　云南其他重要地域商帮的管理模式及经营理念

云南地域商帮众多，除了前面提到的喜洲帮、腾冲帮、鹤庆帮，建水帮、蒙个帮外，还有昆帮、石屏帮、弥勒帮、凤仪帮、蒙化帮、丽江帮、中甸帮、保山帮、永平帮、云龙帮、顺宁帮、景东帮、思茅帮、磨黑帮、临安帮、道西帮、沙甸帮、广南帮、开化帮、竹园帮、阿迷帮、寻甸帮、玉溪帮、通海帮、峨山帮、曲靖帮、宣威帮、鲁甸帮、昭通帮、会泽帮等 20 多个地域商帮。另有纳西族商帮、回族商帮、彝族商帮、白族商帮、藏族商帮、哈尼族商帮、壮族商帮等少数民族商帮。其中较为突出的，是以王炽为代表的弥勒商帮和从事川、滇、藏、印四边转运贸易的纳西族商帮。

一　弥勒商帮管理模式及经营理念

滇商中的代表性人物，当属弥勒虹溪人王炽。他是清末朝廷赐封"三代一品"的红顶商人，民间人称"钱王"，英国《泰晤士报》曾对百年来世界最富有的人进行统计，王炽名列第四。王炽早年跑马帮经常来回于各地，对商机具有敏锐的洞察力；避祸重庆期间，设立天顺祥商号经营川滇贸易，资本渐丰。看到金融汇兑业有巨大市场，立即着手在昆明与席茂之合资创办同庆丰商号，开展汇兑业务方便商业经营，成为滇商中的佼佼者。以"钱王"王炽为代表的弥勒商帮在近代云南地域商帮中也占有重要位置。

（一）"人力红利股"的激励制度

弥勒商帮的天顺祥/同庆丰随着业务的急剧扩张，高额利润滚滚而来。为了明确商业利益的分配和激励员工积极向上，王炽为其商号制定了严格的号规。现抄录如下：

（1）号中伙友无论新老，皆未入过银本，均系根据任事之大小、学识之深浅，个人的表现情况，酌上人力红利股，故不立合同。

（2）伙友已上人力股红利股，既无薪工酬劳，按以三年所上之股分红利，如上一厘红利股每月支 30 两，无利，余则照加。

（3）司事进号，根据任事之繁简，学识之深浅，表现之情况，酌给薪工，出外者则优给之，俟三年算大账，论功酬劳，酌给下账薪工。

（4）伙友息银存项周年以六厘加息，亏项以八厘加息。司事存款，亏项以八厘加息。

（5）各埠账务，每年皆截止冬月底，详细开列一册，先寄渝号查阅后再寄滇号。每年腊月初一即为次年的正月初一日，凡年账不得过次年三月，即要报到滇号。

（6）三年大账，各埠须将每年所长红利，拨归渝号管事支用，并由滇出外司事支用，由渝拨滇过账。如由渝派出司事支用，须拨渝过账，然后统由渝开算薪工支用手摺寄滇，以便酌送酬劳。其各埠三年所长红利经渝号汇齐，一概拨滇过账，并将账册寄滇。

（7）外埠司事之勤惰优劣，则由耀廷密开一单，预拟酌劳银数，并加考语，吾见此单方好加减酬劳，功则嘉勉，过则加责，批于摺尾，以示奖惩。

（8）公股乃初成立之名，以后改为护本。此护本系每三年算大账，除提分各伙友之外，下余之数或数万，或数十万即拨为护本，或加入司事长支，或收得已销旧账，或加得客号巨息，皆拨入护本，又或补各伙友息银，给司事酬劳，皆由护本出账或外埠拨来。应除则由护本除，应入则由护本入。有此护本存款，日积月累，散存各埠，则本号之根基更日益稳固。纵某埠有大损失，亦不致发生危险。①

为了有效激发员工的奋斗热情，为商号带来更大的收益，商铺老板会以人力股的形式，给商铺中工作能力强的员工分配利润。此外，拥有

---

① 陈鹤峰：《王兴斋的南帮票号同庆丰与天顺祥》，《云南文史资料选辑》第 49 辑，云南人民出版社 1996 年版，第 44—45 页。

力股的店员在账期分红时，依据力股的多少，按比例取得一定的力股花红。通过力股和力股花红，让店员参与到商号所得利润分配，店员成为商铺股东之一。为了能在下个账期获得更多的分红，必定会竭尽全力为商号盈利。

店主可以放心让各埠经理经营，经理得股份必定会严厉约束店员专心工作，想方设法为商号谋取盈利。由专人考核各号优劣，有功则嘉奖，有过则责罚，严明奖惩制度，激励店员上进之心。商号每年会留下部分利润作为护本，有了护本，商铺也就有了稳定的资金，店员也会安心经营，不必担心商号突然倒闭。

王炽对店员的激励制度，使得店员在为自身谋取更多利益的同时，也为商号获取了更大的收益。

(二) 主营汇兑，多元经营

清末道光年间，晋商最早开设票号，专门从事汇兑和存放款业务，极大方便了商业流通，票号逐渐开遍全国，形成一定规模的商业网络。1873年后，云南地域商帮开始崛起并有了一定的发展。随着商业资本的发展和货币流通的扩大，为适应不同地区间资金流通的需要，作为调剂资金的早期金融机构——票号便在近代云南应运而生。[①] 弥勒商人王炽在云南创办的近代金融机构"天顺祥"和"同庆丰"票号，在当时被称为"南帮之雄"，与"西帮三晋票号"一并驰名于国内。[②]

天顺祥的业务除了正常的汇兑业务以外，还与官府合作，包销川盐、为官府垫资、转垫军饷以及为上京参加会试的举子提供存放款等业务。天顺祥曾借款10万两给盐茶道唐炯改善川盐的生产设备，获得川盐的包销权。[③] 在中法战争中，天顺祥先后为提督鲍超、云南巡抚岑毓英垫发军饷60余万两，岑毓英替王炽保奏捐赐四品道员职衔，恩赏荣禄大夫二品顶戴，诰封三代一品"封典"[④]。开设票号，与官府合作，天顺祥很快形成了一个规模庞大的以汇兑为主的商业网络，"至光绪中后期，天顺祥分

[①] 罗群：《滇商巨子——王炽》，云南人民出版社2016年版，第19页。
[②] 弥勒县县志编纂委员会：《弥勒县志》，云南人民出版社1987年版，第752页。
[③] 弥勒县县志编纂委员会：《弥勒县志》，云南人民出版社1987年版，第752页。
[④] 弥勒县县志编纂委员会：《弥勒县志》，云南人民出版社1987年版，第752页。

号已遍及全国22个行省各大中城市"①。

企业经营有句老话"不把鸡蛋放到一个篮子里",表示投资多元化,经营不同类型业务。商号业务开展多元化经营,假如部分业务遭到损失,可由其他业务进行填补,有助于商号的长期发展。弥勒商帮的大商人王炽的经营理念就是多元化发展。除经营汇兑业务外,各地分号则因地制宜,选取适合的商业项目。王炽创号之前,主要从事马帮贩运工作,为商号运货为主。在重庆开办天顺祥后,通过马帮来往川滇贩运土特产品、药材等。随后在昆明开办同庆丰票号,办理汇兑、存取款业务,并在全国22个省的大中城市设立分号,形成遍布全国的金融网络。天顺祥、同庆丰商号获利后,大量买进土地、房屋收取租金,还涉及典当行业,开设顺庆当商铺。②此外,与官府紧密联系,获取川盐包销、矿产垫付,在个旧锡矿、东川铜矿都有股份,还替官府代转税银、垫付军饷等获利丰厚。又投资实业,组建招商矿物公司开发锡矿、铜矿,参与建设石龙坝水电公司和耀龙电灯公司。③ 王炽多元化的经营,所取得的财富在滇商中首屈一指,成为当时赫赫有名的"钱王"。

(三)知人善用,关心员工

人才是商号发展的核心竞争力,专业人才往往能为商号带来巨大的经济利益。弥勒商帮各大商号都重视对专业人才的任用和培养,其中以天顺祥/同庆丰的王炽最为出名。

王炽自设号以来,先后延揽人才数百人之多,其最得力之人有李耀廷、孔孝纲、席茂之、俞献廷、陈曼堂诸人;次则有王佐、姜大有、黄桂山、于怀清、汤午桥、龚志卿、刘赓堂、李茂卿、戚怀卿、张贵、胡得发、陈润夫、胡兰田、胡文廷、杨善微、李菊邻、赵和卿、穆义升、王亦舫、曹永亭、邵礼章、杨廷五、孙仲符、方聚春、戴薪伯、王静斋、王一仑、刘菊生、朱云章、杨卓然、郑焕章、王潆川、王敬臣、郝葱圃、万伊平、任光廷、赵春轩、秦薇、陈炳熙、赵玺三、李云章、赵典三、

---

① 龙云、卢汉修,周钟岳、赵式铭等纂:《新纂云南通志》卷144《商业考二》,云南人民出版社2007年点校本,第7册,第105页。
② 罗群:《滇商巨子——王炽》,云南人民出版社2016年版,第54—58页。
③ 罗群:《滇商巨子——王炽》,云南人民出版社2016年版,第89—94页。

张韵泉、孟西岩、李淑斋、黄晓滴、王颐斋、施亮卿、迟从吾、孙惠生、许尧章、徐香泉、杨梧岗、丁子贞、倪宾谷、陈子聘、夏禹臣、方恕斋、邵春圃、王凤皋、吴惠庵、杨殿臣、赵瑞廷、王维善、戴舜臣、龚慎九、何子泉、马玉书、王德斋、杨小舫、杨庆叚、张陶卿、王德斋、赵焕廷、张济川等，其他不胜枚举。①

王炽任用人才除了看品德，更注重才能，如其任用的孔孝纲、席茂之、俞献廷、李耀廷等人都具有丰富的业务经营技巧，他们为天顺祥/同庆丰商号的扩大发展做出了巨大的贡献。中法战争结束后，提督鲍超奉命从云南撤防至四川，沿途因军饷不济发生兵扰民事件。王炽担心会影响同庆丰商号经营，俞献廷知道后建议主动与官府合作，借银以安军心。俞献廷还因与江苏省官府关系密切，同庆丰得以办理协填饷银千万余两，号内每年获利十余万两。② 王炽委派孔孝纲、席茂之到叙府、昆明天顺祥分号负责业务，两人凭借丰富的经营管理经验，妥善处理号内各事，不出几年便获取高额利润。李耀廷在经营票号业务方面十分老练，王炽将李耀廷放在重庆同庆丰分号协助总号管理各地分号。重庆分号成为总号与各地票号联系纽带，可以看出王炽对李耀廷的重视程度。很显然，天顺祥、同庆丰能享数十年盛名，终王炽之世而不衰，是与其本人善于广揽人才，知人善任，用人不疑分不开的。

王炽待人忠厚，关心职工，对号内职工福利之照顾，无微不至。凡进号任职之人，均发给单、夹、皮、棉四季衣服，每人并发给水靴一双，方盒灯笼一罩，油纸伞一把，每晚职工从号上回家时可得到蜡烛两根，一切细微之事，无不照顾周到。职工的住房多由号上以廉价分给。王炽每天三餐皆与号上先生一起吃，以示平等之意，职工有婚丧嫁娶事件，馈送从优，特别是遇有死亡，抚恤更属备至，如滇号管事俞献廷病故，除代料理丧葬并照分应得红利外，又送酬劳银六千两。又如管事席茂之在汉口病故，派人将灵柩及全眷送回昆明，安葬于归化寺后，并将其本

---

① 陈鹤峰：《王兴斋的南帮票号同庆丰与天顺祥》，《云南文史资料选辑》第49辑，云南人民出版社1996年版，第42页。

② 罗群：《滇商巨子——王炽》，云南人民出版社2016年版，第25—27页。

人之账结算清楚，所存之款，由号中所买之房屋数院，照原价分售于其子席竹农执契管业，除房价外，所余之数，照数兑交竹农收清。诸如此类，不胜枚举。总之，凡在该号担任职工者，对衣食住及身后问题，照顾周到，均可得到满意解决，以故人皆怀德，尽忠职务，积极性大大调动和提高，紧密地团结在王炽周围，数十年来，该号业务之得以大有发展，这也是主要因素之一。①

二 丽江商帮的经营特点

随着近代经济的发展，纳西族人聚居的丽江，因地处云南西北，为连接我国四川、西藏，以及印度最为重要的交通节点和滇藏贸易的中心和枢纽，其重要地位日益突出，丽江商帮凭借此有利条件迅速兴起和发展。到1945年抗日战争结束时，丽江商帮已经形成以习自强、王少萱、李达三和赖敬安为首，资本超过滇洋50万元的四大民族商业资本家；此外，还有赵紫恒、牛伦伯、曾绍三、周石勤、杨守其、和万华六大家，每家拥有资金都超过滇洋30万元，拥有资金20万元以上滇洋的另有30多家。②

（一）丽江商帮与滇藏贸易

滇藏贸易历史悠久，发挥丽江在滇藏贸易中的区位优势，丽江商人在滇藏贸易中扮演着不可替代的角色。近代以后，随着滇藏贸易的进一步发展，以及滇—缅—印—藏商路的开辟，丽江商人更是形成以滇藏贸易为中心，进而扩展经营空间，从事川、滇、印、藏四个区域的贸易转手业务，各大商号分号遍布川、滇、印、藏的主要城市，如丽江、下关、昆明、成都、重庆、雅安、康定、拉萨，以及印度的噶伦堡和加尔各答等地。商业经营随着经营空间的扩展而逐渐增加，除经营茶叶、丝绸、山货、药材等滇藏贸易传统商品外，腊肉、火腿、金银器的运销也日渐增多，棉纱、棉布及其他工业品，也从印度等地运入。

---

① 陈鹤峰：《王兴斋的南帮票号同庆丰与天顺祥》，《云南文史资料选辑》第49辑，云南人民出版社1996年版，第46—47页。

② 王川：《滇川贸易百年》，云南人民出版社2013年版，第85—86页。

从丽江商帮的经营范围和经营状况看,他们在近代以来凭借着地理优势,基本上对滇、康、藏地区的山货药材、皮毛皮革的贩运已经形成垄断态势,并成为滇西地区从事滇藏贸易的主要经营者。如表2-1,在拉萨投资设号的云南商人,以丽江商人居多,所谓"(往西藏)运货货物为茶、糖,其次是布匹、铜铁器、酒,以至一针一线,皆仰给于纳西族商人"①,并非虚言。随着丽江商人势力的不断壮大,他们经营的范围和空间也在不断扩展,除经营滇、康、藏、川业务外,与缅甸、印度、尼泊尔等国的贸易规模逐渐扩大,成为近代云南较为活跃的商人群体。抗日战争胜利后,由于滇藏川民族地区局面混乱,盗匪四起,经济倒退,滇藏贸易转入萧条,丽江商帮也随之陷入低谷。②

总之,丽江商帮在近代滇藏贸易中的作用特殊,其兴衰系于滇藏贸易的起伏,丽江商人扮演了滇藏间商贸交流中间者的角色。

表2-1　　清末民国时期云南商人在拉萨投资设号经营状况

号名	经营者	商人乡籍	经营时段	主要经营物资
永聚兴	杨聚贤	丽江	清光绪至民国初年	茶叶、山货药材、宝石、丝杂羊毛
永兴号	李鸿芬	丽江	清末至民国初期	茶、糖、山货药材
日心德	李鸿康	鹤庆	清光绪至民国初期	山货药材、沙金
恒德和	周石奇	丽江	民国时期	土杂、药材、铜器
仁和昌	赖敬庵	丽江	民国时期	茶叶、丝货、山货药材
达记	李达三	丽江	民国时期	山货药材、糖、茶、土杂
裕春和	牛文伯	丽江	民国时期	丝杂、山货、牛羊皮、茶、糖
春和祥	杨启昌	丽江	民国时期	茶叶、牛羊皮、山货药材
仁和号	王仁和	丽江	清末民初	藏靴、藏服、茶叶、土杂
恒和号	赵紫恒	丽江	民国时期	山货药材、土杂

---

① 赖敬庵、杨超然:《丽江工商业资料》,《丽江文史资料》第3辑,1985年,第75页。
② 姚建峰、田生湖、喻凡、崔同宜:《云南商帮》,云南人民出版社2020年版,第317页。

续表

号名	经营者	商人乡籍	经营时段	主要经营物资
长兴昌	马长寿	鹤庆	民国时期	茶、糖、火腿、土杂、山货药材
铸记	马铸材	中甸	民国时期	茶叶、羊毛、山货药材、宝石、布匹
恒盛公	张相诚	鹤庆	民国时期	棉纱、布匹、茶叶、药材
立记	李立三	丽江	民国时期	茶叶、山货药材、土杂
茂恒	王少岩	腾冲	抗日战争时期	茶叶、土杂、棉纱、布匹
双和祥	袁双和	丽江	民国时期	茶叶、土杂、山货药材

资料来源：周智生《云南商人与近代滇藏商贸交流》，《西藏研究》2003 年第 1 期。

(二) 马帮运输

现代交通兴起以前，马帮是云南长途运输的主要方式，即使是出现了汽车、火车等现代交通，马帮运输依然作为云南长途运输的主要方式存在了很长时间。因此，近代云南各个地域商帮，在运输上无不依赖于马帮。尽管其他商帮的有些商号也有自己的马帮，但丽江商帮各商号拥有自己马帮之普遍，是其他商帮不可与之相提并论的。这或许与丽江盛产矮小而耐力强的马匹有关，丽江骡马"质小而蹄健，上高山，履危径，虽数十里不知喘汗"①。据统计，丽江人清末到藏区进行贸易的商号多达 30 余家，往来马帮已达上千匹骡马；到抗日战争期间，大小商号更是发展到 1200 多家，往来于丽江、西藏、印度之间马帮已达到 5000 匹骡马。②

丽江马帮组织大略可分为以下三类：

第一类，农户自有、自养、自赶少量骡马，在本地县内或乡内跑短途，又或是仅仅是在自己村庄附近驮运肥料、粮食、木材等，一般不以营运为目的。这类赶马人大量分布在农村，主要身份还是农民，即在农

---

① 秦光玉编纂，李春龙点校：《续云南备征志》(上)，云南人民出版社 2017 年版，第 617 页。

② 李珪、梅丹：《云南近代对外贸易史略》，《云南文史资料选辑》第 42 辑，云南人民出版社 1993 年版，第 37 页。

忙时务农，农闲时搞运输，季节性很强。

第二类，由农户将自有骡马拼凑起来，专门经营运输，多为兄弟、宗族及亲朋好友，至少拼凑骡马一二十匹。与第一类相比，这类才可以称得上是真正的马帮。他们会选出一个马队的负责人，即"马锅头"，往往是由公认的最有赶马经验、擅长经营，而且处事公道、有威望的人担任。但由于骡马为各家私有，这种马帮组织比较松散，"锅头"只是尽义务，在有货可运时合伙挣钱，没有生意时就各谋出路。这种马帮一般为没有自有马帮的商号所雇用，或自有马帮的商号雇用以补充其运力之不足。

第三类则是专业化的马帮。"马锅头"自有相当数量的骡马，自己参与赶马的同时还雇工赶马，将经营管理大权集于一身。这类马帮少则有骡马四五十匹，多的达到二三百匹，很多都是商号为运销自己的商品而组织的。如丽江商界"李、赖、牛、杨"四大家族，都组建了自己的马帮。这种由商家购买骡马，雇请赶马人，任命其亲信担任"马锅头"，而"马锅头"实际上就是资方的代理人。①

有所谓"丽江是马帮踏出的辉煌"的说法，盖丽江的发展，马帮起到了非常重要的作用。而丽江商帮各大商号的发展或依赖于马帮运输，或组织马帮运输本身就是其重要业务，马帮运输是丽江商帮兴起与发展的重要助力。

（三）"房东制"贸易

"房东制"贸易是滇藏贸易历史上出现的一种特殊的经商形式。来自西藏、康巴的藏族商人运货到丽江、中甸（今香格里拉）等地后，就住在比较固定的"房东"家里，房东帮助藏商进行贸易。②

旅店房东居中介绍、当商务经纪人的这一"房东制"贸易历史已久，是专门用来与藏族商人进行贸易而产生的一种经纪业务。这种房东与内地的一般客店不一样，还兼起着"牙人"的作用。旅店不收住宿费用，

---

① 姚建峰、田生湖、喻凡、崔同宜：《云南商帮》，云南人民出版社2020年版，第317—318页。

② 杨福泉：《纳西族与藏族历史关系研究》，云南人民出版社2011年版，第265页。

而是房东替客商出外交涉买卖，然后根据成交额来收一定的"牙钱"，一般称之为"牙用或牙佣"。据王恒杰等人1959年、1960年在丽江的大研镇、中甸县的中心镇、德钦的开平镇、维西的保和镇对给旧客商当过"房东"的老人的调查，牙用钱的抽取，通常是以物品的单位、价值及货物的包装单位来计算的，如衣服是以件计，糖以盒计，虫草、贝母等以斤计算，香以个计，皮以张计，布以件计，黄金以两计，牲畜以头计，茶以驮计，如相同的货质量好的，价钱高，牙钱可以加收一倍，有时物品珍贵，可以加吃，如果生意顺利，还可加吃十分之一。这样，客商会给房东带来一笔可观的收入。这笔收入主要是在入秋、冬月和腊月取得，即土产上市或朝山季节，其他时节为生意淡季，也是靠它来添补。所以，房东对远来的藏商也尽力保护，使他们免受敲诈勒索。房东们都以照顾好自己客户为荣。藏族商人一旦与某个房东建立了信任感和友谊，就形成了固定的主顾关系，且大多终身不变。这种"房东"贸易制，是经纪人业务的一种衍生形态。①

这种房东制的贸易形式，一方面让远道而来的客商得到牵线搭桥的本地人的帮助，给做生意带来极大便利；另一方面又给本地人带来不菲的收益，双方利益相关，互惠互利。这是因民族差异、地域差异背景下，利用"熟人"社会关系而建立起来的有利于丽江商帮开展与藏区、藏人贸易的一种重要的贸易形式，也是丽江商帮在滇藏贸易中地位突出的重要原因之一。

---

① 王恒杰：《迪庆藏族社会史》，中国藏学出版社1995年版，第78页。

第三章

地域商帮与近代云南经济变迁

云南地域商帮经营的区域长途贩运和对外商贸活动，引起了近代云南经济社会的一系列变化。对外贸易的开展，云南土特产品有了广阔的国际市场。在地域商帮的经营下，云南农牧产品大量进入市场成为商品；商人引进先进生产技术，推动了云南工矿业的发展；商人通过商会调控云南金融市场；将物资长途运输到各地市场，促进了云南统一市场的形成；与南亚、东南亚各国的贸易，更是促使了中国—南亚—东南亚贸易圈的形成。

第一节 地域商帮与近代云南农牧业的商品化

一 农牧业产品大量进入国内外市场

近代以前，云南农牧产品出口种类不多、数量不大。但在1840年以后，尤其是随着蒙自、思茅、腾越等地的开埠，对外贸易的快速发展，越来越多的农牧产品成为出口商品。据吴兴南的分析，1912年后，云南三关输出的农产品货物种类多达295种之多（含三关重复统计货种），具体可分为四大类：一是未加工农村产品；二是畜禽产品；三是初加工农副产品；四是山货药材。其中生丝、豆类、猪鬃、茯苓、麝香、雄黄、植物染料、木耳、火腿、熟皮、牛羊皮、细毛皮类、茶叶、蜂蜡、山薯、香菌、纸烟、栗子、各种棕麻绳、棕片、核桃、粉丝、土纸、草编凉鞋等20余种又属于重要的出口农产品。[①] 出口农牧产品种类增加如此之多，

---

① 吴兴南：《云南对外贸易史》，云南大学出版社2002年版，第295页。

说明其商品化程度有了很大的提高。

不仅如此，如果对蒙自、思茅、腾越三关的出口商品结构略做分析的话，则会进一步发现，农牧产品在近代云南出口贸易中起着举足轻重的作用。蒙自出口货物以锡、皮革、猪鬃、茶叶、药材、火腿，以及铅、锌等金属品为大宗①，其中，尽管锡占据绝对优势地位，常居出口总货值的80%，最多时甚至高达95%，但除锡外，其他大宗出口货物几乎全部是农牧产品；思茅出口货物不多，"普洱茶一项向为本口贸易大宗"②，1897—1937年，茶叶出口量一般都会占思茅年出口总货值的20%以上，最高时甚至接近80%，可以说，思茅出口贸易是以茶叶为代表的农牧产品的天下；腾越出口货物，主要有黄丝、牛羊皮、药材、土布等，其中又以黄丝居于首位，历年出口值占腾越出口总值的70%左右，腾越出口贸易完全受黄丝为代表的农牧产品支配。③ 并随对外贸易的发展，如表3-1，大宗农产品的出口占全省出口总值的比重呈上升趋势，而这还只是主要的农牧产品出口情况，如果加上其他出口的数百种农牧产品的货值，那么，农牧产品出口数值在出口总值中实际所占比重要高得多。④

表3-1　　　　1912—1923年主要农产品出口数值及所占比重　　　　单位：两

类别 年份	农产品出口值	全省出口总值	占总出口值（%）
1912	28813	1257306	2.29
1913	402814	11835907	3.40
1914	363507	8978564	4.05
1915	460345	18348859	2.50

---

①　龙云、卢汉修，周钟岳、赵式铭等纂：《新纂云南通志》卷144《商业考二》，云南人民出版社2007年点校本，第7册，第112页。

②　《中华民国元年思茅口华洋贸易情形论略》，中国第二历史档案馆、中国海关总署办公厅编：《中国旧海关史料》第59册，京华出版社2001年版，第468页。

③　具体参见张永帅《空间视角下的近代云南口岸贸易研究（1889—1937）》，中国社会科学出版社2017年版，第162—171页。

④　吴兴南：《云南对外贸易史》，云南大学出版社2002年版，第295页。

续表

年份 \ 类别	农产品出口值	全省出口总值	占总出口值（%）
1916	805857	17508028	4.60
1917	1046000	13689801	7.64
1918	740181	12855781	5.75
1919	1750394	11949010	14.65
1920	1556964	13918806	11.18
1921	1239436	9126893	13.58
1922	1031672	10807363	9.55
1923	966409	10622022	9.10

资料来源：吴兴南《云南对外贸易史》，云南大学出版社2002年版，第296页。

据林文勋、马琦的研究，"清末民初，云南社会稳定，加之三关开放与滇越铁路的修筑，在对外贸易的拉动下，云南省际贸易在清代前期的基础上得到恢复和发展，并在民国初年形成第一次发展高峰。之后，历经西南军阀混战，兵火不断，社会秩序混乱，道路梗阻，省际贸易步入萧条时期。抗战时期云南成为大后方，人口剧增带来旺盛的需求，成为省际贸易发展的黄金时期"①。而省际贸易，云南输出之商品，农牧产品也是重要组成部分。以清末民初而言，云南"输出以茶叶、药材为大宗，猪鬃、麝香、大头菜、植物性燃料等次之"②，而至抗战时期，这样的输出格局没有发生多大变化，但数量大为增加，"至滇省对国内各省贸易，输出以锡为首位，约三百二十万元；次为药材；再次为兽皮、茶、猪鬃、麝香、大头菜、植物染料等；民国二十六年现衰落之象，其总值为1909919元"③。这也就是说，随着省际贸易发展，贸易量增加，进入国内长途贸易的农牧产品越来越多了。

国内长途贩运贸易和对外贸易发展，从商品流通上看，实际上是以

---

① 林文勋、马琦：《近代云南省际贸易研究》，《中国边疆史地研究》2011年第4期。
② 龙云、卢汉修，周钟岳、赵式铭等纂：《新纂云南通志》卷144《商业考二》，云南人民出版社2007年点校本，第7册，第108页。
③ 蒋君章：《西南经济地理》，商务印书馆1945年版，第361页。

省内贸易的发展为前提的。这时因为国内长途贩运贸易和对外贸易，其输出的商品，一般须经省内相关市场的层层转运，除专门供应输出省外之商品外，或多或少都会首先在省内市场销售。从这个意义上讲，正是因为有越来越多的农牧产品进入省内市场，才有了越来越多的农牧产品输出省外和国外。《续云南通志长编》"省内贸易"之"云南各县出入口货值概况表"①载各县市20世纪30年代输出商品几乎皆为农牧产品，其中各地普遍多见的牛羊皮、药材、猪鬃/猪毛等，又是云南输出省外和国外的重要商品，也正说明了这一点。至于省内各市场流通农牧产品的增长情况，因缺少可对比的系统数据，很难得出确切的结论，但从对外贸易和省际贸易快速增长，越来越多的农牧产品输出省外和国外的情形看，省内市场总体上应该是越来越活跃，在各地市场上流通的农牧产品当是越来越多的。

总之，和近代以前相比，近代以来的云南，越来越多的农牧产品进入国内外市场，农牧产品不仅充斥省内各地市场以互济余缺，还成为省际贸易和对外贸易的重要输出商品。我们知道，传统的农牧业生产是以自给自足为目的的，商品化率很低，对市场的依赖不强，而近代以来大量农牧产品进入市场，正是农牧业生产日趋商品化的反映。

农牧业的生产带有相当程度的盲目性，农牧民一般对市场都不是很敏感。因此，如果说，近代以来云南农牧业的商品化，是在省际贸易与对外贸易带动下云南经济发展的结果的话，那么，推动农牧业商品化的人显然不是农牧民本身，而是活跃于各地市场的商人，尤其是因对外贸易而兴起的云南各地域商帮，乃云南农牧业商品化的最有力的推动者。

二 地域商帮与近代云南种植业的商品化

（一）商人与近代云南的鸦片经济

辛亥革命后云南爆发了重九起义，建立军政府。民国初期军阀割据，相互混战，为了维护其统治地位和满足庞大军费开支，唐继尧政府默认

---

① 云南省通志馆：《续云南通志长编》下册，云南省志编纂委员会办公室，1986年，第547—564页。

鸦片的种植和贩运，采取了"寓禁于征"的政策，征收高额税收允许鸦片种植。云南地域商帮伺机而动纷纷从事鸦片的转运销售，不少商号因为经营鸦片发家致富，商人高价收购鸦片，导致云南广大农村地区都开始种植鸦片。

20世纪20年代，为了筹集军费以维护统治地位，唐继尧政府颁发了《云南禁烟处罚暂行章程》。该章程看似禁种鸦片，实则以征收高额税费允许鸦片种植。章程规定，种鸦片的土地每亩征收罚金滇币2元，5分以上不足1亩以1亩算，不足5分以本亩算，美其名曰"烟亩罚金"，以"罚"来掩饰其乞财于鸦片的真相。在运输方面，也明征暗放，规定每100两征收"禁运罚金"5元，实则疏通渠道，鼓励贩运。① 省政府允许种植鸦片后，鸦片种植在云南各地盛行起来，其种植面积之广、规模之大，产量之高在全国都属罕见。20世纪30年代，云南省政府统计的鸦片种植面积为90多万亩。澳洲学者霍尔推测到，20世纪30年代云南鸦片的种植面积与30多年前大禁烟运动前夕的种植面积大致相同。在鸦片种植的高峰时期，种植面积应为近200万亩，而不可能是100万亩。② 鸦片的大面积种植，极大地影响了云南社会的正常发展。

"虽然商人们不是滇西北乃至整个云南大面积种植鸦片的始作俑者"③，但是，"鸦片在农民手中是不活动的，一到商人手中就成了易于获利的货物，而且资本愈大，获利的机会也就愈多"，因此，云南各大商号无不经营鸦片贸易，"当时商人把经营烟土视为主要的交易，银行向商人放款，可用烟土作抵押，借款到手，再买再囤，逼着烟价上涨，不难在短时期立致巨富。过去迤西帮的福春恒、茂恒、永昌祥，迤南帮的顺城号，都是云南有名的大商号，他们经营的业务，虽不限于鸦片，而在鸦

---

① 李珪主编：《云南近代经济史》，云南民族出版社1995年版，第269—270页。

② [澳]霍尔：《云南的地方派别（1927—1937）》，谢本书等译，云南省历史研究所《研究集刊》1984年第1期。

③ 周智生：《商人与近代中国西南边疆社会——以滇西北为中心》，中国社会科学出版社2006年版，第142页。

片贸易盛时，没有不大宗经营的，也没有不因此发财的"①，而在经营鸦片贸易的过程中，"商人们为了牟取暴利，形成大商号坐地收购，大批小商小贩走村串寨入户收购这样一个金字塔式的分工体系，以利益相引诱，把大量农户拉入鸦片商品化种植的浪潮之中"，我们知道，农民种植鸦片，不同于种植粮食，其本身就是一种商品化的农业生产行为，"而且为了满足鸦片的长途贩卖收购的需要，作为主要运输工具的骡马需求数量也大增，从而驱动着许多乡村掀起了饲养骡马的热潮"②，从而在一定程度上带动了畜牧业生产的商品化。

鸦片的收购与贩卖是近代云南商人原始资本积累的一个重要手段，但其对商人的腐蚀作用又是显而易见的，"烟商们发了大财……解放前云南一般新建的华屋，没有一所不带有烟土的气味"③。农民也因种植鸦片大获其利，农业的商品率也有大幅度提高，但是鸦片种植带来了极其严重的后果。鸦片的种植导致土壤肥力下降，部分土地很难再种其他作物，同时也导致了粮食大面积减产，只好依赖于市场的高价粮食。"（农民）狃于近利，废种谷物，提倡实业，徒劳词费，病在农；国内工厂春笋怒生，技术日新，人渐觉悟，惟于烟区，只知现利，其他组织视为缓图，病在工；投机事业风雨飘摇，十赢偶输，一蹶不振，流波所被，商德日亏，病在商。聊举诸端，四民俱病，改进社会，缘木求鱼。此则凡有人心对于禁烟政策，均欲力求于解决之计者。"④ 可见鸦片种植对农业、工业、商业都造成了极其恶劣的影响，影响了社会的正常发展。云南商人作为鸦片种植与贩卖的推动者，对当时的社会带来了极大的危害。这是云南商业经营史极不光彩的一笔，值得我们深思。

---

① 宋光焘：《鸦片流毒云南概述》，载《云南文史资料选辑》第1辑，云南人民出版社1962年版，第106页。

② 周智生：《商人与近代中国西南边疆社会——以滇西北为中心》，中国社会科学出版社2006年版，第142页。

③ 宋光焘：《鸦片流毒云南概述》，载《云南文史资料选辑》第1辑，云南人民出版社1962年版，第106页。

④ 《云南行政纪实》第19册，"禁烟"，1943年。转引自秦和平《云南鸦片问题与禁烟运动》，四川民族出版社1998年版，第190页。

(二) 商人与近代云南粮食作物的运销与种植

尽管不可否认的是，近代云南粮食商品化的速度很慢、程度很低，"这也是云南近代农业商品化过程中的一个突出特点"①，但各地市场上最常见的、交易量最大的商品往往还是粮食②。一是因为受自然环境等因素的影响，各地粮食产量很不平衡，需要输出或输入，以洱海周边及其邻近区域为例，"云龙、浪穹，山多田少"，产粮不多，"赵州土瘠户繁，民食全资贩运"③，而云南县、太和县、赵州、弥渡、宾川等地产粮相对较多，自然被商贾购销至云龙、浪穹、赵州，以及其他缺粮的蒙化（今巍山）、剑川、凤仪等地④；二是因为各地粮食种植结构往往也存在一定差异，"在全省范围内，大略而言，迤西、迤南各县，以米、麦、荞麦等为大宗，迤东以玉蜀黍、荞麦等为大宗"⑤，各地之间有进行相互调剂的需求。于是，近代云南商人在一定区域范围内从事着跨县（州、厅）甚至跨府（直隶州、直隶厅）的粮食作物运销，只是这种粮食贸易主要是省内贸易，一般不是各大商帮商号的主营业务。但一方面，市场对粮食的需求是刚性的；另一方面，随着自然经济的逐渐解体，传统手工业失业人员和失地农民涌入城市，城市人口增加，需要更多的粮食，粮食生产的商品化还是不断提高的。

在全省层面，除了这种一般性的粮食商品化情形外，还有一些地方因市场需求增加而扩大了对相关粮食作物的种植。如，滇越铁路通车后，个旧大锡输出量猛增，矿工大量增加，商人了解到矿工因御寒解乏对酒需求量大，于是在市场上大量收购高粱，刺激了蒙自县的高粱种植，不少农户弃稻改种高粱酿酒，以行销个旧，蒙自高粱酒一跃而成为全县第二位产值的大宗商品；又如路南县（今石林县）的粮食，原来也仅自产

---

① 李珪主编：《云南近代经济史》，云南民族出版社1995年版，第54页。
② 具体可见云南省通志馆《续云南通志长编》下册，云南省志编纂委员会办公室，1986年，第547—564页。
③ 吴承明：《中国资本主义与国内市场》，中国社会科学出版社1985年版，第255—259页。
④ 秦树才：《明清时期洱海地区商业述略》，《昆明师专学报》1989年第4期。
⑤ 杨伟兵、张永帅、马琦：《西南近代经济地理》，华东师范大学出版社2015年版，第250页。

自食，滇越铁路通车前后，因工人集中，铁路沿线粮食需求增加，商人到各地购买粮食以为供应，刺激了路南的粮食商品率的提高，每年要输往个旧、蒙自米58万担。①

（三）商人与近代云南经济作物的发展

经济作物具有商品率高，为市场生产的特征明显。云南地理环境多样，经济作物种类丰富，近代云南各大地域商帮经营的重要商品中，就有各种各样的经济作物。为了进一步拓展货源，各地商人或投资扩大相关经济作物的种植，或引进、改良相关经济作物的种植，其中，以茶叶和药材最具代表性。

1. 茶叶

云南是茶的故乡，是野生大茶树发现最多且分布最为集中的地区，是茶叶生产、制造、开发比较早的地区之一。②清代檀萃《滇海虞衡志》卷11记载："普茶，名重于天下，此滇之所以产而资利赖者也。出普洱所属六大茶山，一曰攸乐；二曰革登；三曰倚邦；四曰莽枝；五曰蛮喘；六曰慢撒；周八百里，入山作茶者数十万人。"近代云南开埠通商后，随着茶叶贸易数量的扩大，茶叶生产范围实现了一定的扩展。即滇茶主要产区，大部偏于西南一隅，其发展趋势由思茅迤南之江城、镇越、车里、佛海、五福、六顺等县，渐移向西北之澜沧、景东、双江、缅宁、云县，而迤于顺宁。③民国时期，云南产茶区域达30余县，按其地区所在，可分为普思沿边区、景东景谷区、元江镇沅区、澜沧区、双江缅宁云县区、顺宁镇康区等六大产茶区。④正如张肖梅所说："滇省所产之茶，除销本省外，以销四川、西藏为大宗。"⑤云南茶叶贸易数量的增加，其实主要是滇茶销藏数量的增加（参见表3-2），而销藏数量的增加在很大程度

---

① 李珪主编：《云南近代经济史》，云南民族出版社1995年版，第54页。
② 云南省通志馆：《续云南通志长编》下册，云南省志编纂委员会办公室，1986年，第465页。
③ 云南省通志馆：《续云南通志长编》下册，云南省志编纂委员会办公室，1986年，第606页。
④ 云南省通志馆：《续云南通志长编》下册，云南省志编纂委员会办公室，1986年，第607页。
⑤ 张肖梅：《云南经济》，中国国民经济研究所，1942年，第L5页。

上是与洪盛祥开辟滇茶入藏的新运输路线直接相关的:"本省地接藏卫,藏人嗜茶成癖,与蒙古同。以茶与牦牛油、牛乳混合,加盐煮食之,名曰'酥油茶',日不可缺……在昔每届冬季,康藏古宗马数千匹入滇,迤至普思沿边运茶。鹤庆、大理驻丽江、中甸商人,亦多经营藏销茶业。嗣因阿墩子一路阻塞,洪盛祥始取道加尔各答铁道运输,销路得以不坠。"①

表 3-2　　　　　1928—1937 年佛海茶叶销藏数额　　　　单位:担

年份	数额	年份	数额
1928	5000	1933	11000
1929	5600	1934	12000
1930	6000	1935	13000
1931	6500	1936	15000
1932	10000	1937	15500

资料来源:《佛海商会报告》,转自陈一石、陈泛舟《滇茶藏销考略》,《西藏研究》1989 年第 3 期。

进入近代以后,六大茶山虽然依然是云南茶叶的主要分布区域,但已不局限于此"西南一隅",而是有了很大的拓展,且其分布重心区已悄然出现转移的趋势。"滇茶主要产地,大部偏于西南一隅。发源于六大茶山,延及澜沧江左右之哀牢、蒙乐、怒山间高地。换言之,其发展趋势,大抵由思茅迤南之江城、镇越、车里、佛海、五福、六顺等县,渐移向西北之澜沧、景东、双江、缅宁、云县,而迄于顺宁。"② 其中,"代之而兴者,首推顺宁",成为"本省新兴之最大产茶区"③,而顺宁的兴起又是与永昌祥商号的开拓与经营不无关系的:

---

① 云南省通志馆:《续云南通志长编》下册,云南省志编纂委员会办公室,1986 年,第 465 页。

② 云南省通志馆:《续云南通志长编》下册,云南省志编纂委员会办公室,1986 年,第 606 页。

③ 云南省通志馆:《续云南通志长编》下册,云南省志编纂委员会办公室,1986 年,第 608—609 页。

永昌祥者，大理严镇圭所创商号也。镇圭初经营布业于会理、建昌间，守信义，重然诺，业务蒸蒸日上，渐设分号于叙府、重庆、汉口、上海及瓦城诸埠。平居以此乃一家之生计事业，非社会生产事业也，心悃悃以为未足。时顺宁及勐库茶未尝起之于世，光绪三十二年间，乃购置顺宁春尖数十驮，于下关雇工拣选，制成沱茶。装潢精美，品味绝佳，远寄川中，遍赠亲友、社会人士，品而甘之，于是销路渐开，初制数百驮，继而数千驮，洎后同业继起，岁增至数万驮。迄今全川人士，盛称永昌祥下关沱茶，村镇茶肆，亦以其名标榜。①

经永昌祥的开拓，顺宁地方植茶日广，"今则普遍栽植，地无余亩，产量日增，已成农村正业，民生富庶，成为一大产茶地"②。

2. 药材

云南独特的自然地理环境，培育了丰富的药材资源。近代云南商人将药材贩运到国内外，扩大了药材的销售市场，出口的药材有大黄、黄连、茯苓、冬虫夏草、天麻、麝香、半夏等，以出口香港为主。开埠后见于海关记载，1891年出口货值折合国币5000元；1910年为2.1万元；1914年首次超过10万元。此后逐年有所增加，1933年出口货值达56.6万元。③ 药材出口货值在地域商帮的经营下逐年上升，促进了药材的商品化进程。当时经营药材出口的商号有启昌、锦昌、和昌、南成荣、阎应记、汤财记、广安、陈兴隆、广添、南北行、永昌祥、盈泰新、恒盛昌、慎昌、万丰生、福安堂、鸿兴源、益兴和、勇益公、永远长、义盛长等20多家。④ 大商号中永昌祥有专门负责辨别名贵药材的店员；鸿兴源以主打名贵中药材起家；恒盛公与同心德以经营麝香业务兴盛。为进一步扩

---

① 云南省通志馆：《续云南通志长编》下册，云南省志编纂委员会办公室，1986年，第609页。
② 云南省通志馆：《续云南通志长编》下册，云南省志编纂委员会办公室，1986年，第609页。
③ 钟崇敏：《云南之贸易》，1939年手稿油印本，第202页。
④ 钟崇敏：《云南之贸易》，1939年手稿油印本，第199页。

大药材贸易，云南商人还从省外引进优质品种在云南种植，其中，以当归和木香较为典型。

云南出口的当归原主要来自西康地区。鹤庆福兴昌商号的华寄天经考察，发现鹤庆西山彝族聚居区的地貌及气候条件，均与盛产当归的西康相似。于是，决定在鹤庆西山彝族地区发动种植当归。他首先免费给种苗，约定收获所得，一半归种者所有，另一半按市价由福兴昌收购，"每到种植季节，华寄天亲到山上指导种植，培育种苗，困难者预付贷款，因此大大鼓励了山区种植当归的积极性"。当地所产当归块根肥大、香味浓郁，深受各地人士喜爱，大部分由福兴昌统购专销于下关、昆明，甚至远走广东、香港等地，供不应求，"由此，西山彝族群众大有收益，与福兴昌交往亲密直至解放前夕"，解放后，鹤庆西山所出的当归在广交会上被国外药材商视为珍品，评价很高，成为出口海外的珍贵药材。①

木香在云南的种植经历了一个漫长的过程。杨守其是近代较早到印度经商的滇籍商人之一，"曾经到西藏和印度经营以麝香为主的山货药材"，在经营药材中，他曾把印度严禁出口的木香种子几次托王继文（丽江金甲村人）带回丽江试种。1939年，他带女儿杨丹桂回家探亲时，又带来了一瓶种子交给丽江当地医生吕向明去文海、鲁甸一带试种，可惜未见成效。②木香在滇西北地区的试种成功，归功于鹤庆恒盛公的张相诚、张相如两兄弟及其侄儿张孟明。1936年前后，恒盛公驻印经理张相诚从印度商人手中偶然得到一包木香种子后，想方设法寄回国内，委托其弟张相如试种。张相如把种子一分为二，一份由其在武汉试种（未成功）；另一份交给其侄儿张孟明带回家乡试种。张孟明带着种子在丽江县鲁甸坝新坪村一带试种成功，从此新坪的纳西人民学会了种植木香，周围各地也栽种成功。③中国有木香的历史，就是印度木香第一代种子在鲁甸繁殖扩散。此后，丽江周边都有木香种植，既满足了本地市场需求，

---

① 舒自志：《博南古道上的鹤庆商帮》，《鹤庆文史资料》第2辑，1992年，第11—12页。
② 杨裕知：《旅印华侨杨守其》，夫巴主编：《丽江与茶马古道》，云南大学出版社2004年版，第203页。
③ 张相时：《云南恒盛公商号史略》，《云南文史资料选辑》第18辑，云南人民出版社1983年版，第24页。

还可以远销国内外。

此外，烤烟在云南的种植与推广，商人也发挥了一定作用。如1948年，中甸商人马铸材与丽江女商人李金海合作，计划每家各出资50万元，开办卷烟厂。由马铸材负责开展烟叶的种植及复烤等原料工程，李金海负责厂房、机器等设备。1949年，马铸材在金沙江边的中甸车竹一带试点种植烤烟并复烤成功。①

商人因地制宜地推广药材、烟草等经济作物，加快了云南地方农产品的商品化进程。将外地优良品种引入云南种植，一旦种植成功，可将其变进口为出口，有利于商号的资本增加。鼓励农户通过种植药材、烟草等经济作物，培养其商品意识，既增加了农户收入，又推动了农业的商品化进程。

三 地域商帮与近代云南畜牧业的商品化发展

云南地形高低起伏不定，滇西地区更是山高谷深，交通不便，骡马在云南的商业运输起了重要作用。随着商业的发展，需要更多的骡马投入运输，促使骡马交易繁荣。随着近代一百余年间的火腿、牛羊皮革、羊毛、禽蛋等畜禽产品成为重要的出口商品，从而极大地激发了农民饲养牛、马、猪、羊及各种家禽的积极性，也促进了畜牧产品商品率的提高。

在云南历史上，骡马长期充当交通运输的主角。云南开埠后，随着贸易规模的不断扩大，云南马帮运输规模迅速扩大。活跃在昆明、保山、腾越、八莫一线的骡马常有四五千匹之多；经思茅深入缅甸、泰国、老挝等地的马帮，每年有3000余匹；在耿马、镇康一线的对外通道上，一年之中有2000—4000匹骡马忙于运输货物；滇藏之间，即便是在冬季，也有千余匹骡马，开春后则可达3000余匹；在滇越铁路通车之前，蒙自关往来货物全藉马帮运输。抗日战争期间，云南人民为支援抗战，用于对外运输的骡马可能高达50多万匹。与此同时，云南各地商人纷纷出资组建马帮，从事贸易，从而形成了凤仪帮、蒙化帮、云龙帮、鹤庆帮、

---

① 郭大烈主编：《中国少数民族辞典·纳西族卷》，广西民族出版社2004年版，第392页。

喜洲帮、丽江帮、中甸帮、保山帮、腾冲帮、临安帮、迤萨帮、阿迷（开远）帮、石屏帮、沙甸帮、顺宁帮、景东帮、思茅帮、磨黑帮、寻甸帮、玉溪帮、通海帮、峨山帮、鲁甸帮、宣威帮、曲靖帮、会泽帮、昭通帮、开化（文山）帮、广南帮等20余个地域性大马帮。这些大马帮的驮马往往多达数百匹甚至上千匹，专事长途贸易，此外，那些主要从事短途运输的小马帮更是不计其数。①

贸易发展，马帮数量增加，市场需求的扩大使骡马养殖在云南各地成为一时之风尚。当时，在云南大理、鹤庆、蒙化、石屏、保山、云龙、丽江、永胜、宁蒗、中甸、昭通、鲁甸、寻甸、沙甸等地，都出现了较大规模的牧场，专门饲养良马，以供马帮运输所需。②"滇中之马，质小而蹄健，上高山，履危径，虽数十里而不知喘汗"③，非常适宜崎岖山道上的长途运输，适应各地对骡马运输需求的扩大，诸如丽江骡马交易会（又称商业劝工会）、鹤庆松桂会、邓川鱼潭会、永北骡马会等骡马交易进一步活跃。当时滇西北的纳西族地区，"不仅大多数家庭抽出男子从事赶马运输，就是那些缺少骡马的人户，也有人通过押出土地来购买骡马，以便从赶马经商中获益"④。骡马的商品化规模经营，适应了商业贸易的扩大发展，商业的发展又反过来促进了骡马等畜牧产品进入市场，成为商品。

火腿作为出口畜禽产品的大宗之一，以宣威火腿最为出名。宣威火腿色润鲜艳、红白分明、咸中带甜、营养丰富，余味无穷，与浙江金华火腿、江苏如皋火腿鼎足三立，并称"中国名腿"。然而，宣威火腿表面肮脏、粗大笨重、不便携带，影响了销路。其时，出身于宣威县城书香门第之家的浦在廷，在从事马帮商业贩运的活动中，受"欧风东渐，有

---

① 张永帅：《曾经的马帮》，《云南经济日报》2014年3月27日。
② 廖乐焕、孙丹：《云南马帮经济变迁研究》，人民出版社2011年版，第129页。
③ （清）刘崑：《南中杂说》，《云南史料丛刊》第11卷，云南人民出版社2001年版，第356页。
④ 《纳西族简史》编写组：《纳西族简史》，云南人民出版社1984年版，第79页。

罐头食品流入中国"之启发,产生"何不把火腿制成罐头"的想法。①1909年,浦在廷和陈时铨等人积极筹措资金,以2万银元为本金,创办"宣和火腿股份有限公司",浦在廷亲自到广州、香港等地购买机器,又派人到广州学习制作火腿罐头的技术,使"双猪牌"火腿罐头在1910年投入试产,获得成功。产品投入市场后,因携带方便、质量优良、风味独特、运用广泛而畅销全国,远销东南亚,大有供不应求之势,宣威火腿名气大盛,成为云南三大名特产品之一②。浦在廷的罐头产品行销海内外,迅速带动了大批工商业者加入火腿生产经营行业,宣威境内先后出现了上百家火腿商号,较大的有利源通、秉城公、聚盛祥,每年销往国内外的火腿约30万公斤,火腿市场一时群雄并起,"义信成""裕丰和""中常公司"等后来居上,与浦在廷的"大有恒"四足并立,日产上千罐,每年约30万罐销往东南亚地区并进入欧美市场。③

云南气候温和、降雨充沛,草场广布,适宜畜牧养殖,有大量的牛、羊皮用于皮革制造。当时的皮革经营有两类商家:一类为专门从事国内收购者,其商号有绍兴昌、同茂和、利和昌、炳泰记、德厚荣、利兴祥,外加其他小贩多达百余家;另一类为专事运销出口者,有庆正裕、同昌、永义昌及宝利洋行(外商)等四家。④ 大量商号从事皮革的收购、运销,必定推动畜牧产品养殖规模扩大,皮革出口货值随之逐年上升。1905年以前,皮革出口货值在出口总值中所占比重甚小,还不足1%。1906年出口货值9万元,占当年出口总值的1.06%。此后,各年出口货值均在10万元以上,其中有8年出口值均超过百万元大关,最高的年份1928年达189万元,占出口总值的9.7%。⑤

猪鬃具有毛条粗、油亮、弹性、韧性、耐磨性好的特点,是一种天

---

① 蒲元华:《蒲在廷与宣威火腿》,《云南文史资料选辑》第49辑,云南人民出版社1996年版,第244页。

② 宁少逸、浦安宇:《宣威火腿罐头的创始人浦在廷》,《云南文史资料选辑》第49辑,云南人民出版社1996年版,第248页。

③ 蒲元华:《浦在廷与宣威火腿》,《云南文史资料选辑》第49辑,云南人民出版社1996年版,第244页。

④ 钟崇敏:《云南之贸易》,1939年手稿油印,第193页。

⑤ 钟崇敏:《云南之贸易》,1939年手稿油印,第190页。

然的制刷原料，制成刷子用于上油漆和清理军械。云南在开埠前，"人民不知猪毛之有用，洗猪时往往弃之于地"，很少利用。[①] 开埠后，猪鬃逐渐成为商品，为人所重视，尤其是滇越铁路通车后，出口呈快速增长趋势。从出口数量看，1910年出口19公担，1912年以后各年出口量均在100公担以上，到1937年达1677公担，比1910年增长88.3倍。从出口货值看，1910年仅为1000元，1937年增加到83.3万元。其间，年出口货值10万元以上者有15年，其余在29万元不等[②]；在出口各货中所占的比重，最低时虽仅为0.01%，但总体呈较为明显的增长趋势，甚至在1931年和1937年分别高达2.10%和2.31%（表3-3）。从而，猪鬃成为云南大宗出口商品之一，对此，《新纂云南通志》说：云南"出口货中以大锡为第一位，约占总额百分之八十以上；黄丝次之；牛羊皮又次之。他若茶、药材、猪鬃、火腿及零星杂货，亦为主要之交易品"[③]。面对国际市场对猪鬃快速增长的需求，云南各大商号纷纷从事猪鬃的收购、加工与出口。

1912—1914年，迟从五在昭通创办洗鬃工厂起，云南开始有了猪鬃加工业，最初制出的熟鬃运往重庆销售。1915—1917年，昆明巨商王连清投资开设同庆公工厂进行猪鬃加工，"王连清自任经理，以杨雨亭为管事，约有工人40余人，制出熟鬃成品，运销广东、四川等处"，1931年庆正裕商号在昆明设立的协记猪鬃厂经营了6年，到1937年结束。[④] 经营猪鬃生意，使商号在获得丰厚利润的同时，进一步使猪鬃成为出口大宗货物，极大地推动猪鬃的商品化进程。

[①] 陈其栋修，缪果章纂：《宣威县志稿》卷7《建设》，1934年铅印本，台北成文出版社1967年影印本，第687页。

[②] 钟崇敏：《云南之贸易》，1939年手稿油印，第201页。

[③] 龙云、卢汉修，周钟岳、赵式铭等纂：《新纂云南通志》卷144《商业考二》，云南人民出版社2007年点校本，第7册，第109页。

[④] 李正邦：《云南猪鬃业发展概况》，《云南文史资料选辑》第42辑，云南人民出版社1993年版，第267—269页。

表 3-3　　　1889—1904 年、1910—1937 年蒙自部分出口
商品货值占总出口额百分比表　　　　单位：%

年份	锡	生黄/水牛皮	未硝山羊皮	猪鬃	茶叶	药材	年份	锡	生黄/水牛皮	未硝山羊皮	猪鬃	茶叶	药材
1889	81.76				5.21	0.19	1916	85.71	2.98	0.46	0.16	0.97	0.98
1890	84.83				3.93	0.06	1917	90.00	1.34	1.02	0.27	0.39	0.40
1891	85.99				3.32	0.57	1918	88.07	1.93	1.57	0.55	0.31	0.65
1892	84.59				4.14	0.40	1919	81.31	3.73	5.96	0.32	0.69	0.77
1893	81.68				3.38	0.50	1920	86.76	2.76	1.53	0.48	0.28	0.63
1894	80.73				1.55	0.28	1921	80.54	2.61	4.19	0.64	0.88	1.03
1895	78.68				2.67	0.48	1922	89.57	0.53	1.51	1.17	0.60	1.20
1896	79.67				1.46	0.43	1923	85.95	2.07	1.44	1.82	0.91	1.24
1897	78.66				1.03	0.70	1924	90.10	2.57	0.64	0.97	0.44	0.75
1898	79.11				1.29	0.95	1925	87.85	5.76	0.70	0.45	1.10	0.38
1899	80.18				1.50	0.78	1926	85.25	6.80	1.28	0.96	1.00	0.61
1900	79.52				0.74	0.18	1927	85.16	5.28	1.24	1.39	0.88	0.83
1901	80.13				1.01	0.33	1928	81.33	7.62	2.94	0.94	0.66	1.29
1902	89.96				1.11	0.16	1929	80.02	8.33	1.83	0.86	0.73	1.19
1903	80.32				2.13	0.52	1930	80.37	5.46	1.90	1.39	0.62	1.19
1904	68.05				0.93	0.56	1931	83.81	4.02	1.79	2.10	0.90	2.75
1910	93.82	0.58		0.01	0.54	0.18	1932	88.84	0.99	0.53	1.37	0.95	2.20
1911	92.15	0.60		0.03	0.29	0.10	1933	90.22	1.58	1.28	0.91	0.65	2.25
1912	96.14	0.92	0.02	0.19	0.19	0.31	1934	88.84	2.61	1.41	1.05	0.75	1.97
1913	94.75	1.43	0.01	0.08	0.35	0.35	1935	90.22	0.90	1.28	1.2	0.52	1.37
1914	91.27	0.98	0.08	0.29	0.29	0.80	1936	88.84	2.68	1.56	1.14	0.28	1.01
1915	90.63	0.90	0.12	0.14	0.29	0.71	1937	91.19	2.59	1.40	2.31	0.32	0.80

资料来源：1889—1904 年据《中国旧海关史料》提供数据计算；1910—1937 年据钟崇敏《云南之贸易》（1939 年油印稿）整理。

此外，商人们自身也投资畜牧产品的商品化经营。如丽江达记经理李达三，就曾投资在丽江白沙玉湖一带经营牦牛养殖场[①]；中甸铸记马铸

---

① 杨俊生：《李达三先生事略》，载《丽江志苑》1990 年第 7 期。

材也曾在中甸办了一个养马场和牦牛场；丽江权绅习自诚曾独资购办过一个黑水牦牛场，专门雇人分养经营；远在怒江地区六库一带经商为生的白族商人段承钧，经商致富后，还曾在六库经营了一个养猪场，有饲养工人3人、养了大小猪3000多头，除屠宰出售外，活猪也卖。① 商人投资养殖业，进行规模化经营管理，既从中获取了高额利润，也吸引了更多的农户加入畜牧产品的规模化养殖。

商人在抗日战争中物资运输频繁，加之滇越铁路、滇缅公路中断，转移在骡马畜力方面载运的物资更多，客观上对其发展有促进作用。据1941年统计，云南全省马有365万匹，骡有198万头，均占西南5省（川、滇、桂、黔、西康）的第一位。② 抗战时期云南人口大增，商人积极从事畜牧产品的运销，因此云南的山羊、绵羊数，也居于西南数省前列。据云南省建设厅1941年的统计，水牛、黄牛合计83万多头，猪221万多头。③ 畜牧业的发展提高了商品率，全省牛羊皮的产量，在30万担左右。④

第二节　地域商帮与近代云南工矿业变迁

一　商人从事近代云南工矿业建设的原因

云南地处中国西南边疆，位置偏远、地形崎岖、交通阻滞，受此影响，近代云南的经济极为落后，工矿业长期没有得到发展。自蒙自、思茅、腾越三关开埠后，受对外贸易发展的影响，云南本土商人除了将中国西南地区的土特产业与手工艺品运销国外市场，还积极与洋商开展竞争。为了增强商业实力，云南商人加入到工矿业建设中。商人之所以投入工矿业的建设中，笔者认为主要有以下几个因素影响。

---

① 周智生：《商人与近代中国西南边疆社会——以滇西北为中心》，云南大学出版社、云南人民出版社2011年版，第123—124页。
② 蒋君章：《西南经济地理》，商务印书馆1945年版，第139页。
③ 《云南省政概况》，云南省档案馆藏，档案号：106-1-1006。转引自李珪主编《云南近代经济史》，云南民族出版社1995年版，第433页。
④ 曹立瀛、温文华：《云南昆明市之皮革业》，1940年油印本。

第一,"实业救国"理念影响的结果。云南作为英、法侵略中国的前沿阵地,云南商人对其侵略行径极为不满。中法战争后,法国根据1878年签订的《中法续议商务专条》在蒙自县城东门外开辟租界,作为其殖民掠夺的据点;为了进一步扩大侵略规模,法国于1903年开始修建滇越铁路,源源不断地将云南资源运出。此外,英法殖民者还对云南丰富的矿产资源虎视眈眈,企图开矿权利。面对帝国主义的疯狂掠夺,"实业救国"的理念在云南商人中广泛流传。在"实业救国"理念的影响下,云南商人决心投资工矿企业,以挽救中国西南边疆危机。1903年,为了反对英法殖民者侵夺包括个旧在内的云南七府矿权,个旧锡商与官府合办"个旧厂官商有限公司"①,与英法开展竞争,最终成功保住了云南矿权。

第二,改变云南落后的经济面貌。1912—1923年的十年间,云南进口货值占全国进口总值的百分比在1.4%—2%之间,出口货值占全国出口总值在1.4%—3.4%之间②,可见云南经济在全国的地位极为落后。为了改变云南落后的经济面貌,云南商人选择了建设代表先进生产力水平的机器工业。"喜洲白族商人董澄农联合上海工程师施嘉干,创办了大成实业公司,下设多所采用机器生产的工厂。"③ 腾冲商帮茂恒商号为发展家乡云南的经济,克服重重困难在昆明建立起"云茂纺织厂"④,为云南的经济发展做贡献。

第三,拓展自身商业规模。首先,提高产品附加值。云南商人起初将黄丝、茶叶、棉纱、猪鬃等大宗产品作为初级原料出售,加上昂贵的运输成本,获利有限。为了获取更大的利润空间,商人开始注重将产品进行加工,增加其附加值,以实现资产增值。鹤庆商人杨穆之,为提高猪鬃的获利空间,从四川聘请数名技师、技工,在丽江组建了"华通猪

---

① 杨寿川:《云南矿业开发史》,社会科学文献出版社2014年版,第413—414页。
② 云南省通志馆:《续云南通志长编》下册,云南通志编纂委员会办公室,1986年,第573页。
③ 杨虹:《昆明大成实业公司简史》,《云南文史资料选辑》第29辑,云南人民出版社1986年版,第163—165页。
④ 古高荣、杨润苍:《茂恒商号及其云茂纺织厂始末》,《云南文史资料选辑》第42辑,云南人民出版社1993年版,第105—106页。

鬃厂"①，把猪鬃加工为工业产品运销昆明等地。在四川各地设立了大量缫丝厂，提高生丝的利润；在滇南创立制茶厂，提高茶叶品质。其次，实现资本快速增值，更多地促进商业发展。喜洲白族商人董澄农，投资组建云南钨锑公司，从经营钨矿出口中，实现了资本快速增值，也为大成实业公司提供了巨大资金来源。②建水商帮美兴和商号从投资开采锡矿发家，发展成为拥有遍布国内外40多个分号的商业集团。③再次，实现多元化经营。喜洲白族商帮永昌祥商号，横跨农工商三个产业，开展多元业务，以此来保障其在喜洲商帮的领先地位。开办农场种植木棉、茶树；开办缫丝厂、制茶厂、猪鬃加工厂；同时利用各地分号销售黄丝、棉花、茶叶、药材、猪鬃等大宗货物。④最后，力求实现工商联动。投资工矿生产可以保障商业稳定发展，弥勒商帮同庆丰商号以票号为主营业务，将白银投资或借贷给工业生产，既促进了工业规模的扩大，又拓展了商号的借贷业务。总之，无论是提高产品附加值、实现资本快速增值，还是实现多元化经营，都是为了扩大商业规模，获取更大的经济利益。

正是由于以上原因，近代云南本土商人践行"以商养工、以工促商"的理念，纷纷投资工矿业，不仅带动和促进了云南工矿业的发展，而且也为商业及其商人力量的壮大创造了条件，形成了工商互促、联动发展的局面。

二 "以商养工"：云南本土商人与近代云南工矿业的变迁

近代云南本土商人崛起后，立足于云南地处边疆的优势，纷纷从事对外贸易，并逐渐发展成为实力强劲的地域商帮和民族商帮。拥有雄厚

---

① 杨琏、杨璠：《振兴地方民族工商业的杨穆之》，《鹤庆文史资料》第4辑，1996年，第167页。
② 杨虹：《昆明大成实业公司简史》，《云南文史资料选辑》第29辑，云南人民出版社1986年版，第156页。
③ 白玉湘：《建水商号概况》，《建水县文史资料》第3辑，1992年，第117—119页。
④ 杨克成：《永昌祥简史》，《云南文史资料选辑》第9辑，云南人民出版社1965年版，第63—80页。

商业资本的云南商人，出于实业救国、发展云南地方经济，资产增值等目的，开始向产业资本转化，投资云南工矿业的建设。云南商人在工矿企业的原料来源、资金供应、技术引进、运输条件、品牌建设等多个方面，发挥了重要作用。除了开办工业企业外，商人还在经商途中积极推销工业品。在商人的努力下，带动了近代云南手工业、机器工业、矿业的进步。

（一）商人与近代云南手工业的发展

自云南开埠通商以来，大量廉价的外国轻工业品涌入，并占据了云南市场。洋货的盛行，给传统手工行业带来了毁灭性打击，迫使手工业不得不进行革新；而商人作为将新式原料、先进技术传播给手工业的中介者，为了自身的发展需要，选择将大量商业资本投入到成本相对较低的手工业生产中，而手工业的发展，又带动了其商业规模的扩大。为了清晰地了解云南商人投资经营手工业的概况，我们对近代云南主要商帮中的商号或商人经营手工业进行了粗略统计（表3-4）。

表3-4　　　云南主要商帮商号/商人经营手工业一览表

商帮	商号/商人	手工企业	首创时间	产品类型	所在位置
喜洲白族商帮	永昌祥	裕利丝厂	1919年	生丝	四川嘉定、叙府
		下关茶厂	1908年	茶叶	下关
		昆明茶厂	1943年	茶叶	昆明
		丽华猪鬃厂	1944年	猪鬃	喜洲
	锡庆祥	锡庆祥火柴厂	1927年	火柴	昆明
	复春和	复春和茶厂		茶叶	下关
	元茂春	元茂春茶庄	1939年	茶叶	下关
	源慎昌	昆明猪鬃厂	1948年	猪鬃	昆明
		昆明毛巾厂		丝棉	昆明
	天德祥	下关茶厂		茶叶	下关
	兴裕	下关茶厂		茶叶	下关

续表

商帮	商号/商人	手工企业	首创时间	产品类型	所在位置
鹤庆商帮	兴盛和	解丝厂		生丝	四川嘉定 云南富宁
		卷制烟手工工厂		卷烟	鹤庆
	福春恒	手工解丝厂18个	1918年	生丝	四川乐山、西昌、叙府等地
	杨穆之	华通猪鬃厂		猪鬃	丽江
		茶叶加工厂		茶叶	丽江
	张伯高	卷制烟手工工厂		卷烟	鹤庆
	庆正裕	协记猪鬃厂	1931年	猪鬃	昆明
		重庆猪鬃厂	1947年	猪鬃	重庆
		庆正裕解丝厂		生丝	四川
	恒盛公	勐海茶厂	1927年	茶叶	佛海
	庆昌和	织布机房		土布	鹤庆
	云丰祥 日兴德 恒通裕 怡和兴 鸿盛昌 文华号 锦兴公	解丝厂		生丝	四川嘉定
腾冲商帮	洪盛祥	洪记普茶厂	1930年	茶叶	佛海
		荣新制革厂	1927年	皮革	下关
	茂恒	益新火柴厂	1942年	火柴	下关
		茂恒下关茶厂	1936年	茶叶	下关
		茂恒黄丝厂	1936年	生丝	四川嘉定
		茂恒粉丝厂	1942年	粮食	下关
		缅甸扎花厂		棉花	缅甸谬萨
	张南冀	腾冲火柴厂	1921年	火柴	腾冲
	寸汉章	滇西火柴厂	1931年	火柴	腾冲
	杨伯恭	光明火柴厂		火柴	腾冲
	凯生祥	源兴瓷业有限公司	1930年	瓷器	腾冲

续表

商帮	商号/商人	手工企业	首创时间	产品类型	所在位置
大理商帮	宋光伯	利华火柴厂	1934年	火柴	大理
蒙个商帮	李沛阶	云南火柴厂		火柴	个旧
禄丰商帮	王怀庭	济兴火柴厂	1917年	火柴	下关
宣威商帮	陈时铨	宣威火腿股份有限公司	1909年	火腿	宣威
开远商帮	王锡臣	开远中南火柴厂	1920年	火柴	开远
永胜商帮	李余阶	恒星碗厂		陶瓷	永胜县
佛海商帮	周文卿	佛海茶叶联合贸易公司	1932年	茶叶	佛海县
丽江纳西族商帮	云华号	洗鬃厂	1947年	猪鬃	昆明
	宣记	制革皮鞋厂		皮革	丽江
	恒裕公	皮毛作坊	1912年	皮革	丽江大研镇
	福兴号	皮毛作坊	1916年	皮革	丽江大研镇
	和泽久	皮毛作坊	1904年	皮革	丽江大研镇
云龙商帮	杨云鹤	油漆化工坊	1944年	油桐	云龙县
不明	同庆公	洗鬃厂	1915年	猪鬃	昆明
	杨汉江	洗鬃厂	1937年	猪鬃	昆明

资料来源：《云南文史资料选辑》系列、《喜洲商帮》《鹤庆商帮》《腾冲商帮》《云南工业史》《腾冲历史上的商号》《云贵高原近代手工业研究（1851—1938）》、地方县志。

据表3-4，云南本土商人投资经营的手工企业集中在生丝、茶叶、猪鬃、火柴、卷烟、皮革的加工生产上。而生丝、茶叶、猪鬃又是云南商人进行对外贸易的大宗商品，表明了云南商人投资手工业是为了商号发展的需要。

生丝加工是云南商人投资最为集中的手工行业，开设了大量的缫丝、解丝厂。尽管大多商人将大量的缫丝厂设在了四川，但本书主要探讨商人与工矿业的关系，因此即使商人在四川投资设厂，仍然会促进云南商业的发展壮大。而云南商业的发展，又会有更多的资金投入云南本土工矿业生产建设中。鹤庆帮福春恒商号鉴于川丝产量丰富，适合解丝条件，且运到缅甸后价格仍低于日丝，于1918年在四川嘉定设立解丝厂。将生丝制成一磅装的狮球牌"洋纺"，在市场缅甸热销后，陆续又在成都、宜宾设厂，到1924年共设了18个解丝厂，年解丝5000箱、雇工多达6000人。① 除福春恒外，在第一次世界大战期间，鹤庆商帮的云丰祥、兴盛和、日兴德、恒通裕、怡和兴、鸿盛昌、文华号、锦兴公等商号相继在四川嘉定设解丝厂。②

茶叶自古以来是滇藏茶马古道的主角，为了提高茶叶品质与方便运输，参与激烈的市场竞争，商人了选择投资制茶厂。永昌祥在下关和昆明设立了制茶厂，创造了"永昌祥名牌沱茶"，热销四川、西藏等地。③ 茂恒商号将景谷所产的大山茶与凤庆、勐库的二水配茶，按比例配制出"松鹤牌名茶"④。为了缩短茶叶运输时间，加快资本周转，云南藏族商人马铸材、纳西族商人杨守其、鹤庆商人张相诚、腾冲商人董耀廷，联合开辟了从佛海，经缅甸、印度到达西藏拉萨的运茶路线，全程只需40多天⑤，极大地缩短运输时间。新茶路开辟后，恒盛公、洪盛祥，佛海商人周文卿等都在佛海开设制茶厂，将茶叶制成砖茶和饼茶，专销西藏。

了解到国际市场需求，云南商人闻风而动，建立洗鬃厂加工猪鬃。1915—1917年，同庆公商号在昆明投资设厂，王连清任经理，杨雨亭为管事，工人有40余名，制成熟鬃，运销广东、四川等地。1931—1937年，鹤庆帮庆正裕商号在昆明设立协记猪鬃厂，该厂以杨汉江为经理，丁大荣为管事，工人最多时达1000人。该厂在收购原料上，先借款给小

---

① 施次鲁：《福春恒的兴衰》，《云南文史资料选辑》第42辑，云南人民出版社1993年版，第54页。

② 解乐山：《庆正裕商号回忆录》，《云南文史资料选辑》第9辑，云南人民出版社1965年版，第32页。

③ 严湘成、杨虹：《永昌祥对外贸易略述》，《云南文史资料选辑》第42辑，云南人民出版社1993年版，第134页。

④ 古高荣、杨润苍：《茂恒商号及其云茂纺织厂始末》，《云南文史资料选辑》第42辑，云南人民出版社1993年版，第86页。

⑤ 马家奎：《回忆先父马铸材经营中印贸易》，《云南文史资料选辑》第42辑，云南人民出版社1993年版，第201页。

商贩，交货偿款，可做到原料、货利双收。① 鹤庆商人杨穆之从四川聘请数名技师、技工，在丽江组建了"华通猪鬃厂"，把猪鬃加工为工业产品，运销昆明等地。② 此外，喜洲帮的永昌祥、源慎昌商号，丽江帮的云华号商号都曾先后设立洗鬃厂。

火柴加工厂，是由于商人不满洋货控制云南市场，力求自主生产而开设。火柴由于生火、携带方便，市场需求旺盛。1921年腾冲商人张南甍，亲赴缅甸仰光学习火柴制造技术，并采办原料、机器回到腾冲设立腾冲火柴厂，生产象牌、佛牌火柴，运销滇缅边区各地。腾冲商人杨伯恭组织光明火柴厂，出售光明牌火柴，后因资金短缺而停业。1946年，茂恒商号毕习之，倡办益新火柴厂，制造白日牌火柴，在下关销售。③ 1920年，开远商人王锡臣在上海学成火柴制造技术，回开远开办中南火柴厂，成为开远第一家股份经营公司；个旧商人李沛阶也在个旧创立了云南火柴厂。④ 各地火柴厂的开办，打破了外商对火柴生产的垄断，商人在增加自身利益的同时，又维护了云南利权。

全面抗战爆发后，外烟价格日益昂贵，云南商人抓紧时机开办手工卷烟厂。鹤庆商人张伯高产的"赛外来"卷烟、兴盛和商号投资生产的"金人"卷烟⑤，在滇西市场上热销。

皮革加工规模较大的，有腾冲帮洪盛祥商号于1927年设立的荣新制革厂，工人最多达100余人，年产约6万斤⑥。丽江纳西族商帮宣记商号也设立了制革皮鞋厂；此外，恒裕公、福兴号、和泽久等丽江商号都设

---

① 李正邦：《云南猪鬃业发展概况》，《云南文史资料选辑》第42辑，云南人民出版社1993年版，第268页。

② 杨琔、杨璠：《振兴地方民族工商业的杨穆之》，《鹤庆文史资料》第4辑，1996年，第167页。

③ 张绍良、李典章：《滇西火柴工业简史》，《云南文史资料选辑》第18辑，云南人民出版社1983年版，第130—131页。

④ 熊元彬：《云贵高原近代手工业研究（1851—1938）》，博士学位论文，华中师范大学，2015年。

⑤ 阮光裕：《兴盛一时的手工卷烟业》，《鹤庆文史资料》第1辑，1993年，第178—180页。

⑥ 董晓京：《腾冲商帮》，云南人民出版社2013年版，第57页。

有皮毛作坊①。

织布业的技术革新，完全是在商人的带动下进行的。如鹤庆织土布的手工业者，就是在庆昌和商号的丁槐从四川请来技术工人，传授推广洋纱织布技术的条件下，逐渐掌握这项技术的。② 宣威商人将原料、技术供应给织户，使宣威织布风行全境，男女工计约千人，年出40余万匹布匹，销售于威宁及本地，每匹布匹宽尺余，长2.6丈，均值银1.9元。③ 土布业的技术革新，不久就传播推广到云南全境。洋纱手工织成的布比传统布匹具有厚实耐磨、价格低廉的优点，在市场上更为畅销。如表3-5，经过技术改良后，云南各地普遍盛行手工织布业。而云南各地手工织布业的兴盛，正是商人为织布业提供新材料、新技术以及积极开拓市场而实现的。

表3-5　民国时期云南主要手工纺织业的分布及发展规模

地区	组织方式、生产种类及产量规模
昆明市	手工织布工厂5家；手工业铺：织布业73家、成衣业272家、染业39家、帽业130家
腾冲县	城乡均有纺织，白布每年生产四五万匹、花布千余匹
宣威县	织布风行全境，购买法国纱用旧式木机织造，年出40余万匹；大小染坊20余家
大理县	织布，境内各村，北乡尤盛，年出产约百万匹；另有缎帽、靴鞋（用丝、毛、棉制造），年出十余万双
丘北县	土布，县境各处均有，无甚改良；亦有染业，近改用洋靛
楚雄县	手工业以布为突出，其中小改良布，日出约40余件，细大改良布，日出20余件；粗大改良布，日出10余件
马关县	土布，自改用洋纱织造，织机逐年增加，出品分头、二、三庄，年出约12万匹

资料来源：云南省通志馆《续云南通志长编》下册，云南省志编纂委员会办公室，1986年，第510—533页。

---

① 段松廷：《民国初期的丽江县实业概况》，《丽江文史资料》第6辑，1988年，第94—95页。
② 熊元正：《鹤庆土布小史》，《大理州文史资料》第2辑，1984年，第120页。
③ 陈其栋修、缪果章纂：《宣威县志稿》卷7《建设》，1934年铅印本，台北成文出版社1967年影印本，第687页。

商人所到之处，手工业技艺工人也跟着流动。商家还有意识地引进技艺工人，传播技术。"就以鹤庆来说，铸造、织布、缝纫、编织乃至于腌渍咸菜、制作糕点都受四川影响，明显带有四川特点。近代社会发端于商业，商人在某种意义上说是文明的传播者。"①商人在推动技术传播的同时，促进了云南手工业的进步。此外，商人将新材料、新工艺、新设备引入到传统手工业中，导致木器业、铁器业、造纸业、纺织业、针织业、陶瓷业、制糖业、酿酒业、皮革业、烟丝加工业等行业，都走上了半机械化生产道路。②

喜洲、鹤庆、腾冲等滇西商帮主要依靠腾越海关，进行对外贸易，与缅甸、印度市场紧密相连。由于东南亚、南亚地区的国家常年气候炎热，因此需要穿着舒适、易透气的丝织品，四川所产黄丝刚好满足条件。滇西商人的主要业务之一就是将黄丝运销缅甸，这从1902年到1937年黄丝历年出口平均占腾越海关出口总值的72.15%③可以看出。云南所产茶叶具有解油腻、促消化的特点，云南商人每年将大量茶叶供销西藏拉萨等地。为进一步扩大业务规模、增强市场竞争力，滇西的喜洲、鹤庆、腾冲三大商帮投资经营了大量的解丝厂、制茶厂。云南商号、商人投资解丝厂、制茶厂、猪鬃厂等手工企业，这些企业生产的产品又用于商号扩展对外贸易规模，实现商品的产销一体化，促成了云南商业与手工业的联动发展。

(二) 商人与近代云南机器工业的发展

近代云南商人由于商业资本规模有限，单独投资开办机器工业的较少，多数机器工业为集资开办，或投资经营官办企业，这是云南商业市场发展规模有限所决定的。如表3-6，我们以云南主要商帮的商号、商人经营手工业一览表，来了解云南商人兴办机器工业概况。

---

① 舒家骅：《鹤庆商帮资本发展纪略》，《大理市文史资料》第6辑，1997年，第64页。
② 马丽娟：《多型论：民族经济在云南》，云南人民出版社2012年版，第121页。
③ 张永帅：《空间视角下的近代云南口岸贸易研究（1889—1937）》，中国社会科学出版社2017年版，第170页。

表 3-6　　云南主要商帮商号/商人兴办机器工业一览表

商帮	商号/商人	工业企业	时间	类型	所在位置	资本额
喜洲商帮	永昌祥	振华织染厂	1938年	纺织	喜洲	10万
	复春和	喜洲水力发电股份有限公司	1946年	电力	喜洲	
	锡庆祥	大成实业公司	1940年	化工机械 食品加工	昆明	
	协丰号	酒精厂	1940年	化工	喜洲	
	永昌祥 锡庆祥	玉龙电力股份有限公司	1945年	电力	喜洲	5123万法币
鹤庆商帮	福春恒	福春恒面粉厂	1926年	食品加工	山东周村	
腾冲商帮	茂恒	云茂纺织厂	1945年	纺织	昆明	
	谢世南	光明火电厂	1946年	电力	腾冲	
建水商帮	蒋楦	云南模范工艺厂	1913年	机械制造	昆明	
蒙个商帮	顺成号	个碧铁路公司机械厂	1913年	机械制造	蒙自	
	杨美堂	美利印书馆	1921年	印刷	个旧	
弥勒商帮	天顺祥	耀龙电灯公司	1909年	电力	昆明	商股15万两，占总资产一半
宣威商帮	宣和火腿股份有限公司	宣和火腿罐头厂	1909年	食品加工	宣威	
	德和祥	德和祥罐头有限公司	1946年	食品加工	昆明	10万半开
昭通商帮	李耀廷	顺昌公司	1899年	石油	四川南充	
		烛川电灯公司	1907年	电力	重庆	
		潼川锦和丝厂	1909年	纺织	重庆	商办2万 官办10万
丽江商帮	赖敬庵 李达三	大华松香厂		化工	丽江	
墨江商帮	庚恩赐	亚细亚烟草公司		烟草	昆明	10万
河口商帮	建昌号	华昌电灯公司	1922年	电力	河口	16000元
佛海商帮	李拂一	佛海启明电灯公司	1929年	电力	佛海县	
		志安纺织厂		纺织	佛海县	

续表

商帮	商号/商人	工业企业	时间	类型	所在位置	资本额
不明	王襄臣	开智公司		印刷	昆明	
	祁咏春	崇文印书馆		印刷	昆明	
	陈天禄	云丰机器面粉股份有限公司	1910年	食品加工	昆明	

资料来源：《云南文史资料选辑》系列、《喜洲商帮》《鹤庆商帮》《腾冲商帮》《云南工业史》、地方县志。

据表3-6，云南商人投资机器工业类型集中在纺织、电力、机械制造、印刷、食品加工等几大行业。纺织、印刷、食品加工属于轻工业，电力、机械制造属于基础工业。可以说，云南商人投资基础工业与轻工业，为以后云南的工业化奠定了坚实的基础。

纺织工业中，以茂恒的云茂纺织厂规模最大。1940年，茂恒股东决定兴办实业，设立云茂纱厂，并将茂恒70%资金转入办厂，留30%在商业经营上。茂恒购买了英国布洛克纺织机械厂生产的纺纱机全部配套设备，于1944年8月开工生产，有职工150人，生产"金鹿牌"10支粗纱供应市场，后在1947年进一步扩大规模。[1] 云茂纺织厂是云南商人投资兴办工业中规模较大、具有代表性的民族企业。此外，较具代表的纺织企业还有：1938年永昌祥联合锡庆祥开办振华染织厂，从昆明买回10架铁织机和4架花线机，1939年正式生产，全厂职工40多人，年产1800多匹布[2]，销往滇西各地；滇东李耀廷于1909年在重庆合渝商王静海的永清祥丝厂，李耀廷出资2万两、赵资生1万两，借官款7万两，改设潼川锦和丝厂[3]；佛海商人李拂一开办志安纺织厂，还从印度购回纺织

---

[1] 古高荣、杨润苍：《茂恒商号及其云茂纺织厂始末》，《云南文史资料》第42辑，云南人民出版社1993年版，第103—104页。

[2] 朱家桢等调查整理：《大理县喜洲白族社会经济调查报告》，《白族社会历史调查（一）》，民族出版社2009年版，第41页。

[3] 贺以明：《西南工商巨擘李耀廷》，《昭通文史资料》第9辑，1995年，第7页。

机器①。

云南电力工业起步较早，与云南商人积极投资水电开发是分不开的。云南最早的电力企业石龙坝水电站——耀龙电灯公司，弥勒商人王炽和王筱斋父子是主要发起人和投资者，"光绪三十四年（1908），地方绅士王筱斋先生发起聚集官商股金三十万两创办耀龙电灯公司，计官商股份各一半，即官股十五万两，商股十五万两"②。石龙坝水电站从1910年7月到1912年4月建成，共耗资银元50余万，装机容量为480瓦，可供照明电灯6000余盏。该电站不仅是我省，也是我国修建的第一座水力发电站。③ 1922年，河口帮建昌号老板廖建南与昆明华安公司合资办"华昌电灯公司"，公司资金16000元，职工11人。④ 1929年，佛海商人李拂一出面，集资组成佛海启明电灯公司，从泰国曼谷购回整套电力设备，发电后供应佛海象山镇百多户人家，镇上沿途都有路灯。⑤ 1930年，严燮成与德国西门子公司协商，在下关西洱河建立水力发电厂，并请该公司工程师设计了图纸。经过10多年的努力，西洱河水力发电厂终于建成，于1945年成立了下关玉龙电力公司。⑥ 1946年，复春和等喜洲商号，合资组建"喜洲电力股份有限公司"，供当地照明，还附带开设了一个碾米厂。⑦ 此外，还有1914年的蒙自大光电灯公司、1916年的开远通明电灯公司的兴办，也都有地方商人参与，尽管商人在这些企业的投资较少。

"云南之有五金机械业，自清末之兵工厂始"，但长期没有得到发展，

---

① 李拂一：《佛海志安纺织厂纺织机的情况介绍》，《勐海文史资料》第2辑，1992年，第46—48页。

② 云南省通志馆：《续云南通志长编》下册，云南省志编纂委员会办公室，1986年，第339页。

③ 杨承景、杨树春：《我国最早修建的水电站——石龙坝水电站》，《昆明文史资料选辑》第20辑，1993年，第88页。

④ 黄日雄：《河口商办电灯旧话》，《河口文史资料》第1辑，1990年，第173页。

⑤ 刘献廷：《佛海启明电灯公司创建始末》，《勐海文史资料》第2辑，1992年，第42—45页。

⑥ 梁冠凡等调查整理：《下关工商业调查报告》，《白族社会历史调查（一）》，民族出版社2009年版，第170页。

⑦ 朱家桢等调查整理：《大理县喜洲白族社会经济调查报告》，《白族社会历史调查（一）》，民族出版社2009年版，第40页。

"后因公路完成，碾米业兴起，需要汽车修理和碾米机、切麦机之供给，乃有商办之工厂出现，小规模之修理工厂亦纷纷设立"。①1913年，建水商人蒋楦投资经营云南模范工艺厂②，在其经营管理下，该厂生产出的各种机械受到市场欢迎。同年，蒙个商帮顺成号投资经营的个碧石铁路公司在蒙自设立了机械厂，"容纳机器工匠较多，大小工人有一百数十之多"，③至抗战时期，云南已有机器制造厂数十家，其中商办较大的工厂有1920年成立的华安工厂，资本为国币5000元，出产各种铁器、抽水机、切面机、印刷机等。④尽管商人经营的机械制造工业规模一般较小，但仍不失为近代云南机器制造业的重要组成部分，为云南民众生产、生活的进步，提供了条件。

印刷工业由于投资成本相对较低，也成为云南商人发展实业的选择。王襄臣开设的开智公司，是昆明历史较为悠久的一家印刷厂，曾派工人到上海中华书局学习彩印技术三年，推动了云南印刷技术的改进。祈咏春开设的崇文印书馆，创设了照相铜版。⑤1921年，个旧商人杨美堂开设美利石印馆，先后购置石印手摇机、铅印圆盘机，采用铅制排印，省工省料。⑥

由于商号业务发展需要，食品加工业成了云南商人最乐于投资的机器工业。宣威商帮以经营火腿为大宗业务，但传统制作的火腿由于不便携带、表面肮脏等特点，市场销售有限。鉴于此，商人浦在廷于1909年，与陈时铨创办宣和火腿股份有限公司后，几次派人到日本学习罐头制作技术，并从美国购进机器设备，生产罐装火腿，日产罐头3000罐，年产10万罐，以"寿"牌商标行销国内外市场⑦，并带动了宣威境内上百家

---

① 张肖梅：《云南经济》，中国国民经济研究所，1942年，第030页。
② 瑶子：《云南近代实业家——蒋楦》，《建水县文史资料》第3辑，1992年，第50页。
③ 云南省通志馆：《续云南通志长编》下册，云南省志编纂委员会办公室，1986年，第530页。
④ 陈征平：《云南工业史》，云南大学出版社2007年版，第437—442页。
⑤ 缪以庄：《解放前昆明印刷业概况》，《云南文史资料选辑》第18辑，云南人民出版社1983年版，第136页。
⑥ 陈慕叔：《个旧的印刷业及地方小报》，《个旧市文史资料选辑》第4辑，1984年，第153页。
⑦ 中共宣威市史志办公室：《宣威市志》，云南人民出版社1999年版，第820页。

火腿商号的出现。1910年，商人陈天禄投资10万元，在昆明创办云丰机器面粉股份有限公司，生产面粉出售。① 1926年，腾冲帮福春恒商号在山东周村设立福春恒面粉厂，出品桃牌面粉，日产1000余袋，畅销胶济铁路沿线。② 商人开办面粉厂，结束了外商垄断云南面粉加工的局面，质优价廉的国产面粉受到了民众的喜爱。

云南商人投资开办的化工企业有：1940年，喜洲帮协丰号杨茂馨兄弟，在喜洲设立一座酒精厂，从昆明买回酒精塔，产量最高为日产80加仑③；丽江纳西族商人赖敬庵、李达三投资大华松香厂，从上海购进锅炉等设备，产品有松香、肥皂、松节油等④。其中，规模最大的当属大成实业公司，旗下设新成炼油厂，生产刹车油、机油、引擎油、汽缸油等多个种类；复兴亚水泥厂，年产500桶灰色亚水泥、30桶黄色亚水泥、70多桶红色亚水泥。此外，商办化工企业还有均益洋碱公司，主要产品为金钟牌白色方形洗衣皂，最高年产55000箱；大利实业造酸厂，最高年产49000公斤硫酸、2400公斤硝酸、12000公斤盐酸、2万公斤漂白粉。⑤ 虽然就整个云南化工业而言，商人资本只占很小一部分，但其毕竟也为云南化工工业赶上全国的步伐增添了动力。

烟草工业较重要者有墨江商人庾恩锡创办亚细亚烟草公司。庾恩锡将庾园全部房产抵押给富滇银行贷款10万元作为资本，从上海买来大型卷烟机二部、切烟机一部、压梗机一部、泡筒炒丝机一部、动力燃煤气机一座（马力30匹）、锅炉一座（马力70匹），还从上海雇来卷烟技师二人。⑥ 在庾恩锡等人的努力下，云南的机器烟草工业开始蓬勃发展起来。

喜洲帮董澄农开办的大成实业公司，是云南商办民族机器工业的佼佼者。董澄农深感洋货充斥市场，利权大量外溢，遂决定投资工业，挽

---

① 谢本书主编：《云南近代史》，云南人民出版社1993年版，第162页。
② 施次鲁：《福春恒的兴衰》，《云南文史资料选辑》第42辑，云南人民出版社1993年版，第54—55页。
③ 朱家桢等调查整理：《大理县喜洲白族社会经济调查报告》，《白族社会历史调查（一）》，民族出版社2009年版，第40—41页。
④ 赖敬庵、杨超然：《丽江工商业资料》，《丽江文史资料》第3辑，1985年，第85页。
⑤ 陈征平：《云南工业史》，云南大学出版社2007年版，第467—470页。
⑥ 陈征平：《云南工业史》，云南大学出版社2007年版，第526页。

回利权的同时也可保持长远发展。1940年，董澄农联合施嘉干，组建大成实业公司，资本总额450万。大成实业公司下设嘉农面粉厂、新成炼油厂、利工电石厂、复兴窑厂、联益修理厂、化工厂、肥皂厂、锯木厂、制钉厂、味精厂、制盐厂、煤球厂等大小十余个厂。① 董澄农在各厂间相互调节余额，以厂养厂，使大成实业集团一步步发展壮大。

（三）商人与近代云南矿业开发

云南地处高原，地质现象复杂，成矿条件优越，有色金属为全国之冠，被誉为"有色金属王国"。由于经济落后，云南矿业开发长期没能得到发展，一直采用传统的冶炼方式，投资成本不大；当时政府也没有对矿产进行严格统制，这给云南商人投资矿产开发提供了方便。因此，近代有不少云南商人投资矿业开发。

表3-7　　云南主要商帮商号/商人投资矿业一览表

商帮	商号/商人	矿业企业	时间	矿产种类	所在位置	资本额
喜洲商帮	永昌祥	个旧锡矿厂		锡矿	个旧	
	锡庆祥	云南钨锑公司	1933年	钨矿	昆明	私股60万 官股140万
腾冲商帮	洪盛祥	洪盛祥石磺有限公司	1910年	石磺	大理县	
	集义公司	沙喇箐铁厂		铁矿	腾冲	
玉溪商帮	李文山	鸿发昌矿号	1905年	锡矿	个旧	
石屏商帮	李恒升	天良硐尖	1910年	锡矿	个旧	
	吕秀秋	益兴炉号	1935年	锡矿	个旧	
	陈钧	旺硐尖	1922年	锡矿	个旧	
建水商帮	美兴和	旺硐尖	1929年	锡矿	个旧	
	马成	马成硐尖	1905年	锡矿	个旧	
	朱恒泰	朱恒泰炉房		锡矿	个旧	
	正顺昌	正顺昌炉号		锡矿	个旧	

---

① 杨用勋、杨润苍、何开明：《董澄农经营钨砂出口及创办大成实业公司的历程》，《云南文史资料选辑》第42辑，云南人民出版社1993年版，第148—153页。

续表

商帮	商号/商人	矿业企业	时间	矿产种类	所在位置	资本额
蒙个商帮	顺成号 泰来祥 东美和 豫顺隆 应天号 万盛昌	锡矿炉号		锡矿	个旧	
弥勒商帮	天顺祥	云南矿物公司	1887年	铜矿	昆明	
昭通商帮	马军民	乐马银厂	1891年	银矿	鲁甸县	
马关商帮	李廷海	麻姑金矿厂	1874年	金矿	马关	
文山商帮	张宝善富华有限公司	鑫隆山岔河边铁厂		铁矿	文山	
通海商帮	赵天觉	宝华山硐尖		锡矿	个旧	
易门商帮	褚月轩	盈泰铜矿公司	1926年	铜矿	易门县	
丽江商帮	达记	铜厂、银厂、石棉厂、云母厂、紫黄石厂、水晶厂		铜矿 银矿	丽江、中甸、德钦所在滇西北一带	
玉溪商帮	兴顺和	云南锡矿公司	1873年	锡矿	个旧	
		东川矿业公司		铜矿	东川	
不明	源裕昌	大草皮尖/源裕丰炉号		锡矿	个旧	
	力行锡矿	硐尖、草皮尖	1869年	锡矿	个旧	
	王夔生	个旧锡务股份有限公司	1905年	锡矿	个旧	商股76.9万，官股100万
	张法	开通区煤矿	1912年	煤矿	昆明	
	裕昌号	花打口、黄茅山锡矿	1913年	锡矿	个旧	
	成勋昌	锡矿采炼厂	1913年	锡矿	个旧	

资料来源：《云南文史资料选辑》系列、《喜洲商帮》《鹤庆商帮》《腾冲商帮》《云南工业史》《云南矿业开发史》、地方县志。

据表 3-7，云南商人投资经营的矿产，大部分集中在锡矿上，因为如此，在整个个旧锡业生产中，私矿所产大锡在总产量中占据 80%—90%，矿工达到六七万人①；其次，是东川等地的铜矿；还有少量投资金、银、铁、钨、石磺等矿产的开发与冶炼。

云南个旧锡矿的储量在世界上都位列前茅，由于当时的政府未对锡矿加以统制，吸引了大量的商人投资个旧锡矿的开采、冶炼。滇南地区建水、蒙个等商帮，由于地理优势，大量商号因从事锡矿的开采与外销而发家致富。著名的蒙自顺成号、泰来祥、东美和、豫顺隆、应天号、朱恒泰，正顺昌八家大商号，就是以经营大锡业务而闻名的。建水帮的美兴和商号，于 1929 年挖到旺硐尖，而迅速积累大量财富。建水商人马成开设的"马成硐尖"，成为个旧几所较大的商办矿产之一。②玉溪商人李文山开办"鸿发昌号"，雇佣工人近千人采炼锡矿，年产大锡几百吨，光绪三十一年（1905）前后在国内 13 个省均设有鸿发昌的分号。③通海商人赵天觉，也在个旧开采宝华山硐尖。石屏商人李恒升从光绪二十六年（1900）开始在个旧天马山开办硐尖，后来又在马拉格办天然硐尖，矿工达千人以上，是当时个旧最大的商办厂尖之一。④

据宣统三年（1911）的调查，商办的大小厂尖（锡矿）1200 余家，较大者有 40 个，矿工 10 万余人，但绝大多数是土法生产，只有极少数是部分使用机器。⑤ 1873 年，回族商帮兴顺和商号与石屏商人陈和庭，组建"云南锡务公司"，马启祥任总经理。该公司请来两名德国技术人员，改进挖掘、吊车、运道、冶炼技术，锡的成色大为提高。⑥ 1905 年，王燮生等锡商与省政府合办"个旧锡务股份有限公司"。该公司与德商礼和洋行订约购置洗砂、制炼、化验、机电、架空铁索等机械，并于 1913 年各项

---

① 云南历史研究所：《个旧锡业私矿调查》，1979 年，第 2 页。
② 杨寿川：《云南矿业开发史》，社会科学文献出版社 2014 年版，第 418 页。
③ 云南历史研究所：《个旧锡业私矿调查》，1979 年，第 9 页。
④ 云南历史研究所：《个旧锡业私矿调查》，1979 年，第 14 页。
⑤ 李珪主编：《云南近代经济史》，云南民族出版社 1995 年版，第 111 页。
⑥ 马伯良：《回族商号兴顺和》，《云南文史资料选辑》第 49 辑，云南人民出版社 1996 年版，第 209—210 页。

安装工程完工，正式从事新法开采。锡务公司由于采用新法生产，"其业务愈形发达矣"。①

滇越铁路修通后，个旧出口大锡仍需用骡马驮至滇越铁路碧色寨站，耗时耗力，成本高昂。为了改变此种状况，时任个旧商会会长的建水商人朱朝瑾，召集会议提出，厂商李文山、谢鲁斋、王镇东等大力支持，遂组织股东会，征收锡、砂、炭股为资金，成立个碧石铁路公司。②蒙自顺成号也投入大量资金，争取个碧石铁路绕道蒙自。个碧石铁路的修建，使得个旧锡矿可直接在矿区装运上车，直达越南海防，再转轮船运到香港，销往国际市场。除了修建铁路外，路南县商人每年向个旧、蒙自输送米58万石，油1.24万斤，猪2450头③，为矿业生产提供后勤服务。云南商人从事锡矿开采，引进机器、采用新法生产、修建个碧石铁路，推动了云南锡业迅猛发展，巩固了云南产锡大省的地位，并使得个旧锡矿闻名中外。

云南是主要的产铜大省，较大的铜矿区有东川、永北、易门三处。1887年，原云南巡抚唐炯督办矿务，主张完全商办开采，为了解决资金短缺问题，与天顺祥老板王炽联络，并委以重任，派其赴川、鄂、苏、浙各地召集商股。规定股息6厘，3年结算再分红利，皆凭摺向天顺祥支取④，成立官商合办的云南矿务公司。回族商帮兴顺和商号投资锡矿获利后，继续投资开采东川落雪铜矿，改建东川矿业公司，马启华任经理，"依公司条例，亦增招外股"，公司面貌一新，业务渐有起色。⑤1926年，易门商人储月轩开办盈泰铜矿公司，采炼沿用土法，其产品是粗铜。1927年，在永胜县开办了一个较大的米里铜厂，为商办性质，几年后生产规模扩大，年产净铜30余万斤。⑥云南商人通过官商合办或独资形式

---

① 苏汝江：《云南个旧锡业调查》，国立清华大学国情普查研究所，1942年，第26页。
② 建水县地方志编纂委员会：《建水县志》，中华书局1994年版，第761页。
③ 李珪主编：《云南近代经济史》，云南民族出版社1995年版，第54页。
④ 严仲平：《清代云南铜政考》，中华书局1948年版，第43页。
⑤ 马伯良：《回族商号兴顺和》，《云南文史资料选辑》第49辑，云南人民出版社1996年版，第210页。
⑥ 杨寿川：《云南矿业开发史》，社会科学文献出版社2014年版，第337页。

投资铜矿开发，且部分铜厂采用新法进行开采、冶炼，使铜的品质和产量都有了一定程度的提高，促进了铜矿生产的现代化。

钨矿开发方面，以喜洲白族商帮锡庆祥的董澄农为代表。董澄农偶然从在滇考察的德国矿业专家口中得知，个旧锡矿残渣含钨量极高。1936年，为了取得钨矿的专销权，董澄农拉拢龙云、卢汉、陆子安等省政府领导，组建了官商合办的"云南钨锑公司"，设于昆明。同年，设分公司于个旧卡房，开采个旧方面之钨矿，其资本为滇币100万元，董澄农任经理。经理之下，设矿务部和营业部，下有办事员若干，职员约16名。① 由于国内工业生产对钨的需求量不大，云南钨锑公司所产钨砂主要经香港出口，销往欧美市场。

大理县凤尾山有优质石磺资源，开始由官办，但销售途径不畅而改为商办。下关商会会长舒翼才认为凤尾山石磺是云南特产，且蕴藏丰富，应想办法外销，"若任其散漫滞塞，货弃于地，极为可惜"②。许多商号都想扩大石磺的销路，将石磺运往缅甸试销，可惜效果不大。董绍洪的三子董朝荣（字耀廷）受其父之命到下关负责分号之初，了解到石磺有杀菌除害、配油漆的功用，正适合缅甸、印度的炎热天气并且不需要什么特殊技术就能获利，于是开设"洪盛石磺有限公司"，并呈政府立案③，洪盛祥由此取得了石磺经营的垄断性地位。洪盛祥虽然垄断了石磺的产、运、销，但其发展过程并非一帆风顺，"最初六年，由于技术上之失败，产量低微，几至无利可言。后经一德国人指点，因得逐步发现旺矿，产量和运销均不断激增，且延续至20余年之久"④。

丽江商帮中，进行实业投资力度最大的要数达记商号的李达三。从20世纪30年代到40年代，他一共独资或与人合资经办的工矿企业约有11家。投资领域广泛，有铜厂、银厂、石棉厂、云母厂、水晶厂、紫黄

---

① 杨寿川：《云南矿业开发史》，社会科学文献出版社2014年版，第554页。
② 董彦臣：《凤尾山石磺业发展简况》，《云南文史资料选辑》第42辑，云南人民出版社1993年版，第319—320页。
③ 董平：《洪盛祥商号》，《腾冲历史上的商号》，云南民族出版社2016年版，第279页。
④ 董彦臣：《凤尾山石磺业发展简况》，《云南文史资料选辑》第42辑，云南人民出版社1993年版，第320页。

石厂、松香厂等,而且这些厂矿分布广泛,遍及丽江、永胜、中甸、德钦、贡山等县份①。

云南金、银,铁、煤矿分布范围广泛,各地也都有商人投资开采,但多为私人小规模开采。金矿方面,有马关商人李廷海于1874年开办麻姑金矿厂,采金销往昆明等地②;永胜与鹤庆之间的土塘金矿,包括下坪、上干及下干等若干淘金处,有独办矿主15家,每家资本二三百元,所雇工人最多时不超过200人③。银矿方面,有昭通商人马军民于1891年,在鲁甸开办乐马银厂。④铁矿方面,有文山商人张宝善,开办的鑫隆山岔河边铁厂⑤;腾冲帮集义公司,开设的沙喇箐铁厂⑥。煤矿方面,有张法于1912年在昆明开办的开通区煤矿,年产量为7000余万斤。⑦

云南各地域商帮对于近代云南手工业、机器工业、矿业的投资具有鲜明的区域性特点。滇西地区的喜洲、鹤庆、腾冲等商帮,由于与我国西藏以及南亚、东南亚等地区进行以生丝、茶叶、猪鬃、棉花、洋纱为大宗商品的对外贸易,因此更注重投资解丝厂、制茶厂、猪鬃厂、织布作坊等手工企业。滇南地区的建水、蒙个、石屏等商帮,因为主营大锡的出口业务,因此将大量的资金,投到大锡等矿产的开采、冶炼上。滇东地区的宣威商帮,为将宣威火腿推向国际市场,派人到日本学习制罐技术,购买美国的制罐机器设备,开办食品加工等机器工业。除了区域性特点,也有其共性。为发展工业,各地域商帮普遍投资电力工业,为工业发展提供动力。面对洋纱、洋布、洋机械的涌入,开办纺织厂、机械制造厂,以挽回利权。

---

① 周智生:《商人与近代中国西南边疆社会——以滇西北为中心》,中国社会科学出版社2006年版,第159—160页。
② 覃有录:《麻姑金矿始末》,《马关县文史资料》第2辑,1986年,第178—179页。
③ 曹立瀛、范金台:《云南迤西金沙江沿岸之沙金矿业简报》,转引自顾金龙、李培林主编《云南近代矿业档案史料选编(1890—1928)》,1987年,第586页。
④ 杨寿川:《云南矿业开发史》,社会科学文献出版社2014年版,第534页。
⑤ 杨寿川:《云南矿业开发史》,社会科学文献出版社2014年版,第534页。
⑥ 云南省档案馆、云南省经济研究所:《云南近代矿业档案史料选编》第3辑(下),1990年,第125—142页。
⑦ 云南省档案馆、云南省经济研究所:《云南近代矿业档案史料选编》第3辑(下),1990年,第212页。

(四) 商人与近代云南民族工艺品的发展

民族工艺品是民族文化的重要载体，记录了民族历史发展进程，包涵了民族的审美情趣、思维方式以及精神信仰等诸多方面。云南是一个多民族聚居区域，民族工艺品丰富多样而各具特色，民族工艺品自然也就成了各地商人运输与售卖的重要对象。为从中谋取更大的利益而开拓市场起见，各地商人尤其是民族商人或对民族工艺品进行积极推销与宣传，或直接投资于民族工艺品的生产，进行技术改良，无不促进了近代云南民族工艺品的发展。

鹤庆的传统手艺制品白绵纸，具有纸质好、纤维强、色泽白的特点，但是销售范围有限。鹤庆白族商人在外经商过程中，特别注意推销家乡的白绵纸，并得到当地民众的认可，打开了销售市场。20世纪40年代，鹤庆白绵纸的年销售价值为国币21万多元，成为该县的大宗手工业制品之一。白绵纸的销售范围，也随着鹤庆商帮的经营范围而扩大。除鹤庆本地坐商、行商在鹤、丽、剑、中、维、永等地运销外，产品大头则以鹤庆商帮为载体，沿着博南古道远销到下关、保山、腾冲、昆明、四川，以及缅甸等地。[①]

剑川白族木雕，是大理剑川地区的白族民众在长期的历史发展中，创造出的独具特色的民族手工艺品。大理白族商人通过向木雕作坊进行投资，亲身学习木雕技艺等方式，成为剑川木雕技艺与白族文化的主要传承者与弘扬者。白族商人在经商途中积极推销剑川木雕，既为木雕产品打开销售市场，又为自己的商号开拓一项重要业务。

丽江打铜业技艺向为精湛，纳西族商人顺着滇藏茶马古道，使丽江的各种铜制品充斥于商路各地市场。在"拉萨各大喇嘛寺以及昌都、中甸喇嘛寺里的铜制大水缸、铜佛、用具等大多数是丽江纳西族工人制造的"[②]。由于丽江铜制品深受市场欢迎，也成为纳西族商人在滇藏贸易中的大宗贩运品，纳西族商人在其中大获其利。

---

① 周智生：《商人与近代中国西南边疆社会——以滇西北为中心》，中国社会科学出版社2006年版，第157页。

② 杨毓才：《云南各民族经济发展史》，云南民族出版社1989年版，第472页。

制革业是云南回族经营较多，且世代经营的一种工业。近代昆明的金牛街，是有名的"臭皮街"，几十家制革业户中，回族占据了绝大部分①。回族皮革制品通过回族马帮"走夷方"广泛销售南洋各国。如原信昌商号所属的回族马帮常年行走在东南亚一带，专门在昆明收购兽皮加工成的熟皮②，在昆明至泰国的商道销售。

综上所述，笔者认为，各地商人立足利益的最大化与持续化，由商而工，对工业发展的关注与投资，无疑带动了近代云南工业的发展。换句话说，近代云南工业的发展是与云南地域商帮和本土商人的推广、投资分不开的。

三 "以工促商"：投资工矿业与近代云南本土商人的成长

近代云南商人对工矿业的关注与投资，在推动云南工矿业发展的同时，"以工促商"，当然也促进了自身的发展壮大。

（一）投资工矿企业与商业资本的快速增值

云南本土商人将商业资本投入到近代云南工矿企业中，而工矿企业所生产的产品，又进入其商号成为商品。企业生产过程中的剩余价值，加上质优价廉且供应稳定的商品销售利润，推动了近代云南商人的商业资本快速增值。

喜洲白族商帮永昌祥商号，其1919年的资本为54507银元，到1921年就达到了96655银元，短短两年的时间内，几乎翻了一番。③ 这与其1919年在四川嘉定开办的裕利丝厂密切相关。永昌祥商号的主营大宗业务就是通过腾越海关，将四川生丝运销缅甸、印度。1919年永昌祥在四川产丝地直接设厂缲丝，提高了生丝的附加值，获利颇丰，资本因此快速增加。董澄农开设的大成实业公司，据公司财会统计表可看出，该公司资本额从1940年的国币225万元，增至1945年的国币460万元，纯利

---

① 杨兆钧等主编：《云南回族史》，云南民族出版社1994年版，第261页。

② 马泽如：《云南原信昌商号经营概况》，《云南文史资料选辑》第16辑，云南人民出版社1982年版，第73页。

③ 杨克成：《永昌祥简史》，《云南文史资料选辑》第9辑，云南人民出版社1965年版，第59页。

润从1940年的国币18.7万元猛增至1945年的国币2.6亿元，当然这2.6亿元的纯利润也包含币值贬值的水分，但仍是令人吃惊的。① 五年间，获取令人惊叹的巨额利润，正是由于"1940年8月起，大成实业公司各厂相继投产，生产面粉、电石、各种液体燃料，机油和水泥供应市场，其产品供不应求，收益效果显著"②，董澄农将自己分得的利润，全部放入其所经营的锡庆祥商号中。

鹤庆商帮庆正裕商号，在1937年第三个账期时，本利为半开700多万元，到1940年周守正去世的账期结算，本利高达半开1400多万元。三四年的时间资产增值一倍③。资产的增值，主要得益于其开设的解丝厂、猪鬃厂，所产的生丝、猪鬃等货物出口所得外汇。

腾冲商帮洪盛祥商号，在1910—1933年，仅石磺销售一项，平均每年有高达70万银元的利润。④ 这项业务是洪盛祥于1910年，开办洪记石磺有限公司，开采下关凤尾山石磺销往缅甸、印度开始的。洪盛祥在一段时间内，垄断了石磺的开采与外销，因此能获得持续而高额的商业利润。茂恒商号在1928年，成立时资产仅为半开30万银元，到1941年结算，总资产达到3500万港币；按当时的汇兑比率，茂恒在14年间的资本积累高达100多倍。⑤ 快速增加的利润，与茂恒于1936年在四川设立解丝厂、在下关设立制茶厂、在缅甸设立扎花厂等工业投资所产生的剩余价值和商品附加值分不开。

建水商帮美兴和商号，于1929年在个旧开办锡矿炉号，从事大锡的开采、冶炼、外销。⑥ 后美兴和商号设法将大锡绕道香港，直航英国、美

---

① 杨用勋、杨润苍、何开明：《董澄农经营钨砂出口及创办大成实业公司的历程》，《云南文史资料选辑》第42辑，云南人民出版社1993年版，第153页。
② 杨虹：《昆明大成实业公司简史》，《云南文史资料选辑》第29辑，云南人民出版社1986年版，第163—166页。
③ 解乐三：《庆正裕商号回忆录》，《云南文史资料选辑》第42辑，云南人民出版社1993年版，第126—127页。
④ 黄槐荣：《洪盛祥商号概况》，《腾冲文史资料选辑》第3辑，1991年，第31页。
⑤ 古高荣、杨润苍：《茂恒商号及其云茂纺织厂始末》，《云南文史资料选辑》第42辑，云南人民出版社1993年版，第95页。
⑥ 赵谦庵口述：《美兴和商号经营史》，《云南文史资料选辑》第42辑，云南人民出版社1993年版，第192页。

国，获利巨大，如从1947年下半年到1949年年底的两年半时间里，其经营大锡的出口利润达到了一万两黄金。朱恒泰商号，凭借巨额的商业利润，于光绪末年修建了被誉为"滇南大观园"的建水朱家花园。朱恒泰商号之所以能够修建规模庞大的园林建筑，这与其经营大锡业务分不开。朱恒泰商号在个旧矿场挖到富矿后，接连买下了红荒洞、矿王洞和花扎口的矿坑，先后设立了朱恒泰、永发昌、盛昌、聚昌、天河、天成、祥和、春和、乾元、宝盈昌等炉号。[①] 正是从事锡矿的开采、冶炼为朱恒泰商号带来了源源不断的巨额财富。

石屏官商陈钧，1922年向汇理银行借债20万元，向富滇银行借债50万元，而不到3年时间，就获利500多万元，盖因其将所借款项"进而竭力扩展锡矿开采、冶炼，兼营洋纱、汇兑业务，于是事业大兴，获利五百万元。除支付新旧股息及借款外，尚有流动资金二百万元"[②]。很显然开采锡矿是其快速获利的主要因素。

宣威商人浦在廷，引进罐头制造技术，制造火腿罐头后，带动了以大有恒、义信诚、裕丰和为主，另加上百家中小火腿商号的出现。其中，宣威德和祥商号，在1948—1949年，一年多的时间积累资本半开20万银元。为了赶超浦式老牌火腿罐头，德和祥商号于1948年年初在昆明组建"德和食品罐头有限公司"[③]，通过精选原料，改进制作工艺，生产出质优价廉的火腿，公司声名鹊起，实现了资本的快速积累。

(二) 工矿业发展与近代云南商人对国际市场的开拓

商人投资通过工矿企业，提高出口商品的产量与附加值，适应了其进一步加大产品出口规模、获得更高利润的需求。同时，商人成功将工矿产品推向国际市场，促进了出口商品质量的提升、种类的增加与规模的扩大，越来越多的工业品成为出口商品，以往单一出口原料产品的局面随之被改变。

---

① 汪致敏：《朱家花园——滇南豪门的兴盛与隐退》，云南人民出版社2013年版，第31页。
② 石屏县志编纂委员会编：《石屏县志》，云南人民出版社1990年版，第737页。
③ 程茂绩：《昆明德和罐头早期发展历程》，《云南文史资料选辑》第49辑，云南人民出版社1996年版，第268页。

建水帮、蒙个帮等滇南商帮的主营业务是大锡开采。滇南商人大多依靠开采、贩运锡矿发家致富。早在开埠通商前，滇南商人就将个旧大锡，顺红河水运到越南，再转到香港。自滇越铁路通车后，锡矿出口量直线式上升，大锡成为国际热销品，吸引了大量商人参与投资。大量锡矿企业的设立，改进了锡矿开采技术，提高了锡矿的产量与质量；而锡矿产量与质量的提升，带动锡商的利润空间上涨，有助于锡商整体实力的增长。

个旧大锡一般经过香港出口伦敦或美国，而其中要由香港政府扣收货款25%的官价外汇，称为转口手续费。为了减轻锡矿出口负担，避开英国殖民者的重税，建水商帮美兴和商号，开辟了经澳门的出海路线，由于澳门无深水泊位，只好将大锡用小船分批运到停泊在深水处的大船上，直接运到西欧与北美各国。这样一来，出口大锡的纯利润可提升25%以上。① 这条路线的开辟，为个旧锡矿的出口减少了苛税的盘剥，增加了商人利润，促进锡矿出口规模的进一步扩大。

喜洲商帮锡庆祥的董澄农偶然从在滇考察的德国矿业专家口中得知，个旧锡矿残渣含钨量极高。于是立即赶往个旧进行考察，将锡矿残渣标本先后送到上海、南京、香港进行化验，结果是锡矿残渣含钨量高达70%以上。钨在重工业发展中具有重要作用，董澄农将其运销香港，正好满足国际市场需求。为了取得钨矿的专销权，董澄农与云南省政府合作组建了官商合办的"云南钨锑公司"，钨矿的大量出口，扩大了云南矿产的出口规模，也为董澄农开办大成实业公司，积累了大批资本。

腾冲商帮洪盛祥商号在缅甸、印度等地通过试销、出示化验证明、投资广告宣传等方式打开了石磺销售的国际市场。② 并邀请德国地矿专家戈登博士来石磺厂考察，戈登博士传授了开采石磺的新方法，并指出几处储量大的矿产，此后石磺销路大开，成为洪盛祥获利最多的业务，在1910—1933年，仅石磺销售一项，平均每年有高达70万银元的利润③。

---

① 赵谦庵口述：《美兴和商号经营史》，《云南文史资料选辑》第42辑，云南人民出版社1993年版，第192页。

② 黄槐荣：《洪盛祥商号概况》，《腾冲文史资料选辑》第3辑，1991年，第30页。

③ 黄槐荣：《洪盛祥商号概况》，《腾冲文史资料选辑》第3辑，1991年，第31页。

茂恒商号在缅甸的分号还深入缅甸乡村了解纺织户对十几种黄丝的评价，反馈给其在四川的解丝厂，以便在解丝时，按照缅甸纺织户喜爱的丝料进行加工整理①，由于了解缅甸市场的需求，按需生产，茂恒的生丝成本得以降低，销售量也大为增长。

猪鬃在云南开埠前，都是作为废品丢弃；开埠后，商人了解到猪鬃是一种天然的制刷原料，制成刷子用于上油漆和清理军械，在国际上很有市场。于是，云南商人纷纷收购猪鬃运往广东、缅甸销售；后为获得更多的利润，各地商人又有陆续开设工厂进行加工者，猪鬃数量随之增加，品质大为提高，出口日渐增多，成为云南大宗出口商品之一。

思茅开埠后，据海关报告可知其大宗贸易"因视花、茶二项以为准则"②，普洱茶成为思茅最主要的大宗出口商品。加上藏族商人马铸材、纳西族商人杨守其、鹤庆商人张相诚、腾冲商人董耀庭，联合开辟了从佛海出思茅关，经缅甸、印度到达西藏拉萨的运茶新路线③，吸引了大批商人到佛海开设制茶厂，制茶厂的大量出现，适应了商人扩大对西藏、缅甸、印度等地进行茶叶销售的需要，保障了云南茶叶出口市场稳定。

总之，商人投资工矿企业，能够提高出口商品的产量与附加值。解丝厂、制茶厂、猪鬃厂、纺织厂、食品加工厂、矿产冶炼厂的出现，无不适应了各地域商帮扩大出口规模以及开拓国际市场的需要。

（三）投资工矿业与云南商人市场竞争力的增强

光绪二十九年（1903），英法殖民者合办的隆兴公司企图夺取包括个旧在内的云南七府矿权。滇人愤起反对，乃经个旧官商集议，呈请云南矿物大臣唐炯、云贵总督丁振铎奏准，遂于光绪三十一年（1905）八月，成立政府与个旧锡商合办的"个旧厂官商有限公司"。1909年改为个旧锡

---

① 古高荣、杨润苍：《茂恒商号及其云茂纺织厂始末》，《云南文史资料选辑》第42辑，云南人民出版社1993年版，第84页。

② 《光绪二十七年思茅口华洋贸易情形论略》，中国第二历史档案馆、中国海关总署办公厅编：《中国海关旧史料（1859—1948）》第34册，京华出版社2001年版，第309页。

③ 马家奎：《回忆先父马铸材经营中印贸易》，《云南文史资料选辑》第42辑，云南人民出版社1993年版，第201页。

务股份有限公司，股本为官股 100 万，商股 76.95 万①，与外国洋行展开竞争，维护本地矿权，展现了商人强烈的民族责任心。

云茂纺织厂筹建初期，缅甸政府财政部门多次找茂恒驻缅经理王昭明商议，希望茂恒将厂建在缅甸，并提供原料、交通、厂址、劳务的方便；茂恒的部分股东也出于政治气候的考虑，提出将厂建在缅甸或香港；而王少岩、王昭明从爱国立场出发，在股东大会上说道："我们是中国的云南人，我们的厂应该设在国内的昆明。"② 强烈的爱国主义精神，促使茂恒将纺织厂建在家乡云南，为云南的工业发展做贡献，力图摆脱西方列强对云南的经济控制。

电石是基本的电化工业原料，在云南的工矿业中需求很大，而云南所消耗的电石均由法国经越南输入。为了挽回利权，抵制外货，喜洲商人董澄农筹建了利工电石厂。董澄农等人到上海购买生产设备，返程经新加坡到缅甸仰光，再经滇缅公路到达昆明，机器安装好后，生产走上正轨。③ 生产出的产品质量好于法国电石，且价格只有它的一半，逐步占据了云南市场。

道光初年，火柴就经过腾冲输入云南内地，不久就成为生活必需品。面对火柴生产长期被外商控制，云南商人决心进行自主生产。1917 年，盐兴商人王怀庭，在昆明学习制造火柴技术，来到下关集资创办济兴火柴厂。④ 之后，各地商人纷纷开办火柴厂，实现了自主生产，很快国产火柴在云南市场上占据了主导地位。

以上都充分说明，面对洋货横行的云南市场，云南本土商人意识到单纯依靠商业，无法与之竞争，而投资工矿企业，掌握自主生产技术，摆脱外商控制，既维护本土利权，又增强了其在市场上与洋商展开竞争

---

① 杨寿川：《云南矿业开发史》，社会科学文献出版社 2014 年版，第 413—414 页。
② 古高荣、杨润苍：《茂恒商号及其云茂纺织厂始末》，《云南文史资料选辑》第 42 辑，云南人民出版社 1993 年版，第 106 页。
③ 杨虹：《昆明大成实业公司简史》，《云南文史资料选辑》第 29 辑，云南人民出版社 1986 年版，第 161 页。
④ 张绍良、李典章：《滇西火柴工业简史》，《云南文史资料选辑》第 18 辑，云南人民出版社 1983 年版，第 129 页。

的能力。

（四）投资工矿业与云南地域商帮的多元化发展

揆诸史实，近代云南地域商帮，只进行商业投资的商号，往往容易受到市场变动的影响，一旦经营有误，一般都会负债甚至倒号；而工商兼顾的商号，则可相互补充，保障商号经营的长期稳定性。即相比于单纯经营商业贸易的商号来说，投资工矿企业的商号，则在很大程度上选择了一种更为多元、稳妥的发展模式。

典型者，如永昌祥商号，其开办农场种植木棉、茶树，自辟货物来源；开办缫丝厂、制茶厂、猪鬃厂、织染厂、锡矿厂进行实业生产，既可获得工业生产过程中的剩余价值，也可获得产品加工后的附加值。同时利用各地分号销售黄丝、棉花、茶叶、药材，猪鬃等大宗货物①，建立庞大的商业网络。不仅如此，其农场产出的茶叶、棉花用于制茶厂、染制厂进行加工制造；加工后的产品再经过商号销售到市场，从而实现产供销一体化。农、工、商协调发展、产供销一体化发展，是永昌祥在喜洲商帮长期保持领先地位的重要原因。如，回族商人马启祥开设的兴顺和商号与弥勒商人王炽的同庆丰商号利用其经营的票号业务，向个旧锡矿、东川铜矿等相关企业大力投资，并参与建设管理。投资工矿企业，既扩大了其贷款业务，又实现了商号跨产业的多元化经营，促进了商号的发展壮大。

综上所述，即：地处中国西南边疆民族地区的云南商人，面对困窘不堪的近代云南社会，出于实业救国，发展云南地方经济，实现资产增值等目的，投资经营工矿企业。云南商人从工矿企业的原料、资金、技术、产品运输、品牌建设以及市场销售方面，对近代云南手工业、机器工业、矿业的发展产生了重要影响；工矿企业生产过程中的剩余价值与产品销往市场的附加值，又进一步充实了商业资本，增强了商人团体的实力。从而呈现出"工商互促、联动发展"的局面，这种联动发展，是近代云南经济"正向"变迁的重要组成部分。

---

① 杨克成：《永昌祥简史》，《云南文史资料选辑》第9辑，云南人民出版社1965年版，第63—80页。

第三节 地域商帮与近代云南地方金融

金融稳定是经济社会发展的重要前提。20世纪20年代的世界性经济危机，就是从金融领域开始的。近代云南地域商帮或直接开展金融业务，如贷款、汇兑、跑换等业务，或投资参与官办银行和建立商办银行，或开设票号、典当、钱庄、银庄等活跃和保障地方金融，既利用金融手段以谋取发展，又参与举办和开展地方金融业务与活动，从而成为影响近代云南地方金融发展的一股重要力量。

一 地方汇兑业的开展

（一）"跑换"业的兴起①

"跑换"又称"跑荒""跑钱荒""化钱"等，是一种民间钱币兑换和"炒币"行业。即以大钱兑换小钱，以便零用，或以小钱兑换大钱，以便携带。从事"跑换"行业的人则从中吃"过手钱"，充当了货币兑换中介的角色。② 民国初期，云南各地市场上硬币与纸钞混杂流通，银行和钱庄又较少办理小额货币的兑换业务，而百姓日常交易小额货币兑换需求旺盛，从事跑换的商人由此兴起。

每逢街期，跑换的商贩们就在鹤庆仓门街中段就地摆摊设点，经营各种货币间的兑换业务③，汇兑业务的兴盛反映了大理地区商业的繁荣。在丽江，从事跑换业务中以女性居多，如当时丽江古城的大石桥上，从事跑换业务的几乎全是女性。俄国人顾彼得的回忆录中记载说："兑换经纪人到处都是，她们毫不例外都是妇女……如果你想要换钱，你就得去找面色红润的姑娘——潘金妹。"④ 女性从事商业，表明少数民族妇女具

---

① 此小节系在周智生《商人与近代中国西南边疆社会——以滇西北为中心》（中国社会科学出版社2006年版）相关内容（第132—133页）基础上略作修改而成。

② 苏豹君口述，常泽鸿整理：《抗战时期下关金融市场中的跑换》，《大理市文史资料》第5辑，1994年，第26页。

③ 中华人民共和国地方志丛书：《鹤庆县志》，云南人民出版社1991年版，第359页。

④ ［俄］顾彼得：《被遗忘的王国》，李茂春译，云南人民出版社1991年版，第127页。

有吃苦耐劳、聪明伶俐的特点；也彰显该地区商业的繁华程度。

滇西一带以下关为中心，凭借货物中转集散地的地理优势，"跑换"业非常火热。在民国时期从事过"跑换"的苏豹君先生回忆到："在从事'跑换'的人当中，大多数都是无业者。因为从事'跑换'不需要有什么大本钱，手中只要有十来元半开之数量的辅币就足够了。如果碰上数额较大的兑换，则可协请交往较深的经纪人兑付。"① 各地"跑换"业中，收取多少"过手钱"有约定成俗的规矩。如在下关，"一元半开可兑30枚镍币。然在'跑换'过程中，94文就可顶100文，叫做'九四钱'，即每兑换100枚镍币，'跑换'的人从中可得6枚的'过手钱'"②。

"跑换"业的出现，解决了人们在多元货币交易中的不便，为失业者和女商人带来一份谋生职业，保障了各地市场的持续繁荣。

（二）钱庄的兴起

云南商业发展滞后，因而作为货币兑换专门机构的钱庄出现较晚。随着蒙自、思茅等地开埠通商，云南地域商帮纷纷崛起，地方商业日渐兴盛，加上云南市场货币混乱，需要钱庄进行兑换，钱庄便于光绪末年在云南应运而生，省城昆明有同盛、源盛等七八家，办理银钱兑换业务。民国以后，有溥源、永和益，永丰银业几家较大钱庄开展存、放业务，其余的从事港币、越币的兑换。在一些交通比较方便、商业繁荣的州县，如大理、丽江、蒙自、文山也有小钱庄从事银元、银钱的兑换。

表3-8　　　　　　　　民国时期昆明主要钱庄一览表

庄名	负责人	成立时间	资本	庄址	业务概要
溥源	陆虎丞	1914年	银元4万	民生街西段	存、放、抵押、工贷
永益和	童××	1922年	银元10万	三牌坊北	存、放、抵押
兴源	熊源之	1928年	银元2万	金碧路	货币兑换

---

① 苏豹君口述，常泽鸿整理：《抗战时期下关金融市场的"跑换"》，《大理市文史资料》第5辑，1994年，第27页。
② 苏豹君口述，常泽鸿整理：《抗战时期下关金融市场的"跑换"》，《大理市文史资料》第5辑，1994年，第28页。

续表

庄名	负责人	成立时间	资本	庄址	业务概要
永福昌	余永泉	1928 年		威远街中段	货币兑换
永丰银业	黄子衡	1932 年	新币 40 万	四牌坊	存、放、汇、兑换
西南钱庄	王子青	1940 年	法币 3000 万	正义路	外币兑换、找补

资料来源：云南省地方志编纂委员会：《云南省志》卷13《金融志》，云南人民出版社1994年版，第97页。

由云南总商会设立的溥源钱庄，成立于民国三年（1914），资本 4 万银元，陆虎丞任总经理。主要经营存款、放款和抵押业务，也办理救济失业平民、小商贩和农民存贷款。放款以 10 吊（每吊制钱 1000 文）至 50 吊为限，按月推还，以借贷账，达数千户。溥源曾发行过钱票，有 500 文、1000 文、2000 文等面额。① 后因经营困难，连连亏折，放款难以收回，于 1923 年关门歇业。

钱庄的业务是存、放款和兑换银钱。据统计，清末昆明的钱庄加上换钱的铺子有 142 户，但大的储蓄钱庄只有一家，即成立于光绪二十七年（1901）的兴顺和，资金约 20 万两，经营汇兑、放款，兼营四川盐务、云南锡矿。存款白银约 40 万，放款白银约 60 万两。②

抗日战争初期，英镑、美元等外币进入云南市场。昆明又兴起大量钱庄，主要开展兑换外币、买卖金钞业务。后来国民政府实行战时管制政策，禁止私人买卖兑换货币，钱庄因此歇业。抗战结束后，昆明出现金源、宜丰两家钱庄，办理正规的存放汇业务，参加银行票据交换，开办没两年就结束业务。

（三）商号的汇兑业务

喜洲帮的金融业务，以代解官银和汇兑业务为主。为了解决库银、课款长途押运的麻烦，官府准许由各大商号代为汇解；同时如遇省城昆明拨饷紧急，也会通过下关商号，对大理的军政机关拨支军饷和行政费，

---

① 云南省地方志编纂委员会编：《云南省志》卷13《金融志》，云南人民出版社1994年版，第96页。

② 李珏主编：《云南近代经济史》，云南民族出版社1995年版，第189页。

这样一来，商号变成汇兑机关，几乎成了代理国库的国家银行。以永昌祥为例，维西县的解款，"每年不过几千两银子，如果要派团队护送到下关，要开支几百元，当维西县长的也只有千托万拜，请永昌祥汇解到下关，而在永昌祥却可以借此多采购十几驮黄连、贝母，既卖了人情，又赚了钱。因此，我父亲便和滇西一二十县的封建官僚结下了不解之缘"①。永昌祥的汇兑业务即发端于此，后来发展成为开发汇票，流通于其总号及各分号所在的商埠之间，历时久远。这种汇票，印刷精美，在市场上信用较高，实际上增加了永昌祥商业资本的活动能力。这项业务由于深受百姓信赖，一直维持到20世纪50年代，才最终停止。② 永昌祥代解官银和发行汇票，是互惠互利的行为，通过代解官银和发行汇票，可以从中抽取一定比例的报酬以此谋利。

　　鹤庆帮的福春恒为了加速资本周转，在重庆、武汉、上海、香港，缅甸各地遍设分号，专门负责调拨本号资金，并代其他商号办理申港汇兑；在云南本省各县分号，开展汇兑业务，便于小商贩和民众的汇款，也增加了资本的运用；在缅甸办理银矿华工的汇款业务和其他侨汇，既方便了华工也增加了资本周转。③ 其中，办理银矿华工汇款，即"缅境老银厂的劳工……他们所得的工资，需要汇回家乡，接济家用，但当时老银厂与内地没有银行可以通汇，福春恒就与老银厂工头梁金山接洽，凡是劳工汇款，都交给福春恒腊戌办事处，折为滇铸半开，开给汇票，交汇款人寄回家中"，由其家属向福春恒相关分号取款。而"此项劳工汇款和其他侨汇，每年约收汇卢比五六十万元，福春恒即作为在缅购货之用"，极大地便利了福春恒在缅业务的开展。④ 大商号兴盛和为了支付方便，经鹤庆州府允准印发了票面为一百文、五百文、一千文的制钱票，

---

① 杨克成：《永昌祥简史》，《云南文史资料选辑》第9辑，云南人民出版社1965年版，第83页。
② 杨克成：《永昌祥简史》，《云南文史资料选辑》第9辑，云南人民出版社1965年版，第89页。
③ 蒋万华：《福春恒的兴衰》，《云南文史资料选辑》第49辑，云南人民出版社1996年版，第88页。
④ 施次鲁：《福春恒的兴起发展及其衰落》，《云南文史资料选辑》第9辑，云南人民出版社1965年版，第12页。

叫"兴盛和票",凭票可向兴盛和兑换银钱,保证兑现,兴盛和俨然已成为州府的金库了。① 鹤庆帮各商号的汇兑业务,实际上承担了银行的部分职能,既方便了缅甸华侨和商贸往来,也使其从中获取了外汇储备和周转资本。

丽江在抗战前,市面上没有银行,钱庄等汇兑机构,官府的税款和库银乃至亩烟罚金,基本委托地方商号予以汇解,如宝兴祥、丽日升、仁和昌等,而且相互间形成密切的合作关系。即使到了1947年,丽江市面上已有多家银行机构的状况下,丽江县政府购买戒烟丸的款项,除部分委托矿业银行汇解外,其余也都由有传统业务往来关系的庆成商号如数汇解。② 商号与官府的密切合作,即能从中获得官府的支持,获取经营特权,也可从中获取一定的汇水。

天顺祥先后在省内的大理、保山、蒙自、个旧、东川、昭通、曲靖等经济条件较好的县设立分支机构,省外在北京、上海、成都、重庆、贵阳、汉口、南京、广州、香港等大中城市设立分号,并在越南海防派驻代表。在各地的分号将资金贷给商号,满足他们扩大经营的需求,形成辐射省内外的庞大金融网络,为云南商人来往各地经商提供了很大便利,也推动云南金融业的巨大进步。

天顺祥曾借款10万两给盐茶道唐炯改善川盐的生产,之后不仅收回本钱,还获得了川盐的包销权。光绪十一年(1885)中法战争之役,云南巡抚岑毓英曾向同庆丰、乾盛享、百川通商借巨额军费。同庆丰曾向岑毓英"借垫军饷60余万金"。为使部队方便携带,同庆丰印刷、发行临时银票,面额有10两、5两、3两、2两、1两。持票可在昆明、蒙自两地分号兑取现银。③ 将大量资金借贷给官府,从而结交军政要员,云南巡抚岑毓英保奏王炽捐赐四品道员职衔,恩赏荣禄大夫二品顶戴,诰封"三代一品",王炽成为清末唯一一个"一品"红顶商人。

---

① 舒家骅:《鹤庆商业资本发展纪略》,《大理文史资料》第6辑,1989年,第69页。

② 周智生:《商人与近代中国西南边疆社会——以滇西北为中心》,中国社会科学出版社2006年版,第135页。

③ 陈鹤峰:《王兴斋在清末经营的南帮票号 同庆丰天顺祥简史》,《云南文史资料选辑》第28辑,云南人民出版社1984年版,第148—151页。

天顺祥的业务除了存款、放款、汇兑业务以外，也承办各商行或私人往来汇兑和公差或上京应试者的汇款。其中储存、汇解官银为大宗，以各省调剂云南饷及云南上缴朝廷款项为大宗，年在数百万两以上，上自督府司道及藩库、盐粮、各署、各机关、善堂、书院，下至省会商行铺都在同庆丰存款，出入息差在5厘以上。①

玉溪帮回族商人马启祥，在五年内将兴顺和商铺的分号遍设全国18个省。在全国组成了一个滇省马记兴顺和号商业网络，开展票号汇兑业务。当时云南兴顺和票号，受政府委托负责办理全省、州、府、县应解交省藩司钱粮税课，并办理省内外公私汇兑。②

除以上各商号外，汇兑业务其实是云南各地商帮普遍经营的一项业务。其大多票号都在省内各地广设分号，编织起一张张金融网，将云南各地金融市场紧密联系在一起，促进了云南金融业的整体发展。

二 商办银行的兴起

抗日战争时期云南作为大后方，成为经济建设重心。在基础设施建设完善、人口成倍增长，各种优惠政策等条件下的云南经济发展进入飞速发展期。到抗战结束，云南经济发展有了长足的进步，此时为了各地商贸、生活的便利，云南省政府准备在各县设立商办银行。各县地方政府采取与商号合作形式，创办商业银行，发展地方金融。

抗战后期和解放战争时期，国民党滥发纸币，造成通货膨胀日益严重，各地金融市场秩序混乱。正如唐力行所说："任何一个商帮，如果没有自己的金融业，就难以造成一个贸易体系，就难以为长途贩运提供后援力量，就难以长期维持商业的繁荣。"③ 各地商人积极发展金融业，以保障商号的长期繁荣，参与创办各县银行。迤西帮、丽江帮等凭借雄厚的资本实力率先在大理、鹤庆、丽江等县成立商办银行。

---

① 云南省地方志编纂委员会：《云南省志》卷13《金融志》，云南人民出版社1994年版，第100页。

② 段金录、姚继德：《中国南方回族经济商贸资料选编》，云南民族出版社2002年版，第332页。

③ 唐力行：《商人与中国近世社会》，浙江人民出版社1994年版，第60页。

著名的喜洲帮所在的大理县银行于 1947 年正式开业。大理县商会积极发动各大商铺参与投资，大理地区商人也有发展金融业的意愿，共有 73 家商号参股出资，占到总出资人的 90% 以上。① 商股占总股本的比重为 50% 左右，由商人管理银行大小事务。大理县银行的业务范围，以收受汇款、汇兑、贷款为主要业务。

丽江县银行成立于 1945 年 3 月，其中大部分资本为商人所出。在银行的首届主要职员中，商股有长春盛商号习朴庵为董事长，占 120 股；赖敬庵，230 股；牛文伯，345 股；李达三，310 股；余伯平，100 股；共计 1105 股，占到总股本 1911 股的 57.82%②。商人不仅在银行占股较多，而且居于管理层的位置。丽江县银行以"调节地方金融而利民生"为宗旨，办理存款、放贷、汇兑、代理全县税款、收解各种款项等业务，如支付县属机关、保安队、警察局、武警队等员工工资，收付省立丽江中学伙食费、学杂费等。后来换届由牛文伯接管这家银行后，银行业务基本围绕牛文伯旗下的裕和春商号进行，如汇兑业务便主要通过裕春和商号及其在昆明、下关的分号办理。③ 商股占主导的丽江县银行，为商人发展金融业提供了巨大的平台；商人通过县银行参与金融调控，也为商号的长期发展提供了资金保障。

鹤庆县银行于 1946 年开业，总股本为 1000 股，公股、商股各募集半数。商股由县商会和本籍其他旅外商人共同募集，公股由地方政府拨给，不敷数再由 14 个乡、镇配募定额。但实际上县银行由 1946 年 4 月 19 日开业后不到一年，"商股便增至七成，公股仅占三成。实际上成为商人资本家控制的银行"，主营存取款和汇兑业务。根据市场需求，存款有定期（凭存单存取）、甲种活期（凭送金簿存入，用支票支取）和乙种活期（凭存折存取）三种。县银行还充分利用乡籍关系与昆明益华银行挂上

---

① 民国云南省建设厅档案：《大理县银行出资人名册》，（1946 年），云南省档案馆藏，卷宗号：106 - 4 - 1631。

② 周智生：《商人与近代中国西南边疆社会——以滇西北为中心》，中国社会科学出版社 2006 年版，第 138 页。

③ 丽江纳西族自治县志编纂委员会：《丽江纳西族自治县志》，云南人民出版社 2001 年版，第 434 页。

钩，凡设有益华银行分支机构的地方，相互间均可通汇或办理其他相关业务。①

其他各县商业银行的开办，采取与大理、丽江、鹤庆等县相同的模式。只不过由于各县商会、商号的实力强弱不同，所占商股数比重不一，在银行中所起的作用也不尽相同。如喜洲帮的永昌祥实力雄厚，投资国民党设立四大行，低息贷款，高价卖出，获利不少；董澄农在昆明商业银行、云南实业银行、工矿银行、兴文银行、劝业银行、永丰银行都有大笔投资，在近代云南银行业发展中产生了广泛影响；建水、蒙个帮筹建个碧铁路银行，东川、昭通商人投资矿业银行，则是适应地方经济社会发展需要和自身发展需要所作出的投资选择。

大量商人投资商业银行，极大地推动了云南金融业发展进程。抗日战争时期，云南商人有足够的实力与外省商帮进行金融竞争。抗战结束时，云南全省金融机构共计217个，占大后方19个省区的第二位。其中，总机构58个，分支机构159个，分别占大后方省区同类机构的第五位。其中，仅昆明市区就有银行、金库和银公司48个（包括办事处一级机构六个）。按性质区分，有官办银行13家，商办银行35家。商业银行中，以云南商人开办最多，为14家，其次四川帮13家，江浙帮7家，晋商1家。②

三 地方典当业的兴盛

典当业的经营模式一般为按借款人提供的质押品价值打折扣，贷放现款，定期收回本金和利息，到期不能赎取，质押品则由当铺没收，也有的典当可用不动产作质押品。云南典当业在清朝前期就有所发展，蒙自、思茅等地开埠通商后，云南地域商帮崛起，频繁的商贸往来，进一步促进了典当业的兴盛。清末，昆明市内先后开设的当铺有兴文、聚华、兴顺、悦来、长春、顺庆、天顺、永裕、瑞丰、长美、同盛、聚宝、协

---

① 田赋伟：《解放前我县信贷金融概况》，《鹤庆县文史资料》第1辑，1990年，第166—167页。

② 李珪主编：《云南近代经济史》，云南民族出版社1995年版，第558—559页。

盛、元顺等16家。大理、昭通、玉溪等地也都有典当和押号。①

表3-9　　　　　　　　清末昆明主要商会当户一览表

牌名	经理人	开设时间	职工数（人）	每月每两利息（分）	资本（银两）	当铺地址
兴文当	张廷梁	1889年4月	13	1.5	18000	昆明印家巷
聚华当	张聚华	1873年4月	8	1.5	18000	昆明五华坊
兴顺当	孔益兴	1911年5月	6	1.5	10800	昆明五华街
顺庆当	王顺庆	1905年3月	8	1.5	28800	昆明四牌坊

资料来源：云南省地方志编纂委员会：《云南省志》卷13《金融志》，云南人民出版社1994年版，第88—89页。

云南规模最大的当铺当属兴文当。兴文当成立于光绪十五年（1889）四月，属于官商合营，创办人是当时的盐法道汤小秋和商人王炽、吴永安、万徵衡等人。资本1.8万两，由盐法道拨银1.5万两，王炽、吴永安等商人各捐1500两。当时曾议定，该当利息，每两一分五厘收息，月终解交经正书院膏火钱100两，外交卷金8—9两不等。盈利规定分配以10股计，以7股归公，3股奖给司事人等。② 其中王炽除了投资兴文当外，还在昆明四牌坊开设自己的当铺——顺庆当。

云南规模较大的当铺一般都有明确的管理体系。以兴文当为例，管事（即经理）总领当务；下设"外缺"和"内缺"，外缺即营业员分为首柜、二柜、三柜、四柜，内缺即管理员分为管包、保管、出纳、会计；再往下有专门负责清票、写票、卷包、挂牌的伙计；最底层为学徒。从而形成分工明确、等级森严的管理制度。

当铺收当物品都要打折扣，金银按市价估八九折，其他物品按新旧估六七折。收进货物开给当票，当票编号以《千字文》的天、地、玄、黄……起头，每月用一个字，从开年月份起编与当铺流水账同一字号以

---

① 李珪主编：《云南近代经济史》，云南民族出版社1995年版，第179页。
② 云南省地方志编纂委员会：《云南省志》卷13《金融志》，云南人民出版社1994年版，第90页。

便查考。当铺的名称用隐语代替，当案上只见一些油、渍、滥、淡、坏、破、裂……的字样。当铺老板掌握着秘密代语簿册，如油指衣服、渍指绸缎、淡指金饰、坏指银饰。①

大多到当铺进行典当的是贫苦民众，原因各有不同，有的是想典当现银用作生意成本，从事商业贸易；也有部分是为了生计或还债而典当。当铺的抵押期一般是3—18月，到期无力赎取就会被没收，再将物品按市情行值出售。当铺老板会开设商铺，拍卖到期无力赎取的物品。典当业的兴盛，为商业发展所需资金的周转提供了便利，是社会相对落后条件下商业活动得到发展的重要表现。

四　银庄、兼销铺的兴盛

清末云南各地就出现一些商办银庄，其中边疆少数民族地区较为出名的，有德宏傣族干崖新成银庄。抗日战争初期，商办银庄多由从事兑换的钱庄改成。昆明有兴源银号、西南银号等几家，以汇兑银钱为主业，同时以较高利息吸取存款扩大经营。后因政府的金融管控政策，改银号为金店，市面上经营首饰加工，私下搞黄金、外汇的投机倒卖。②

德宏傣族干崖新成银庄，成立于光绪三十三年（1907），曾发行银票2万两，有1两、5两、10两三种面额。我们可以通过其章程来了解银庄的管理模式：

　　一、本庄为交易便利，仿内地各银钱庄行，使纸票用代实银实钱，既便携带，尤易计算。

　　二、本庄设总铺于德宏干崖城内，其他繁盛市场皆设分铺，凡用本庄纸票者，无论总铺、分铺，皆可照数兑取实银实钱。

　　三、本庄出入公平，童叟无欺。凡川银或钱来换票，及川票不取银或钱者，皆安实数交易，决不格外加减。其以银票折钱交易者，

---

① 云南省地方志编纂委员会：《云南省志》卷13《金融志》，云南人民出版社1994年版，第89页。

② 云南省地方志编纂委员会：《云南省志》卷13《金融志》，云南人民出版社1994年版，第99页。

则照市价以为准则。

四、本庄所出纸票,与以值钱为定额,皆有确实资本,经干崖土司承认担保。万一本庄有不幸事以致倒闭,可执票向该土司兑取银钱。

五、本票具有特别记号,最足以杜假冒而昭信用。凡行使本票者,须认明记号勿。①

从中我们看出,该银号经营范围广阔,在繁盛的市场皆设分号;可用川银、钱来换票,说明还将业务扩展到省外。使用特别记号,防止假冒,既可避免自身损失,也能保持金融市场稳定。具有规避风险的能力,有干崖土司做担保,说明该号有足够的资本实力,容易取得人们信任。边疆少数民族的银号发展,说明银号在云南各地金融市场都起过重要作用。

兼销业的主要业务是汇兑银两、代官府和商号加工销铸银锭,有些省份又称银炉业。最初只是销铸银锭,属手工加工业;光绪中期改称"兼销业""兼销铺",开展商业活动,兼营存、放款业务。

云南银锭种类丰富,数量可达一百六七十种。由本省兼销铺铸造的银锭,有长槽、方槽、元宝、母鸡锞、牌坊锭五大类,其中以牌坊锭最多。牌坊锭最早见于光绪初年,至光绪十年(1884)前后,其形状、成色、重量已基本统一。从锭上所刻的牌名来看,有100多家,大多是昆明的兼销铺。其次是槽银,由省内各州县铸造,锭上所刻牌号有140多家。② 从牌坊锭和槽银锭上所刻的牌名数量,可以看出兼销业在云南相当火热,并且兼销铺多达几百家。

昆明是全省银锭最为集中的地方。各大地域商帮都在昆明开展业务,需要银两周转;并且每年还有大量官银需要铸造。店铺的组织形式可分为两大类,大型的店铺有土炉两座,会雇佣工人十个左右;小型的只有

---

① 李珏主编:《云南近代经济史》,云南民族出版社1995年版,第189—190页。
② 云南省地方志编纂委员会:《云南省志》卷13《金融志》,云南人民出版社1994年版,第92页。

一座土炉,共五六个人,每个土炉可以熔银30—50两。昆明的兼销铺大多资金雄厚,比较著名的有:"朵万泰、丁福元、吴义顺、王源发、陈宝生、范熔丰、雷大有、陈同昌、陈熔茂、戴天源、陈天茂、任恒泰、曹德元、高云祥、王裕丰、雷庆源、朱裕源、曹宝聚、雷庆泰、陈鸿钧、周兴盛、钟永丰、张同昌等家。"① 后经兼销商选出,由政府批准的公估商有冯世有、童福盛、佘庆盛、周宝铨、陈元昌、段通宝六家。凡各铺铸成的牌坊锭必须送请公估验色审定,加印公估截记才能以公估银通用。此外,还有以兑换制钱为主的源盛、同盛等商铺。

兼销铺的业务开展,方便了商人经营的资本周转和民间的市场交易,促进了云南地方金融市场的兴盛。

第四节　地域商帮与近代云南市场的发展

近代云南地域商帮崛起后,在云南各地市场从事货物的转运销售,促成了云南统一市场的形成。一些小商走贩更是深入边疆少数民族地区,直接在当地开辟市场,扩展和推进了云南市场的发展。各大商号,一般以所在城市为总号,在云南各地遍设分号,以总号、分号形式将云南各地市场联系在一起。不少从事对外贸易的商帮,更是将云南市场融入了世界市场,成为世界市场的一部分。

一　商人推动各地市场兴盛

施坚雅指出:"中国的大经济区是由若干子地区的社会经济体系渐进合并而成的,子地区通常在河流或支流范围内发展,由孤立到融合,进而构成更大的体系,这一过程的每一步都受到有层次的自然地理结构所包括和制约。"② 受复杂的自然环境和多样的区域文化的长期制约,云南

---

① 云南省地方志编纂委员会:《云南省志》卷13《金融志》,云南人民出版社1994年版,第92页。
② [美]施坚雅:《中国封建社会晚期城市研究——施坚雅模式》,王旭等译,吉林教育出版社1991年版,第34页。

全省统一市场大致在清末才得以形成，并随各地商业的发展得到巩固。①云南本土商人的兴起和地域商帮的壮大，促进了各地市场的发展、各区域市场的融合，是云南全省统一市场形成和发展的重要原因。

昆明市场上，到1931年，有商号2412户，从业人员9769人，资本506万元，营业额1673万元。其中规模较大的有永昌祥、茂恒、福春恒等经营进出口货物，信诚、春影阁、大兴公司、和通公司等经营洋杂货，万来祥等经营西药②。

玉溪土布业向来发达，道光二十六年（1846）回族商人马佑龄在玉溪开设兴泰和商号经营棉纱、土布，积累了丰厚的资本，伴随玉溪土布市场的扩大，玉溪与周边地区贸易往来日益密切。民国初年，玉溪市场上较大的商号有元福昌、文兴祥、同兴利、宝臣号、兴茂号、忠信号、永顺祥等，以洋纱、布匹、茶叶、煤油、烟丝、蚕丝、盐巴为大宗商品，市场日趋繁荣。③

蒙自开埠通商后，蒙自市场迅速繁荣起来。个旧大锡运销必经蒙自，吸引国内外商人纷纷来到蒙自经商，城内商店鳞次栉比，客栈、马店林立，每天进出的驮马有四五千匹之多。在众多的商帮中，滇帮实力雄厚，以泰来祥、东美和、正顺昌、朱恒泰、豫顺隆、应天号、万盛昌、顺成号八大家商号闻名。各地商帮通过积极参与蒙自贸易，尤其是大锡贸易，发展壮大，而蒙自对外贸易的发展和蒙自市场的繁荣，特别是蒙自成为滇南、滇东南最重要的中转市场，又是各地商帮积极经营的结果。④

个旧市场上，到1931—1932年，先后出现锡矿业、米业、丝绸业、百货业、五金业、理发业、肉案业同业工会，共有会员864人。较大的商号有：万来祥、源福昌、万福昌、源怡昌、盛昌、元昌、进展商店、普

---

① 张永帅：《对外贸易与近代云南统一市场的形成及其空间结构》，《云南大学学报》（社会科学版）2019年第4期。

② 云南省地方志编纂委员会：《云南省志》卷14《商业志》，云南人民出版社1993年版，第448页。

③ 云南省地方志编纂委员会：《云南省志》卷14《商业志》，云南人民出版社1993年版，第480页。

④ 云南省地方志编纂委员会：《云南省志》卷14《商业志》，云南人民出版社1993年版，第493页。

文印刷社、康庄药房、光美园食馆等。

下关市场上，随着洋货的涌入，滇缅贸易不断扩大。下关各商帮转为以滇缅贸易为主，绝大多数大中商号均以洋货为主营。四川、临安、鹤庆、腾冲、昆明、喜洲等地的商人和大理地区一些官吏，纷纷在下关设号。到1900年，迤西帮商号不断增加，发展成喜洲、腾冲、鹤庆三大帮，光大商号就有七八十家，资本也由原来的几万两增加到几十万两。较著名的有喜洲帮的永昌祥、锡庆祥；鹤庆帮的兴盛和、福春恒；腾冲帮的洪盛祥、茂恒等商号。

保山市场，到1931年，有商会会员439户，其中坐商262户，并相继成立盐业、百货、杂货、药材等同业工会。坐商中较大的商户99家，其中保山帮45户，腾冲帮27户，大理、鹤庆帮18户，省外商户9户，腾冲、大理、鹤庆户数虽少，但资本和经营实力远超保山帮。大理、鹤庆帮商人以布匹、百货、土杂为主，面向国内市场；腾冲帮以花纱布为主，从事进出口贸易。如洪盛祥、天德昌、恒裕号、茂恒等商号其资本均在1000万银元左右，并在国内下关、昆明、重庆、拉萨、广州、上海、香港等地以及仰光、瓦城、腊戌、加尔各答设分支机构。

腾冲市场，到1937年，县城有商业行业18个，858户，从业人员2600人，摊贩600多户，从业人员600余人。国内中央、交通、农民银行，省内富滇、兴文、矿业银行都到腾冲设立分支机构。较大的商号有20多家，除本县的洪盛祥、茂恒、永茂和、元春号、生华昌、德兴隆等商号外，永昌祥、复协和、福春恒也来腾冲设立分号，其中拥有半开百万至数百万资金的就有数家。以开展进出口业务为主，进口的主要商品有花纱布、百货、珠宝、象牙、煤油等，出口的主要是黄丝、石磺、麻线、银条等。

地域商帮的兴盛，在各地市场的贸易活动，促进了各区域市场的繁荣。商人组成的商会下又细分为各同业共会，形成等级分明的庞大组织。各地市场不仅有本县地域商帮，也有大量外地商号分支机构，可见各地域商帮经营范围广阔。在各地商人的经营下，云南市场逐渐形成一个整体。

二 地域商帮与区域市场等级—分工体系的形成

地域商帮兴起之前,云南各地市场相对独立,彼此联系不紧密,商业活动一般仅限于邻近的几个小市场,规模小、商品种类少,市场辐射范围有限。地域商帮兴起以后,各大商号从事长距离的转运销售,将各地市场联系在一起,进而促使不同等级市场的产生,区域市场等级—分工体系由此形成。

这一体系,就市场等级来说,以昆明为中心的整体市场,向东北辐射曲靖、昭通;向南辐射蒙自、开远、石屏;向西辐射楚雄、大理、丽江等地区。其次是区域中心市场,如昭通、曲靖、玉溪、开远、蒙自、个旧、大理、丽江、腾冲等市场,以这些市场为中心,辐射周边各州县市场。最后是县级基层市场,一般以县城为中心,辐射本县内各乡镇市场。从市场的分工来看,滇东北地区形成以昭通为滇川黔的贸易中转站,四川、贵州的土特产品在这里交汇,运往昆明出口;进口的洋货到达昭通市场,再转运川、黔各地;滇西北以丽江为中心,经营川滇藏印贸易;滇西以大理为中心,从事川滇缅贸易;滇西南以思茅为中心,从事滇、缅、老贸易,以茶叶为大宗货物;滇东南以蒙自为中心,从事滇越贸易为主,还与两广贸易来往密切。

正如周智生所指出,"如果把云南滇西北市场体系比做一张紧密的大网,那么正是那些奔走于高山峡谷间,穿梭于村寨之中的各民族商人们,则像一只只不知疲倦的蜘蛛,将滇西北区域市场编织成了周密的商业体系"[①]。云南各地域商帮,为了获取商业利益,积极从事长距离的转运销售,为市场等级—分工体系的形成创造了条件。以滇西北为例,迤西三大帮为主的云南商人从中甸、维西收购来自藏区和当地的土特产品,销往丽江市场,由丽江市场运到下关,在下关市场分流各地;而川滇藏所需的各类物资,大宗的有茶、布匹、百货,由下关运往丽江,再由丽江商人运至各县基层市场,进而与藏、川商人交易。从而使丽江成为滇藏

---

① 周智生:《商人与近代中国西南边疆社会——以滇西北为中心》,中国社会科学出版社2006年版,第118页。

川三角交界的贸易中转站,"内控德钦、中甸、维西、怒江、永宁等内地市场,辐射川藏交界边区,而以下关为外连缅印、东接昆明的货物出纳之总汇"①。20世纪30年代,在丽江考察的王图瑞说丽江"虽说遥处边陲,却是鹤庆、剑川、维西、中甸、兰坪等县的一个中心区域……近年因为康藏及附近各地的出产物都屯聚到本县来,商务方面已有很可观的景象"②,说明在各地商人的经营下,丽江至迟在20世纪30年代已成为滇西北区域中心市场。抗日战争时期,丽江市场辐射能力进一步增强,成为西康省南部物资出口的重要中转站。1944年前后,"康区每年经丽江运出的虫草约五百五十余驮,贝母及支贝年在二千五百余驮,黄连五百余驮,秦艽六千余驮,大黄一万驮以上,麝香每年约出口八百余斤,猪苓一万五千余驮,黄金(沙金、瓜金)出口总数达五千余两,康人所购回之物,除大量烟土外,即系茶糖铜器"③。数量庞大的土特出口产品,反映了丽江作为集散中心地位的提升。不仅如此,基层市场与区域中心市场的联系也更加紧密了,如阿墩子和丽江的关系,李式金先生在1944年一篇文章中就这样写道:"假如我们把丽江比之西宁,则阿墩子正可比之湟源,因为湟源是西宁的前哨,而阿墩子之于丽江,何尝不可一样看待呢。"④

三 地域商帮与市场物资供应的日渐丰富

地域商帮兴起后,从事对外贸易经营,将大量的商品转运各地市场销售,使原本匮乏的市场物资日渐丰富。市场物资的丰富,刺激了消费需求,从而带动经济发展,也提高了当地民众的生活水平。

丽江在清乾隆年间,市场上的物资仍比较单一,"合市所陈稻粮、布帛居其半,余则食物薪蔬,无他淫巧也。日用常物,问世亦稀,惟荞糕

---

① 周智生:《商人与近代中国西南边疆社会——以滇西北为中心》,中国社会科学出版社2006年版,第117页。
② 王图瑞:《云南西北边地状况纪略》,《云南边地问题研究》(上),昆华民众教育馆1933年印行,第28页。
③ 黄举安:《滇康边区新形势》,《边疆通讯》第2卷(1944年)第1期。
④ 李式金:《云南阿墩子——一个汉藏贸易地》,《东方杂志》1944年第14卷第16号。

麦酒，入市者必醉饱乃归"①。自云南开埠通商后，商业日渐繁荣，各大地域商帮将物资运销丽江，市场上的商品可谓应接不暇，令人眼花缭乱。到1909年，丽江市场上除了供出口途经丽江的黄连、贝母等山货药材外，与民众日常生活直接相关的棉纱、粉丝、红糖、腌肉、粗茶、布匹等物资也比较充足。②抗战时期，丽江市场物资更为丰富，仅来自美、英、法、德、日等国外国商品就有自鸣钟、小刀、针、镜子、毛巾、香皂、化妆品、剃须刀、洋纱、染料、军用水壶、生产用具等，极大地方便了各民族人民的生活。

到1945年昭通市场上统计有，山货店246户，纱布店242户，百货店65户，盐业店52户，杂货店165户，成衣店56户，纺织机店1783户，饮食店47户；以客马店发展最快，达178户，其中客店64户。商业从业人员达3276人，其中女性348人。加工业以织布为特色。手工业作坊形成毛货街、毡匠街、铁匠街等。③

鹤庆地理位置优越，鹤庆帮将从藏区运往川、广、京、沪的日用百货和从缅甸、印度等国贩运而来的各种洋货，从普洱等地来的茶叶等也在鹤庆大量销售。因为大量物资过境和土布等本地物资大量集结外运，所以鹤庆的市场就显得兴盛活跃，由此吸引了邻近的永胜、剑川、丽江等地不少商贩前来赶街。永胜人运来辣子、草烟、生姜、花生；剑川人背来乔后、弥沙、拉井的井盐以及木器、格子门、铜银首饰。辣子、生姜、和盐是鹤庆人腌制火腿、腊肉、猪肝、鲊鱼、酱菜必不可少的原料。牛街、洱源、邓川等地的商贩则带来早熟的蔬菜（如青椒、茄子）和弓鱼、乳扇等进行交易。④

滇藏贸易上的维西县，由于商人过境频繁，市场上的物资供给也逐

---

① 管学宣、万咸燕修：《丽江府志略》卷7《建置略》，丽江县县志编委会办公室翻印，1991年，第55页。
② 周智生、李灿松：《滇西北商人》，云南人民出版社2013年版，第101页。
③ 云南省地方志编纂委员会：《云南省志》卷14《商业志》，云南人民出版社1993年版，第461页。
④ 熊元正：《清末至民国期间鹤庆集市与贸易概述》，《大理州文史资料》第6辑，1989年，第82页。

渐丰富。据 1934 年维西县输入输出调查表显示：当时维西县市场上除猪苓、茯苓、黄连、贝母等山货药材外，铁锅、铁器、铁三角、毛布、毛毯、毛袜、手巾、锡纸、烧酒、白盐、砂盐、洋杂货、冰糖、茶、纸张、绸缎等生活物资共计五十余种物品也有销售。①

仅从以上数例就可充分说明云南地域商帮的崛起，对外贸易的开展，一改昔日市场上物资短缺的情形，将国内外商品运销云南各地市场，使得各地市场物资供应日渐丰富。

四 为偏远山区提供基本物资保障

云南地形复杂，山高谷深、沟壑纵横。在一些偏远的民族山区，交通不便、商道不通，导致生活必需品都极度缺乏。因此，如果说在商业发展具备一定基础的地方，各地商品转输的频繁和规模的增加，更多的是丰富了这些地方的物资供应的话，大量商人将一些生活必需品带入偏远山区，与当地居民交换名贵药材等当地土产，则在一定程度上缓解了这些地方物资匮乏的窘境。

如贡山"民国初期，贡山商品经济极不发达，本地民族中没有一个商人。到了 30 年代末期，方有从内地来的一些商人，送来土布、盐巴、铁锅、针线等日用杂货，在当地民族中赊销，换取土特产品运回内地"。1940 年后，常住贡山的内地商人开始增多，他们"将运来的货物赊销给当地的小商贩，由这些小商贩直接同当地少数民族进行交易。由于这些小商贩有了货源，在销售中有利可图，乐意为大商人跑腿"，于是"在贡山一带的少数民族中初级商品交易便逐渐地兴旺起来"。②

怒江福贡一带的黄连质美价廉，成为各地商人竞相购买的大宗货物。20 世纪 30 年代，区域中心市场的黄连价格上涨，为了赚取差价，大量商人带着生活必需品在福贡市场上收购黄连，"当时黄连畅销，每年在上帕街集散的黄连均在万斤以上"，在"边疆的土特产品受到内地的欢迎"的

---

① 周智生：《商人与近代中国西南边疆社会——以滇西北为中心》，中国社会科学出版社 2006 年版，第 122 页。

② 李华：《民国时期贡山商品流通史况》，《怒江文史资料选辑》第 17 辑，1991 年，第 72—73 页。

同时,"内地的食盐、布匹和农具又是边疆兄弟民族生产生活上迫切需要的物资,交易每年不下半开十万元"。随之而来的则是人民生活的改善,"过去黄连每市斤半开五元,大理土布每件只半开一元五角,一斤黄连可换三件布,做两套衣服尚有余剩,所以有个时期老百姓几乎都穿上了棉布衣服"。① 外地商人,不仅开辟和发展当地市场,而且一度成为市场的垄断者,"从内地来此旨在进行商业投机的白、纳西与汉族商人,分布于广大的怒江地区。他们进行谋取暴利的投机买卖,甚至垄断了某些居民迫切需要的日用品如粮食、盐巴、布匹之类的商品,待价而沽"②。

中甸为滇康藏三省区商业交通要道,"故在清末民初,商贾辐辏,商品云集",1919年后受匪乱影响,商路不通,不少商人破产离去,"于是曩者之繁荣商场,顿成商旅裹足之荒地"③。于是,中甸的商业主导权转由地位崇高的喇嘛寺商人掌握,据载:民国时期,"中甸城的商人办货不是向喇嘛寺批发,就是向来往的马帮购货。所以喇嘛寺是中甸进出口货物的集散地,如酥油的出口就是先集中在喇嘛寺。铁及盐也只有喇嘛寺才大批的有。尤其是氆氇与毛毡城中没有卖,非到喇嘛寺买不可,就是鸡蛋也只有喇嘛寺才有。丽江商人若买酥油、山货只有到喇嘛寺去才能买到多数的"④。在各地商人积极经营下,"统计本县商人,每年可得盈利三万余元,平均各组民众,每人可得一元,至县属各民族中藏人最富有冒险性,汉回次之",使中甸商业逐渐恢复,"其贸易区为西康、西藏、印度、云南、川边,亦间有至港、沪、津、汉各大商埠者"⑤,"归化寺里交易物资丰富,在寺内什么东西都能买到,最多是英国货、印度货"⑥。

---

① 李世荣:《福贡市场史况与解放初期的民贸工作》,《怒江文史资料选辑》第 16 辑,1990 年,第 149 页。
② 《民族问题五种丛书》云南省编辑委员会编:《怒江社会历史调查》,云南人民出版社 1981 年版,第 93—94 页。
③ 中甸县志编纂委员会办公室编:《中甸县志资料汇编》(三),1991 年,第 173 页。
④ 云南省编辑组:《中央访问团第二分团云南民族情况汇集》(上),云南民族出版社 1986 年版,第 119 页。
⑤ 中甸县志编纂委员会办公室编:《中甸县志资料汇编》(三),1991 年,第 173 页。
⑥ 云南省编辑组:《中央访问团第二分团云南民族情况汇集》(上),云南民族出版社 1986 年版,第 108—144 页。

总之，云南地区各民族的经济联系，各民族生活必需品的供应，都是由风雨兼程、不畏艰险，四处奔波的各民族商人完成的。

五 商人与部分地方市场的产生、发展

清中期生活在滇西偏远山区的民族，由于生产力的落后和交通不便等多种原因，并未产生专门的集市。如生存于怒江高山峡谷间的独龙族、怒族及部分傈僳族虽有商品交换，但基本不进行市场贸易。直到1909年，六库土司才倡导开设了今泸水县境内的第一个集市六库街，而在今贡山独龙族怒族自治县和福贡县境内，终清之世，并无集市产生。① 开埠通商后，云南对外贸易快速发展，云南出口商品特别是名贵中药材和皮革等土特产品，在国内外的市场需求都很大，需要不断扩充货源；与此同时，部分商人也想通过在偏远山区开辟市场，扩大商品的销售范围。于是，在各地商人的努力经营下，原没有市场的一些地方开始产生定期交易的集市。如澜沧江峡谷地带的兰坪营盘街从无到有，在民国初年"街逢五日一市，四方商旅来者极众，怒子尤多。携黄连、贝母、茯苓、沙金、木耳、漆油、酥油、麻线等物到此交易，而古宗、么些亦不少，为澜沧江两岸之第一互市场"，怒江边的落木登也在民国初年形成定期集市"每年七月互市一次。怒、俅各种及澜、潞两江东西岸之人，并丽、鹤、剑、浪、中、维、云龙之山货商人会集于此……交易之货为麻布、漆油、黄连、冬虫夏草、贝母、木耳、香菌、白生、青皮、麻线、鹿茸、麝香、熊胆、蟒胆、虎豹皮、骨之类"②。

云南另有一类地区，虽有市场，但长期几乎不见发展，但随着外地客商大量涌入，市场很快得到发展。如维西，虽然集市出现较早，据说几百年前就已有了定期的集市"街子天"③，但发展缓慢，直到清末尚"无大集市"④，至民国时"外地客商如四川、大理、鹤庆、丽江牵牛车，

---

① 刘云明：《清代云南市场研究》，云南大学出版社1996年版，第44页。

② 李根源：《滇西兵要界图注抄》（下），方国瑜主编：《云南史料丛刊》第10卷，云南人民出版社2001年版，第811、802页。

③ 云南省编辑组：《纳西族社会历史调查（二）》，云南民族出版社1986年版，第16页。

④ 龙云、卢汉修，周钟岳、赵式铭等纂：《新纂云南通志》卷143《商业考一》，云南人民出版社2007年点校本，第7册，第89页。

远服贾，星罗棋布于各乡各村"①，至20世纪30年代末，维西保和镇"外地行商的大商人大大增多，从省内来说，仅喜洲来的就有100多人，鹤庆、丽江、中甸的也很多……据四川人刘云长回忆，最初到维西的商人不到100人，由于这里山货药材生意额高，好找钱，因而许多喜洲、四川、丽江、鹤庆的商人，纷纷落户于此地，开设铺号……原来商号只有永昌祥、春荣记、德春和、义兴昌，但在那几年里就发展为茂恒号（腾冲人）、冰记（丽江籍牛家）、仁和昌（丽江籍赖家）、玉兴昌（喜洲籍）、永春和（喜洲籍）、永易祥（鹤庆籍）、王盛文号（鹤庆籍）、玉丰昌（丽江籍）、利昌号（鹤庆籍）、胜兴号（鹤庆籍）、玉喜祥（本地）、三益祥（本地）、文盛昌（本地）等二十多个铺号设立起来"，商业因此发达，市场空前繁荣，"他们大都是运进茶叶、糖、盐巴、布匹、烟叶及日用百货，收购山货药材，输入和输出货物甚多"②。

偏远民族山区的新兴市场的开辟，成为云南区域市场的有机组成部分，无疑促进了近代云南市场体系的壮大。市场的增加与发展，既为商人的商贸活动提供了更大的空间，又便利了当地百姓的生产与生活，促进了当地的经济社会发展。

六　地域商帮与云南中转市场格局变化

近代地域商帮积极从事物资的转运销售，极大地改变了云南的地区中转市场格局。在1889年以前，有昆明、大理、思茅、昭通、通海、广西州等，这基本上是对近代以前云南地区中转市场的延续。但是，随着蒙自、思茅、腾越等口岸的开放，正如施坚雅所说"一个较高层次城镇的发展壮大，将导致其四周腹地较低等层次中心地的相对萎缩"③，其中一些中转市场失去了其原有的地位，除蒙自、思茅、腾冲因其开放优势市场中转功能突出外，一些地方因其区位优势得以发挥，成为新的中转市场。

---

① 《维西县志稿》，1932年年抄本，转引自周智生《商人与近代中国西南边疆社会——以滇西北为中心》，中国社会科学出版社2006年版，第114页。

② 云南省编辑组：《纳西族社会历史调查》（二），云南民族出版社1986年版，第17页。

③ ［美］施坚雅：《中国封建社会晚期城市研究——施坚雅模式》，王旭等译，吉林教育出版社1991年版，第34页。

在滇西，下关、丽江作为中转贸易市场的地位越显突出，导致剑川、中甸、鹤庆、大理等传统滇藏、滇川贸易市场地位下降。如大理自清末明初后，在下关市场迅速崛起的冲击下，就连作为其招牌大市的三月街也已是"渐觉萧条、近尤江河日下"①。而下关市场凭借其外连缅印、内控滇西，北上康藏，东接昆明的优越地理位置，招揽四方客商，其重要性日益突出："滇西外省外国之货，其来源分东西两路，东路货居十之七，西路货居十之三……两路之货皆集于下关分销各县，或转输他地。"②丽江市场的崛起，超越剑川、中甸、鹤庆市场在川滇康贸易中的地位，加上丽江优越的地理条件和人文优势，巩固了其作为中转站的地位。

昭通为滇东北之门户，向为滇东北地区商业中心，在近代得以延续。对此，《新纂云南通志》就说："商货来往，昭通地通川、滇、黔三省，滇货以洋纱、匹头为最盛，川货以盐为最盛。"③曲靖位于传统的南方丝绸之路上，自古商业发达。原本属于川滇缅贸易的一个重要节点，但从蒙自开埠和滇越铁路通车后，曲靖也成为滇越贸易的重要组成部分。再加上1933年滇黔公路修通，曲靖成为滇川、滇黔、滇越贸易的中转站，市场迅速繁荣。"到民国三十年曲靖成立新市场委员会，在北门外兴建新市场，并拓宽了北关街，是曲靖商业史上的重大发展。同年，沾益新市场委员会也在北门外火车站附近辟建新市场，龙华路北段商店、旅店、饭店、茶馆鳞次栉比，顿时热闹起来。"④曲靖市场发挥其贸易中转站的作用，成为滇东北的物资集散中心，为各路商人提供了方便。

如此一来，随着云南本省口岸的开放和长途贸易的发展，云南形成了这样的中转市场格局：滇西以下关、腾冲为商业中心，滇西北以丽江为商业中心，滇中以昆明为商业中心，滇南以思茅为商业中心，滇东南

---

① 张培爵修，周宗麟纂：《大理县志稿》卷3《建设部》，台北成文出版社1916年铅字重印本，第142页。

② 龙云、卢汉修，周钟岳、赵式铭等纂：《新纂云南通志》卷143《商业考一》，云南人民出版社2007年点校本，第7册，第89页。

③ 龙云、卢汉修，周钟岳、赵式铭等纂：《新纂云南通志》卷143《商业考一》，云南人民出版社2007年点校本，第7册，第90页。

④ 云南省地方志编纂委员会：《云南省志》卷14《商业志》，云南人民出版社1993年版，第474页。

以蒙自、个旧为商业中心，滇东北则以昭通、曲靖为商业中心。在这一中转市场格局中，各个口岸自因其为对外贸易之枢纽而显得重要，而像昭通、下关等区域中心城市，以其区位优势成为近代云南重要的中转市场。

在各地商人的努力下，区域中心市场，成为庞大的商品销售地和物资集散中心，加快了云南统一市场形成的步伐。《新纂云南通志》在论及云南省际贸易时说："云南省际贸易之途径，迤东一带与川黔交往频繁，而以昭通、曲靖为货物聚散之中心；迤南一带则与两广、上海交易，而以蒙自、个旧为货物聚散之中心；迤西一带与康藏发生交易，而以下关、丽江为货物聚散之中心；全省复以昆明为出纳之总枢纽。"①《新纂云南通志》记载的时间下限是1911年，这说明在此之前昆明应已成为全省的商业中心，全省统一市场已经形成了。

第五节 近代云南地域商帮与周边国家贸易圈的构筑

自云南开埠通商以来，地域商帮经营对外贸易不断扩张，与周边国家贸易往来更加密切。首先是滇港贸易，自1889年蒙自开关后，加强与中国香港的贸易，通过香港将云南出口的商品转运到世界各地销售，使云南市场成为世界市场的一部分。其次是与东南亚的商贸合作，通过滇缅、滇越以及云南和泰国、老挝、缅甸的贸易，构建起中国与东南亚的贸易圈。再次是滇印贸易，通过缅甸和西藏两条商道，开展与印度的商业贸易，特别是在抗战时期，大后方的物资供应主要从印度而来。由此，云南地域商帮将滇港贸易、云南与东南亚的贸易，滇印贸易紧密的联系为一个整体，构筑了中国—南亚—东南亚贸易圈。此外，分布于东南亚、南亚等地华侨商人，也为中国—南亚—东南亚贸易圈的形成做出了突出贡献。

---

① 龙云、卢汉修，周钟岳、赵式铭等纂：《新纂云南通志》卷144《商业考二》，云南人民出版社2007年点校本，第7册，第108页。

一　地域商帮与滇港贸易线的形成

香港被誉为世界三大天然良港，港阔水深，加上自由港的政策，香港成为了世界贸易的中转站。云南地域商帮经营对外贸易中，进出口货物的大部分都经过香港，滇港贸易成为云南地域商帮对外贸易的主要组成部分。

地处滇南的迤南商帮，主要以经营滇港贸易为生。蒙自的朱恒泰、顺成号、正顺昌、东美和、泰来祥、豫顺隆、应天号、万盛昌八大家商号，主要业务是将个旧运大锡到香港，再将棉纱、百货贩回滇南销售。除了大锡、棉纱等大宗货物外，滇南商人出口的货物有药材、猪鬃、茶叶、皮革、钨砂、桐油，进口的商品有煤油、棉花、纸烟、面粉、电石、水泥、机器、车辆等。通过香港的对外贸种类增多，涉及国家和地区也更为广阔。

永义昌商号，是回族商人张子义在1912年创办的。在顺城街设立店铺专营皮货生意，除牛羊皮外，还有狐皮、水獭皮、虎豹皮、獾皮等名贵皮毛。随着经营业务的发展，还在昭通设立分号，专门收购牛羊皮。由于业务进一步扩大，1930年前后在香港设立永义昌分号，经香港销往国外，成为云南牛羊皮经营的一大商号。[①]

云南地域商帮经营的进口商品，主要来自印度、越南、缅甸，以及我国香港地区。其中以香港为第一位，大体占进口货物值的60%；印度为第二位，大体占进口货物值的18%；越南为第三位，大体占进口贸易值的15%；缅甸为第四位，为7%—8%。产品出口地几乎为香港所包揽，约占90%强[②]，其次是缅甸和越南等周边国家。事实上，香港是欧美、日本等国的转口贸易港口。云南商人进口的商品，大多数是经由香港运来的欧美、日本等国的商品，出口货物也是经香港销往世界各地。

---

① 马维良：《云南回族的对外贸易》，《回族研究》1992年第2期。
② 董孟雄、郭亚非：《云南地区对外贸易史》，云南人民出版社1998年版，第281页。

表3-10　　　　1928—1930年蒙自关进口货物国别地区情况表[①]　　　单位：法郎

地区\类别\年份	1928 进口额	1928 占进口总额（%）	1929 进口额	1929 占进口总额（%）	1930 进口额	1930 占进口总额（%）
中国香港	208096908	73.34	233436236	79.03	272256311	80.02
美国	9804161	3.45	5307301	1.79	8255	0.002
荷领东印度	8223391	2.89	5358940	1.81	21347	0.006
日本	49572	0.01	148156	0.05	119748	0.03
中国内地	53475033	18.84	44426531	15.04	64241239	18.88
法国	692886	0.24	1425402	0.48	593890	0.17
欧洲各国	1865842	0.65	4277035	1.44	884804	0.26
其他	1504067	0.53	991924	0.33	2678146	0.78
合计	283711860	99.95	295371525	99.97	340209860	100.158

资料来源：云南省通志馆《续云南通志长编》下册，1986年，第587页。

表3-11　　　　1928—1930年蒙自关出口货物国别地区情况表[②]　　　单位：法郎

地区\类别\年份	1928 出口额	1928 占出口总额（%）	1929 出口额	1929 占出口总额（%）	1930 出口额	1930 占出口总额（%）
中国香港	28993118	68.55	163055802	93.89	128539877	92.09
法国	8179910	19.34	2904238	1.67	3061791	2.19
中国内地	1596479	3.77	3316934	1.91	3219084	2.3
川黔等转口	1560882	3.96	2442551	1.4	1655133	1.18
内地转口输	1175572	2.77	1641690	0.9	2770540	1.98
欧洲	786311	1.85	295260	0.17	328250	0.23
合计	42292282	100.24	173656495	98.04	139574695	99.97

资料来源：云南省通志馆《续云南通志长编》下册，1986年，第587页。

---

① 表中数据经计算有一定误差，原表如此。
② 表中数据经计算有一定误差，原表如此。

从以上的表格可以看出，在货物的进口额和出口额中，香港占据了绝对优势。在进口贸易额中，香港所占比值最大且有逐年上升的趋势；香港在出口贸易的比值也很大，除了1928年占68.55%外，1929年和1930年分别都拥有93.89%和92.09%的高比值。当然香港在蒙自关的进出口比值能占到如此之高，是因为其贸易中转站的优势，无论是进口还是出口商品，都须经过香港周转。由于货物的出口和进口地众多，香港方面也无法做详细统计，蒙自关只好将这些商品所在地记为香港。

滇港贸易中，进出云南的商品一般都经过越南，到达香港。在滇越铁路开通前，云南商人将大锡等货物，雇用马帮驮到蒙自海关办理手续，再驮到河口乘船沿红河顺流而下十几天时间到达越南河内，最后用船运至香港。进口的棉纱、棉布等货物按原路返回，返程中须顺红河逆流而上，往往需要耗费大量时间。到1910年滇越铁路全线通车后，即使从昆明到河内就只需三四天时间，大锡出口量得到猛增。形成了一个云南—越南—香港的小区域贸易圈。

二　地域商帮与云南—东南亚贸易圈的构建

中国与东南亚国家的通商历史悠久、源远流长。自明朝初期，官方有朝贡贸易，民间商人相互通商。云南与东南亚各国联系密切，与缅甸、老挝、越南比邻而居，与泰国、柬埔寨也相去不远。缅甸、越南是云南商人经营对外贸易的主要对象，云南与老挝、柬埔寨、泰国等邻国的贸易，也是中国与东南亚贸易圈的重要组成部分。

清末民初，与云南市场联系密切的是缅甸、老挝、越南等传统外贸区域。越南银元在云南市场广泛流通，且信誉度较高。以思茅为中转站的滇南通往老挝、泰国、柬埔寨诸国的贸易也有所扩展。当时，安南、暹罗、缅甸等商人均来此贸易，他们携来洋货、燕窝、鹿角、棉花，换回生丝、茶叶、铁器、草帽、黄金。[①]

（一）地域商帮开展滇缅贸易

滇缅贸易自古发达。著名的南方丝绸之路已有两千多年的历史，从

---

① 吴兴南：《历史上云南的对外贸易》，《云南社会科学》1998年第3期。

川、滇贩运丝绸、茶叶、瓷器经过滇西博南古道，销往缅甸、印度的云南商人长盛不衰。明王朝征服云南后，派遣大量汉人以军屯、民屯、商屯等形式迁居云南。大量汉人来到滇西地区，不少商人投身于滇缅贸易，加大了滇缅贸易的规模。到清中期由于人口不断繁殖，滇西出现人地关系紧张，不少云南人远走缅甸从事经商活动。据记载仅1855年经由八莫进行的滇缅贸易值就达55万英镑，由此可见双边贸易已经达到比较大的规模。①

1862年，首任英属缅甸专员亚瑟·潘尔访问上缅甸时，与敏同王达成协议，议定从中国输入英属缅甸的货物只须缴纳1%的进口税，而英属缅甸输往中国的商品一概免税。② 此项政策使得云南地域商帮有利可图，纷纷从事滇缅贸易。根据1897年签订的《滇缅界务商务续议附款》：宣布开辟滇缅陆路通商；对滇缅陆路进出口货物，规定自1894年起免征关税6年，以后则进口照一般税则减十分之三，出口减十分之四。③ 实际上，这项陆路边境减税办法，一直施行到1929年才废止，减税政策仍使得商人在滇缅贸易中有利可图。1902年腾越开关后，大量洋货涌入，大量地域商帮转向经营滇缅贸易，滇缅贸易进入了发展繁荣期。

从事滇缅贸易以迤西三大帮最为著名。在出口的商品中，以黄丝、药材、丝织品为大宗，同时包括生活用品、土布、土纸、土锅、山货土产，等等；自缅甸进口的大宗商品为棉花、棉纱、布匹及珠宝玉石、象牙、琥珀、海产品等。

大商号永昌祥，在1912年就派严子兴到缅甸的瓦城设立了分号，开始直接介入滇缅贸易。到滇缅公路通车后，永昌祥为加强与缅甸的业务，1939年派杨俊成设立腊戌分号；1940年派杨卓然负责仰光分号；严明成负责瓦城分号，全面开展滇缅贸易。锡庆祥的董澄农在缅甸瓦城、香港、腾冲等地设立分号，主要做棉花、纱、茶、药材、皮革、金银等生意。富春和商号的尹聘三，在瓦城、腊戌、武汉等地设立分号；其进出口贸

---

① 王绳祖：《中英关系史论丛》，人民出版社1981年版，第72页。
② 贺圣达：《缅甸史》，人民出版社1992年版，第499页。
③ 戴鞍钢：《近代中国西部内陆边疆通商口岸论析》，《复旦学报》（社会科学版）2005年第4期。

易,由印度、缅甸将棉纱、纸烟、染料及各种百货运销滇、川各地,并做外汇交易,又将金银、黄丝大量运销缅、印等国。①

兴盛和商号,由鹤庆人舒金和、舒卓然、舒程远等族人于光绪年间合建而成,总号先设鹤庆,后迁于下关,并于四川建昌、叙府、雅安、嘉定、成都、会理以及本省昆明、腾越、永昌等地设立分号,还在缅甸曼德勒建有商品销售点。光绪末年兴盛和一分为六,兴盛怡和兴、鸿盛昌、义通祥、联兴昌、恒通裕及日新德鼎足而立之势。分立后的商号,除联兴昌外,其余各家仍以川滇缅贸易为主,其主要营销业务包括采购川丝出口,进口缅甸棉花、棉纱、棉布、印度绸缎。②

大商号福春恒,于1876年由腾越总兵蒋宗汉和当地商人明树功、董益三合伙创办。该号曾在瓦城、昆明、蒙化、鹤庆、镇南、昭通、弥渡等地先后设立购销机构。号务以经营粉丝、乳扇、弓鱼、核桃、火腿等土特产品出口和缅甸棉花、棉纱、布匹进口为主。③ 此外,庆正裕商号也是以川丝出口为大宗,转销缅甸和印度。

三成号由腾越和顺人李茂林、李茂、蔺自新于道光初年创立。总号创立后,又在缅甸曼德勒、八莫、密支那、国内的保山、下关、昆明设立栈号。三成号专营黄丝、丝绸织品的出口以及棉花、玉石的进口贸易。④

永茂和商号,1850年前后,由腾越商人李永茂创立于缅甸。商号创立初期,先在缅甸抹谷设坐店,后于1897年建总号于曼德勒,并在缅甸开设8个分号。随后又在国内腾越设立分号,于永昌、下关、昆明以及上海、香港设立分号,从而沟通了从缅甸仰光到云南昆明、上海、香港之间的商业贸易。经营的业务主要包括:"生丝、紫胶、牛皮、棉花、棉

---

① 薛祖军:《喜洲商帮》,云南人民出版社2013年版,第227—231页。
② 舒自志:《博南古道上的鹤庆舒姓商号》,《云南文史资料选辑》第42辑,云南人民出版社1993年版,第232—234页。
③ 施次鲁:《福春恒的兴衰》,《云南文史资料选辑》第42辑,云南人民出版社1993年版,第46—55页。
④ 伊文和:《云南最古老的华侨商号——"三成号"》,《云南文史资料选辑》第42辑,云南人民出版社1993年版,第227—229页。

纱、茶叶、大米、木材、食盐、水火油、烟、酒、白银、汇兑。"①

侨居缅甸的云南华侨对滇缅贸易添加了强大动力。这些华侨商人与云南地域商帮建立了密切的商业联系。或自己在国内开设商号，如著名的腾冲帮大商号永茂和就是缅甸华侨开设，或与地域商帮合伙组成商号。清末民国年间建成的茂恒、福春恒、万通、信记、华裕昌、永茂和、广义、协树昌、万春、洪盛祥、天顺昌、复协和、兴盛和、宏兴沅、恒盛公等大商号都与缅甸云南侨商有着紧密的商务联系。在缅甸世代经商的云南华侨商人出于强烈的爱国之心，将云南的土特产品在缅甸进行推广销售，也将缅甸市场上的西方工业品运回国内，造福云南民众。在缅华侨经营的进出口贸易中，对内地所产的黄丝、牛皮、茶叶、名贵药材等货物大量收购，也将云南所需的棉花、棉纱、日用百货、轻工业品等源源不断地运回国内。

云南地域商帮通过腾越和思茅两个关口经营对缅贸易，以腾冲为节点，经半个月左右到达缅北八莫，再由八莫乘火车经过1—2天时间到达瓦城、仰光等地；以思茅为节点，据光绪二十三年（1897）海关报告，自仰光到思茅有两条贸易路线，即景栋南路、景栋西路，两路在景栋会合。景栋南路：由仰光乘船1日到毛淡棉，毛淡棉乘江轮1日到巴安，巴安陆行15日到景迈，景迈陆行15日到景栋，景栋到思茅陆路16日，全程48日；景栋西路：由仰光乘火车1日到瓦城，瓦城路行25日到景栋，景栋路行16日到思茅，全程42日。②

（二）地域商帮经营滇越贸易

越南与云南接壤，水运交通便利，滇越贸易得以长盛不衰。明朝初期，中越间就开展了朝贡贸易，民间商业往来也很频繁。晚清时期，法国占领越南，并加紧侵略云南、广西等地。清王朝不败而败与法国签订了丧权辱国的条约。根据1887年《中法续议商务专条》规定：法国商品经上述口岸运入中国者，其税额较沿海商埠的商埠的征税额减少十分之

---

① 李境天：《永茂和商号经营缅甸贸易简史》，《云南文史资料选辑》第42辑，云南人民出版社1993年版，第66—75页。

② 万湘澄：《云南对外贸易概观》，新云南丛书社1946年版，第23—26页。

三，由中国运出土货往越南，减税十分之四①，减税政策吸引了大批地域商帮从事滇越贸易。1889年蒙自开埠，大量洋货涌入滇南地区，个旧锡矿也被大量运往越南转运香港。1910年滇越铁路全线通车，云南有了第一条铁路，加速了滇越铁路的繁荣。滇越铁路的开通，极大地缩短了商品的运输时间，进出口商品量呈十倍、百倍增长。

从蒙自、河阳隘有两条重要的商道通往安南，红河成为重要的国际航道，滇川商人携带丝绸织品、山货土产由这一通道进入安南交易，换回海产和香料。不少安南商人也循此通道进入云南到川滇等地采购黄丝、名贵药材等。滇越贸易分为直接贸易和过境贸易，传统的山货土产、边民互市多为直接贸易，而大锡、黄铜、钨锑等矿产多为转口贸易，故有所谓"滇南所产铜、铅、铁、锡、鸦片烟，取道红河出洋；各项洋货，又取红河入滇，愈行愈热，已成通衢"之说。② 越南便成为一个重要的中转站，地域商帮出口的货物，可自越南到达香港、南洋各国以及欧美各国。

建水帮以朱辅开设的朱恒泰商号和孙海航的正顺昌商号最为出名，两家分别在建水城内修建了"朱家花园"和"孙家花园"。他们都是到个旧开采锡矿发家致富，积累一定资本后从事棉纱、棉布、大锡、铜矿，猪鬃等大宗进出口贸易。两家商号的总部都设在蒙自县城，还在香港、昆明、个旧、建水等地设有分号，他们将大锡、茶叶、皮革、猪鬃、火腿等运至到越南，少部分在越南市场出售，其余全运往香港销往世界各地；再购回棉纱、百货到越南海防，由滇越铁路运回滇南各地销售。

蒙个帮的顺成号，于光绪二十三年（1897）由周柏斋、周厉斋兄弟主持，成为蒙个帮的领头羊。顺成号的主营业务是将大锡、猪鬃、茶叶出蒙自关运往越南再转运香港销售，购回棉纱、棉布、白银、机械设备等运到越南，乘火车回到国内。

原信昌商号为通海大中村马同惠、马同桂、马子原、马泽如等人开

---

① 戴鞍钢：《近代中国西部内陆边疆通商口岸论析》，《复旦学报》（社会科学版）2005年第4期。

② 万湘澄：《云南对外贸易概观》，新云南丛书社1946年版，第18页。

设，总号设在昆明。经营马帮长途运输起家，来往于越南、老挝、泰国、缅甸进行跨国商贸活动。其中马子原经营茶叶出口业务，先到江城买茶，驮入老挝销售，并由老挝交木船运往越南销售。得知许多石屏人在江城附近的易武揉制饼茶，经老挝、越南销香港，获利很大。于是派四弟到江城成立茶厂，牌名敬昌茶号，揉制七子茶饼，驮入老挝转运越南，以及中国香港地区销售。①

美兴和为滇南大商号之一，1936 年由建水人黄美之创办。美兴和商号以开采个旧锡矿起家，经营规模扩大后，开始经营棉纱、布匹生意。从上海购买棉纱、布匹经海运到香港转运越南海防，再由滇越铁路运到昆明，成为美兴和的一项主要业务。抗战时期，云南本省农业歉收致使米价上涨，美兴和曾被云南进出口管理委员会批准由越南进口大米，分别销往昆明、个旧等地。② 此外，在滇南地区还有万盛昌、正顺昌、泰来祥、应天号、豫顺隆五家大商号，以出口大锡为主营业务，购回布匹和其他百货，转销至开化府、广南府、普洱府、临安府、曲靖府等州县。

（三）云南地域商帮与泰国、老挝、柬埔寨的商贸往来

云南商人通过蒙自、思茅、腾冲三大关口，与不同地区进行商贸活动。通过蒙自经营滇越、滇港贸易，通过腾冲进行滇缅贸易，而通过思茅关主要进行与泰国、老挝、柬埔寨等国的贸易。由于思茅独特的地理位置，明清就是老挝、暹罗等国进行朝贡贸易的重要节点，也是老挝、泰国、柬埔寨等国商人进入云南的必经之地。

云南商人以思茅为中转站，向南直入老挝，并可转往泰国及柬埔寨；向西可通缅甸景栋、泰国北部清迈；向东可抵越南河内。光绪二十五年（1899）思茅海关的报告就称："闻说先六十载，凡诸物产荟萃于思，商人自缅甸、暹罗、南掌、服乘而来，皆以洋货、鹿茸、燕窝、棉花盘集市面，互换丝杂、铁器、草帽、食盐及金两等物，交易而退，无不各得其所，约算出口丝杂年有一千五百担，计值银三万两，其运出金数亦甚

---

① 马泽如口述，杨润苍整理：《原信昌商号经营泰国、缅甸、老挝边境商业始末》，《云南文史资料选辑》第 42 辑，云南人民出版社 1993 年版，第 170 页。

② 赵谦庵口述：《美兴和商号经营史》，《云南文史资料选辑》第 42 辑，云南人民出版社 1993 年版，第 180—185 页。

浩繁，无论晴雨时节，茂盛之局未尝少减"，以致"四川及滇之殷府所用洋货皆自此售出"。① 此外，自思茅东南方向行有商道，行 25 日可坻老挝琅勃拉邦；此外，思茅西南边境，尚有许多小路，都是通往东南亚的重要通道。②

滇南玉溪、河西、峨山一带的回族马帮商人，常年来往于东南亚各国。这一带的许多回族商人依靠赶马帮到思普沿边以及老挝、泰国、缅甸经商为生。他们从云南带去毡子、马掌、黄蜡、缎子、铁器、笠帽、花线、黄丝、土布、衣服鞋帽等货物，然后运往泰、缅销售；换回西洋药品、鹿茸、象牙、虎骨、虎皮、豹皮、鹿皮、熊胆、犀角、纸烟、布匹。③ 带回的这些货物除了沿途出售外，大多运销昆明市场，供应达官贵人。走老挝时，他们则带去土布、黄蜡、蚕丝、铜器、铁锅、缎子、辫子、毡子、鞋、衣物，回程购买鹿茸、象牙以及各种山货。

云南原信昌商号，由经营马帮起家。清光绪初年通海大回村马同柱父亲与村中马帮一起，赶着 20 多匹骡马驮着毡子、推烟丝、黄丝、花线、土布、滇绸、铜铁器到缅甸、泰国、老挝等地销售，返回时驮棉花、玉石在云南市场销售。后经马铜柱和马子厚两代人的发展，在泰国、缅甸、老挝靠近我国边境的景栋等地设立原信昌分号，使之与墨江、思茅、江城连成一线，进口犀角、鹿茸、麝香、象牙、燕窝等名贵药材和洋靛、紫胶等经营。④ 到抗日战争结束后，原信昌对外贸易资金总值约 2 万两黄金。

兴顺和商号，是由玉溪北城大营回族马佑龄于道光二十六年（1846）创办。最初将土布用土靛染成青、蓝布出售，销往昆明、四川、贵州等地。到光绪年间，到泰国去购买效果更好的洋靛，去时运土特产品，回

---

① 《光绪二十五年思茅口华洋贸易情形论略》，中国第二历史档案馆、中国海关总署办公厅编：《中国旧海关史料》第 30 册，京华出版社 2001 年版，第 297 页。
② 万湘澄：《云南对外贸易概观》，新云南丛书社 1946 年版，第 23—26 页。
③ 马桢祥：《泰缅经商回忆》，《云南文史资料选辑》第 9 辑，云南人民出版社 1965 年版，第 167—170 页。
④ 马维良：《云南回族的对外贸易》，《回族研究》1992 年第 2 期。

来时专运洋靛到昆明销售，生意兴隆。①

楚雄马家庄巨商马超群，其父辈也是"走夷方"起家，到马超群时已拥有资金半开数百万元，在昆明、上海、天津、南京、广州、香港和缅甸、泰国都设有商号。②楚雄马帮来往于老挝、泰国、柬埔寨，越南等国的长途贩运活动，为其积累了大量财富，也促进了云南与东南亚的贸易往来。

云南马帮在老挝古都琅勃拉邦集市上的经营长度曾达1.5公里（而该集市东西仅长2公里），云南商贾在集市上出售铜器、铁锅、地毯、核桃、茶叶、布匹等；进口安息香、紫胶、香料及药材等货物。③

普洱茶是滇南重要的出口商品，老挝则盛产五金各矿、靛青、漆、藤、竹、麻、棉、椰叶、桄榔、甘蔗、槟榔、豆蔻、烟叶、芝麻、花生，而松木、柚木尤多，两地交易以山货土产为主。普茶运销老挝南掌国，自普洱府至易武而达老挝的商道也被称为"茶道"，有的还转销暹罗、缅甸；南掌的山货土产则贩入云南销售，象牙、木香、乳香、西木香等商品在普洱府城上市交易。④

云南与柬埔寨虽不接壤，但经过澜沧江—湄公河水系，云南可顺流而下，经缅甸、老挝、泰国等国直达柬埔寨。柬埔寨也一直经过缅甸、老挝与云南进行转口贸易，同时也通过越南经海上进行转口贸易。

定居泰国、老挝、柬埔寨等国的云南侨商，与云南地域商帮结成良好的互动关系。云南地域商帮到东南亚各国进行贸易，都会寻求当地云南侨商的帮助。定居泰国的云南侨商，以云南回族马帮商人为主。位于清迈闹市的王和街，是一条长约两里的商业街，居住60来户人家，除几户汉族同胞外，其余全是云南回族侨胞，常住人口300余人。它成为泰国

---

① 马维良：《云南回族的对外贸易》，《回族研究》1992年第2期。
② 吴乾就：《云南回族的历史和现状》，云南历史研究所《研究集刊》1982年第2辑，第304页。
③ 宋林清等：《走向东南亚——云南外向型经济及口岸发展研究》，云南人民出版社1993年版，第64页。
④ 吴兴南：《云南对外贸易史》，云南大学出版社2002年版，第74页。

北部云南回汉两族侨胞聚集的中心,也是滇泰贸易最为活跃的地方。① 定居泰国的云南马帮除了继续进行长途马帮贸易,还渗透到零售行业,以清迈、清莱为基地,出售水果、蔬菜、布匹及副食,经营餐馆、旅店并开始经营玉石,为了来往马帮提供了极大的方便,使清迈成为云南回族马帮在泰国北部的驻足地,也是云南出口商品进入泰国后的主要货物集散中心之一。

三 云南地域商帮与滇印贸易的发展

滇印贸易从西汉之前"蜀身毒道"的开辟到清朝中期,历代相承,一直未曾中断。近代云南地域商帮从事滇印贸易,有两条主要的商道。一是传统的南方丝绸之路即蜀身毒道,将川滇特产运出腾越关,经过缅甸到达印度。二是茶马古道,从下关、丽江等地购买茶叶,经青藏高原运销拉萨,就地购买羊毛、名贵药材运销印度。在抗战时期,这条商道发挥了巨大作用,从印度购买大量抗战物资运行在这条道路上。后又开辟了新茶道,由思茅关运出茶叶,经过缅甸到达印度。再由印度运到西藏;回程在西藏换取羊毛、皮革、药材销售印度。

云南茶叶主要销往西藏,但因青藏高原路途艰险、气候恶劣,交通险阻所需时间长。1923年前后,铸记、洪盛祥、恒盛公同印度华侨杨守其,开辟了经滇缅印通道转运西藏的新路线:由版纳佛海由马帮运输至缅甸景栋8天,换汽车至洞已2天,洞已交火车运至仰光2天,仰光装船至加尔各答3—4天,加尔各答装火车至西里古里2天,再换汽车至噶伦堡半天,从噶伦堡用骡马驮至拉萨20天,全程共40多天(丽江经青藏高原到拉萨要走三个月)。② 这条线路节省了运输时间和成本,加快了资金周转,增加了资本积累。不少商号将茶叶运销西藏后,又在西藏市场购买鹿茸、麝香、贝母、黄连、羊毛、皮革经噶伦堡转销印度。使商人在商道往来中,都有利可图。新茶道的出现,密切了云南商人与印度的

---

① [英]霍尔:《东南亚史》,中山大学东南亚历史研究所译,商务印书馆1982年版,第 页。

② 马家奎:《回忆先父马铸材经营中印贸易》,《云南文史资料选辑》第42辑,云南人民出版社1993年版,第201页。

贸易往来，加快了滇印贸易的繁荣。

黄丝织成的衣物具有质感优、透气强的特点，适用于缅甸、印度等地炎热的气候，在当地很有市场。滇西各大商帮都主营黄丝出口，其中经营规模较大的有喜洲帮的永昌祥；鹤庆帮的福春恒、庆正裕；腾冲帮的茂恒、洪盛祥、永茂和等。茂恒、永茂和、永昌祥、庆正裕等几家大商号，曾合组"滇缅生丝公司"，以图垄断川、滇、缅、印生丝市场的购销，但因意见不合而散伙。①鹤庆帮的福春恒在生丝经营中力量雄厚，在四川设立多家解丝厂，其生产的"狮球派"解丝畅销印、缅市场，即使是日本丝也无法与之相比。②茂恒等商号为抗战中滇印物资交流做过特别的贡献。1944年英印政府向中国提出购买15万磅生丝，就是由茂恒等商号办理的。在进口方面，茂恒则明确提出："所有售得上项生丝之外汇，请印度政府全部调换官价卡车"，在另一换货文件中，要求"换货200万码高级布为主要目的，如印方认为只能以高级布100万码供给时，务请将售丝余款准予市场自由采购其它货物"③。

恒盛公的张相诚在印度加尔各答、噶伦堡等地设立分号。创号初期，由于资金短缺，先后与藏族商人马铸材和印度细里·阿君打商业家族展开合作，主要将云南的茶叶、布匹运销西藏，返程将西藏的羊毛销往印度各洗毛厂；并相互借贷以解决资金短缺问题，恒盛公在印度的业务因此如火如荼。恒盛公在印度的生意顺利开展后，也曾帮助西藏底穴寺的管家在噶伦堡销售羊毛，进而结识了热真昌的总经理神本腊并与之开展业务。合资到康定收购雅安茶运销拉萨，在拉萨购买羊毛，转销印度；将所获款项汇往四川再次购买茶叶进行销售。热真昌为西藏热真活佛的商号，恒盛公依靠热真活佛在西藏的权势，利用藏族的劳役乌拉，从中

---

① 李镜天：《永茂和商号经营缅甸贸易简史》，《云南文史资料选辑》第42辑，云南人民出版社1993年版，第71页。

② 施次鲁：《福春恒的兴衰》，《云南文史资料选辑》第42辑，云南人民出版社1993年版，第54页。

③ 李珪主编：《云南近代经济史》，云南民族出版社1995年版，第519—520页。

获取了巨额利润。①

石磺是一种染料和防腐剂，广泛运用与东南亚、南亚等地。当染料可以给黄袈裟、寺庙染色，作为防腐剂，可防止白蚁对房屋、船舶的蛀蚀。洪盛祥的董耀庭专门开设洪盛石磺有限公司，并与印度商人"拍戛腊""耶苏巴"两家订立代销合同，每年约销售石磺三千驮至印度，石磺公司在缅甸自销一千余驮。除了大量石磺出口缅印外，洪盛祥还经营生丝、茶叶、山货药材等物资，获利甚丰，"因此，洪盛祥在印度加尔各答、噶伦堡的商号已成为华人在印度的最大的商号"②。除洪盛祥外，喜洲帮的董澄农也每年销往缅、印二千余驮石磺，石磺的外销基本为这两家商号所垄断。

云南开埠通商后，地域商帮在从事跨国贸易经营中，有不少商人定居英属缅、印地区，成为侨商。这些云南侨商在当地开展生丝、棉纱、茶叶的贩运和开采玉石、矿产等业务。其中著名旅印华侨有中甸藏族商人马铸材，马铸材藏名荣坤·次仁桑主，别名甲米仁次。马铸材在印度葛伦堡设立"铸记商号"，赶马帮从事滇藏印贸易，最初从下关买茶叶运往西藏销售，就地买羊毛销往印度噶伦堡，再买适销回头货运下关。1923年与洪盛祥、恒盛公、杨守其，开辟了经缅甸、印度到达西藏的新茶道。抗战期间滇缅公路中断，铸记由加尔各答购买棉纱、布匹、毛呢、西药、百货经噶伦堡运拉萨，再转运丽江、下关、昆明销售。③ 此时，丽江帮的达记商号，喜洲帮的永昌祥、复春和、鸿兴源，腾冲帮的茂恒、永茂和、协树昌都加入了这条商道。

四 中国—南亚—东南亚贸易圈的性质与作用

云南地域商帮通过开展滇港贸易、云南与东南亚的贸易、滇印贸易将云南与东南亚、南亚各国的贸易紧密相连，形成中国—南亚—东南亚

---

① 张相时：《云南恒盛公商号史略》，《云南文史资料选辑》第18辑，云南人民出版社1983年版，第17—18页。

② 杨毓才：《云南各民族经济发展史》，云南民族出版社1989年版，第439页。

③ 马家奎：《回忆先父马铸材经营中印贸易》，《云南文史资料选辑》第42辑，云南人民出版社1993年版，第198—203页。

跨国性区域贸易圈。这个跨国性区域贸易圈，以云南为中转站，各地域商帮将川滇藏黔各地的土特产品通过蒙自、思茅，腾冲三关运销中国香港、东南亚，南亚地区；返程又在这些地区购买当地物产，洋货运回云南及周边省份销售。

但是，这个区域性贸易圈中的国家和地区，都是在遭受外国侵略而被迫开放的，所以，为侵略者特权所制约，使其在对外贸易过程中长期难以自主。如中国香港为英国所控制，直到 1997 年才回到祖国怀抱。越南，其贸易主要由法帝控制，其开埠、关税征收等事务，一直到 1929 年中国进行关税自主谈判时，都是由法国控制的。又如缅甸、印度其开埠、贸易政策、关税的制定等，都是英国把持的。[1] 近代云南的开埠，则是在外国侵略者与中国签订不平等条约的基础上出现的，关税的征收和海关实际事务的处理，控制在由外国人把持的海关税务司手上。

近代云南地域商帮在南亚、东南亚的商贸活动，促使了云南—南亚—东南亚贸易圈的形成，地域商帮将贸易圈内中国的云贵川藏四省、东南亚各国、南亚各国的物资，利用马帮、轮船、火车等交通工具长途调配，实现资源的优化配置，最大的发挥贸易圈内的市场作用。因此，尽管为帝国主义所把持，但云南—南亚—东南亚跨国性贸易圈的形成，为地域商帮提供了更大的活动范围和更为广阔的市场，促进了贸易圈内国家和地区经济社会的发展。

---

[1] 郭亚非：《近代云南与周边国家区域性贸易圈》，《云南师范大学学报》2001 年第 3 期。

第四章

地域商帮与近代云南社会生活

云南社会的近代化进程，与本省士绅的努力和外国资本的侵略密切相关。而地域商帮拥有洋货贸易销售员和地方商绅的双重身份，其作用自不限于社会经济领域，也极大地影响了近代云南社会生活的转变。

第一节 地域商帮与近代云南社会风尚的变化

近代以来，在商人自身的努力与政府商业政策的转变下，商人的社会地位得到空前提高。商业成为社会尊崇的行业，商人成为地方事业发展的引领者。社会经济的发展与对外贸易的繁荣，对外联系加强，云南传统社会受到了西方文明的冲击。商人经营对外贸易致富后，凭借较高的社会地位和对西方先进文明的了解，自然而然地成为云南社会风尚转变的先行者。

一 商品意识强化与从商观念盛行

清代前中期云南社会以农耕为主，商业活动有限，就连昆明、蒙自等区域中心市场仍是定期贸易。地域商帮兴起后，开展对外贸易和长途贩运物资，活跃了云南各地经济；深入边疆民族地区进行贸易，增强了当地民众的商品意识；经商致富后便可买房置地、光宗耀祖，吸引了大批民众从事商业活动。商品意识强化与从商观念盛行，又进一步促进云南地方经济的发展。

随着洋货的大量涌入和出口土特产品的需求日增，一些本小利微的商人深入边疆民族地区，开拓商品销售市场和收购名贵药材。当地民众在与商人的交换中，也逐渐增强了商品意识。据贡山县的社会调查，最初当地少数民族很少做生意，最多是背点粮食到德钦或查瓦龙换盐回来吃。到20世纪三四十年代，丽江、大理、鹤庆、维西等地商人进入独龙族聚居区后，当地人的日用饮食起居器具，皆赖汉人供给，所出山货药材，亦皆售之汉人。即用本地的黄连、贝母、独龙毯等，向外族商人换取食盐、生产工具、生活用品和家禽等。① 地域商帮大多以茶叶贸易为大宗，经常到普洱、西双版纳一带收购茶叶销往西藏、东南亚等地，获利丰厚。西双版纳哈尼族人受此影响，出现一些季节性的商人经营对外贸易，"哈尼族商人在小勐宋贩运大烟、买卖茶叶出名的有老叭寨的老四多、老三模、老大乃、日朗等四家，各有马三四十匹，其雇用的赶马人既有汉族也有傣族，来往思茅，出入外国"②。20世纪40年代，怒江、澜沧江一带的傈僳族到高寒地带采集虫草、贝母、黄连等珍贵药材，主要卖给远道而来的鹤庆、大理、丽江等地商贩。③ 由此可见，受地域商帮经商活动的影响，边疆民族地区群众的商品意识得到极大增强，不仅与商人进行物资交换以获得生活必需品，而且还带动了本民族商人的产生与发展。

　　清末，大理县唯喜洲一地人尚勤俭，耐劳，具有商业性质，但无巨商大贾，故不足以执商权之牛耳。④随着地域商帮发展并取得了巨大成就，从商观念在喜洲相当盛行。民国时期的喜洲，凡社会子弟自小学毕业后，有力、有人手者，供给升入中学；无力、无人手者，即从实业想办法，请亲友介绍到商号操习商业。⑤ 商业成为青年人的重要选择，以商为尊成为社会风尚。在从商观念的影响下，喜洲商业甚为发达。到新中国成立

---

① 张桥贵：《独龙族文化史》，云南民族出版社2000年版，第53页。
② 云南省编辑组：《哈尼族社会历史调查》，云南民族出版社1982年版，第103页。
③ 严德一：《中印公路经济地理调查》，李根源辑：《永昌府文征》纪载卷40，1941年。
④ 张培爵修，周宗麟纂：《大理县志稿》卷6《社交部》，台北成文出版社1916年铅字重印本，第350页。
⑤ 杨宪典等整理：《大理白族"喜洲商帮"发展情况调查》，《白族社会历史调查（四）》，云南人民出版社1991年版，第300页。

初期，全乡从事商业活动的有 472 户，占总户数的 42.1%①，如此高比例的经商户数，是喜洲商帮发展壮大后的尊商、崇商、重商思想在喜洲地方的反映。

鹤庆地区的重商观念颇为盛行，吸引了大批人从事商业活动。鹤庆在商业发展后，经商者的生活，都比较富裕，这说明经商容易致富，所以一般人都有重商倾向。在鹤庆商业繁荣兴盛后，引起了社会风尚的变化，以至于鹤庆人重利不重名，子弟俊秀者多入贸易之途。显然，这种社会风尚所趋，是对旧封建传统观念的一种冲击和挑战。② 商业已经成为社会尊崇的活动，许多青年也以经商为荣。"城镇的男青年有一定的文化程度以后，纷纷到下关、昆明，在本地人开的商号上'学事'充当学徒、店员、伙计、先生等。在农村大部分男子都从事铁匠、小炉匠以及各种手工劳动，或者养马、赶马，加入马帮远走各地。"③ 重商观念已经深入当地各个社会阶层，从事商业活动成为不少人的选择。

抗日战争爆发后，滇藏印贸易地位突显，使得纳西族中原来从事季节性赶马活动的人，逐渐转入以赶马经商为主要职业。由于赶马经商获利甚厚，纳西族人大多数家庭抽出男子从事赶马运输，就是那些缺少骡马的人户，也有人通过押出土地来购买骡马，来从事赶马经商。民谚"汉人发财靠买田地，摩梭发财靠买骡马"生动反映了大量纳西族人从事马帮运输的盛况。④

以上变化一方面说明云南商人通过对云南经济、政治、文化发展的贡献，赢得了社会的普遍认可；另一方面则反映出因商致富，打破了传统"以商为末"的观念，社会上形成趋利风气，商人地位提高，成为社会推崇的职业。

---

① 朱家桢等调查整理：《大理县白族社会经济调查报告》，《白族社会历史调查》，民族出版社 2009 年版，第 62 页。
② 舒自志：《博南古道上的鹤庆商帮》，《大理州文史资料》第 2 辑，1984 年，第 13 页。
③ 熊元正：《清末至民国期间鹤庆的集市与贸易概述》，《大理州文史资料》第 6 辑，1989 年，第 85 页。
④ 纳西族简史编写组：《纳西族简史》，民族出版社 2008 年版，第 82 页。

二 "洋"风盛行，民风由俭趋奢

开关通商后，西方工业产品大量涌入云南各地，各大商帮纷纷从事对外贸易。经商过程中了解到西方先进的生产技术和工业产品的实用性，逐步吸收外来文明，提倡西方的生活方式，成为一时之风气。

鹤庆帮恒盛公号的张泽万，从印度、缅甸等地带回自鸣钟、大穿衣镜、留声机、煤油灯、井水泵、煤油、香皂、糖果饼干、牛奶、咖啡、罐头以及厨房用具等，将西方的消费品和生活方式带回了故乡，"他还把留声机借给了一个家庭困难的堂兄弟，教他到大理喜洲一带卖唱，赚了一些银子"[①]。弥勒帮的王炽家族投资兴办石龙坝水电站和耀龙电灯公司，揭开了云南用电历史新篇章。[②] 从此省城府署、学校、店铺作坊普遍用上了电灯，街巷道路也装上了路灯，通宵明亮。喜洲帮富春和商号的尹氏兄弟，在下关投资修建了滇西第一座电影院，大理人可从银幕上了解异域风情，丰富了民众的娱乐生活方式。除生活用品与娱乐方式外，各地商人还纷纷使用当时最先进的建筑材料，如水泥、铁钉、钢筋、玻璃、西式板瓦，建筑形式和设计理念也体现出很强的现代化，大间架、大玻璃窗、宽走廊的西式建筑风格为商人们所青睐。[③]

商品经济的发展往往衍生有财力的商人物质主义的盛行。他们一方面在认识层面主张积极的消费，典型者如鹤庆兴盛和大东家舒金和有名言道："财者，天下之公物也，能用乃为己财，积而不能散，与无财等。"[④] 丽江商人中也流传着"儿孙不如我，有钱做什么？儿孙胜过我，有钱做什么？"和"当世找钱当世用"[⑤] 等民谚。另一方面无不在衣、

---

① 张相时：《恒盛公商号史略》，《云南文史资料选辑》第18辑，云南人民出版社1983年版，第5—6页。

② 罗群、黄翰鑫：《王炽与晚清云南商业社会》，云南人民出版社2014年版，第139页。

③ 薛祖军：《大理地区喜洲商帮与鹤庆商帮的分析研究》，云南大学出版社2010年版，第214页。

④ 龙云、卢汉修，周钟岳、赵式铭等纂：《新纂云南通志》卷235《实业传》，云南人民出版社2007年点校本，第9册，第349页。

⑤ 周智生：《商人与近代中国西南边疆社会——以滇西北为中心》，中国社会科学出版社2006年版，第173页。

食、住、行方方面面讲究豪华、奢侈，大肆铺张。如喜洲董、严两家，"在喜洲、下关、昆明都建有极华丽的住宅，仅喜洲住宅，造价各为三千多两黄金……吃穿奢侈，挥霍无度。经常是山珍海味下酒下饭。他们吃的燕窝鱼翅席，有熊掌、燕窝、鱼翅、马鹿筋等山珍海味。办一桌这样的酒席几个人要忙碌几天，每桌酒席要花一百五十余元半开，相当于一个工人两年半的生活费用。穿的更是讲究，严宝成家仅皮袍子就有百多件，价值两万余元半开……家有一两百口衣料箱子，每年都得请几个人翻晒几天才能晒完。家里的家具更多，仅景德镇名瓷酒杯、饭碗等就有五六十桌"①。鹤庆兴盛和商号"舒金和之房于东北铺一进三院，于今大街建前铺后院一座（三铺一院）；增龄二铺二院；其美一进二院贯通龙街、安边两铺；庆春于东北铺（现今东门街）建前铺后院套花园一座；裕美四合院一幢；裕鑫建三方一壁一院；锦标二铺一院"②，从而使舒氏家族在鹤庆城区十铺（街）内建造铺面、宅院近百处③。丽江达记商号的李达三，一生共吃鹿茸三十架，人参数百两，拥有名贵裘皮袍十余件，每件价值滇币百元。④ 建水朱恒泰商号的朱朝瑛和正顺昌商号的孙航海分别在建水城内修建了豪华的"朱家花园"和"孙家花园"⑤，其中朱家花园"包括家宅和宗祠两部分，具体可分门庭、铺面、堆栈、内院、宅第、绣楼、花厅、宗祠、戏台、花园、池塘、假山、作坊、竹林、稻田、菜地等，总占地面积原有 2 万多平方米，建筑面积 5000 多平方米。现有房屋 214 间，大小天井近 40 个……规模之大，建筑质量之好，为全省民居建筑所独有，故有'滇南大观园'之称"⑥。

所谓"因为一些富裕的人（如'四大家族'），他们生活豪华，极尽骄奢淫逸的能事，凡婚丧、嫁娶，莫不大事铺张，争奇斗艳，而互相效

---

① 梁冠凡等整理调查：《下关工商业调查报告》，载《白族社会历史调查（一）》，民族出版社 2009 年版，第 160—161 页。
② 《续修鹤城舒氏族谱》，第 201 页，鹤庆县档案馆藏，转引自赵启燕《鹤庆商帮》，云南人民出版社 2013 年版，第 139 页。
③ 赵启燕：《鹤庆商帮》，云南人民出版社 2013 年版，第 139 页。
④ 杨毓才：《云南各民族经济发展史》，云南民族出版社 1989 年版，第 447 页。
⑤ 建水县地方志编纂委员会：《建水县志》，中华书局 1994 年版，第 439—440 页。
⑥ 张绍碧主编：《建水史话》，云南人民出版社 2017 年版，第 412 页。

尤，成为风气，形成不如此则为人所不齿的恶习"①，在富商大户的示范作用下，各地"奢靡"之风渐炽，如昆明"近来西学肇兴，游学海外者，心醉奇淫；贸迁商埠者，神迷靡丽。间有老成典型，反相率而非笑之。是以冠婚丧葬，饮食衣服，风尚所趋，穷极奢靡，皆非从前朴实之旧"②；宜良"今则竞尚奢靡，间用山珍海味，近城市井，此风尤甚"，住屋"近今风俗奢侈，间有采用洋式新房者"③；宣威"奢侈之习逐渐感染，即已婚丧两事论，富者辄夸丽门庵，希光门面，贫者亦不自度力量，竞相效尤，因此以婚丧之故，每致富者转贫，贫者则致倾家荡产而弗顾……"④

当然，由于地区发展不平衡，个人、家庭拥有财富差距巨大，"这个消费观念的变化虽具典型性却没有普遍性"⑤。商贸不是很活跃的地方，比如剑川"县属人民生活困苦，多向俭朴，无奢华之风"⑥。由于各地经济发展水平总体较低，绝大多数人实际上并没有条件讲求"奢华"，何况也还有即便有条件也不讲求"奢华"者。

三 商人与地方大家庭制的兴起

近代云南与全国其他地方一样，普遍为"小家庭制"，家庭成员以一对夫妇为主，家中兄弟成年结婚后，一般都要"分家"另立门户。但正如唐力行所指出的那样，"宗族血缘圈是家庭的扩大，具有极强的凝聚力。因此，借助宗族势力经商，能大大增强商人的竞争力"⑦。云南各地域商帮不仅在发展过程中，注意利用家族力量，比如各大商号的高层管

---

① 杨卓然：《"喜洲商帮"的形成与发展》，《云南文史资料选辑》第16辑，云南人民出版社1982年版，第283页。
② 《昆明县志》卷3《风俗志》。
③ 王槐荣修，许实纂：《宜良县志》卷2《风俗》，1921年铅印本，第45页。
④ 云南省民政厅档案：《各县呈报改善不良风俗报告》，云南省档案馆藏，卷宗号：11-8-117。
⑤ 周智生：《商人与近代中国西南边疆社会——以滇西北为中心》，中国社会科学出版社2006年版，第174页。
⑥ 周智生：《商人与近代中国西南边疆社会——以滇西北为中心》，中国社会科学出版社2006年版，第175页。
⑦ 唐力行：《商人与中国近世社会》，浙江人民出版社1993年版，第15页。

理人员，一般都由家族内部成员出任，从而形成以亲族、宗族为纽带的大家庭；且在其经商致富后，出于彰显家族地位和保障家族整体利益的需要，依靠充足财力建立几代同堂的大家庭，并通过修家谱、设公产、建祠堂、办家族学堂等活动，进一步强化亲族、宗族关系，更是通过联姻，将各大家族紧密联系在一起，从而起到了增强地域商帮整体实力的作用。

如喜洲严子珍家，"严有五个儿子，还有一位弟媳，当时五个儿子已结婚三人，均有子女，严子珍先生已有曾孙，已是'四世同堂'了，但未分家。全家有四五十人吃一锅饭，大儿子三儿子等都在外，由二儿子严宝成掌管"①。喜洲庆记商号和复顺和商号，都是由尹氏族人开设的，两号主要号主尹庆举（庆记）和尹特举（复顺和）是族兄弟，有同一位曾祖，鹤庆帮的恒盛公在未分家之前，在商号创始人张泽万的主持下全家同吃一锅饭，过大家庭制，其子孙除出嫁者不算，大约七十人，分属七房。②

大家庭的存在，为经商提供了充足且相对可靠的人才资源。让家庭中其他成员学习经商之道，利用血缘关系确保商号各级职员的忠诚性，维系各地分号之间的紧密合作，以此达到商号平稳发展的目的。由于喜洲帮内大多数商户间在宗族和家族关系上有着密切的关系，因此有学者认为喜洲帮实际上是以严、董、尹、杨"四大家"为首的宗族、家族性财团。③ 又比如鹤庆商帮的恒盛公在号内的人员选用上，一般是在家庭、亲属以及同乡亲友之间聘用，在不得已的时候才使用外人；而且在经商过程中重视保持张姓正统，对于凡把外姓投资人认作东家的人，"就设法使他们不安而自去"④。

建水帮朱恒泰商号的朱氏家族，由四大房人聚居一堂，并在建水城

---

① 杨宪典编纂：《喜洲志》，大理白族自治州南诏史研究学会1988年印行。
② 张相时：《云南恒盛公商号史略》，《云南文史资料选辑》第18辑，云南人民出版社1983年版，第36页。
③ 韩军：《大理白族喜洲商帮》，《云南民族学院学报》1992年第3期。
④ 张相时：《恒盛公商号史略》，《云南文史资料选辑》第18辑，云南人民出版社1983年版，第6页。

内修建了朱家花园,号称"滇南大观园"。朱氏家族全员参与商业经营,制定了《"朱恒泰"号事办法大纲》,其中规定"本号会议应办事件,以过半数人通过决议者,即认为发生效力,其人数以先辈四大房为定"①。号内大事采取股东大会形式,由家族全体成员决定。将家族成员都拉入商号的管理,有利于决策的相对公平和民主,增强商号的竞争力。蒙个帮的顺成号,即使在锡价猛跌的状况下,仍能平稳发展。是因为蒙自总号有周柏斋、周厉斋兄弟坐镇,其他各地业务又有十几个亲、堂兄弟各霸一方,大权独揽。②

四 商人与地方习俗改良

云南地域商人,尤其是投身对外贸易的地域商帮,走南闯北,见多识广,倡导改良地方习俗,成为地方新习尚的实践者和引领者。

近代云南各地婚礼仪式繁琐、耗资甚巨,部分家庭因之而破产。为了改变此种困境,加上抗战时期国难当头,地方商绅提倡一切从简的精神,资助集体婚礼。如喜洲帮的严子珍等人创立改良风俗会,在喜洲举办集体婚礼,"当时喜洲籍成年男女,只要双方自愿,均可报名参加集体结婚,婚礼由严子珍等人筹办的改良风俗会在财神殿统一组织安排,禁止单独宴请宾客,结婚礼毕,发给由商绅们填写的婚姻证书,承认婚姻合法"③。集体婚礼的举办,不仅能够减轻婚礼双方的经济负担,也避免了铺张浪费,节约社会资源,对传统婚礼的陋习产生了巨大冲击,具有极大的进步意义。

此外,各地域商人筹建的风俗改良会,还把劝诫早婚、禁缠足、废娼妓、革除丧礼之迷信等改革旧习尚作为其重要改良内容。

---

① 汪致敏:《朱家花园——滇南豪门的兴盛与隐退》,云南人民出版社 2013 年版,第 43—46 页。

② 吴溪源:《顺成号发家概略》,《云南文史资料选辑》第 9 辑,云南人民出版社 1965 年版,第 114 页。

③ 周智生:《商人与近代中国西南边疆社会——以滇西北为中心》,中国社会科学出版社 2006 年版,第 179 页。

第二节　地域商帮与近代云南社会公益事业的兴办

晚清民国时期，云南地域商帮纷纷登上历史舞台，并随着长途贸易和对外贸易的开展，实力不断增长。经济上的巨大成就，激发了商人为社会事业服务的热情，并以此来提升社会影响力。据载，当时地处边疆民族地区的德钦"慈善事业，向由各会馆负责。如江西会馆、鹤丽会馆，关于各项救济事业，甚属努力"[①]，其他地区更是如此。商帮成为地方新贵，承担起开展地方公益活动的责任，获得较高的社会地位。

一　兴赈济，做慈善

地域商帮崛起，在经济上拥有了大量物质财富。商人或出于济世救民的胸怀，或出于提升社会地位的需要，面对社会灾难、民众困苦的状况，每每捐资献粮，帮助当地百姓渡过难关。

腾冲帮大多数商人常年旅居国外，但他们时刻不忘爱国爱乡。永茂和号东家李仁卿对家乡公益事业做出了突出贡献，表现在修桥补路、修缮庙宇、抗灾救援、施济药品等方面。[②] 1939 年，和顺乡遭遇严重干旱，粮食减产、物价飞涨，民众生活水平骤降。李仁卿得知情况，在缅甸发展义捐，腾冲同乡踊跃捐献，从缅甸购买大米运至腾冲，使得家乡民众顺利度过危机。

1918 年后，中甸屡屡遭受匪患，人民饥贫冻饿，生活艰苦。当时在中甸经商的丽江恒德和号周璋、周瑛兄弟出面四处劝募，并动用自家大量资金设立赈济基金，每逢灾年，便在中甸救济。周家见中甸城内人畜饮水困难，出资打了一眼水井，井旁立有碑记。据周智生调研，这是中甸城内第一眼人工打造的井水。[③] 设立赈济基金，以备不时之需，恒德和

[①] 民国云南省政府秘书处档案，《民国三十三年德钦设自治局自治概况》，云南省档案馆藏，卷宗号：106-1-1603。

[②] 董晓京：《腾冲帮》，云南人民出版社 2013 年版，第 152 页。

[③] 周智生：《商人与近代中国西南边疆社会——以滇西北为中心》，中国社会科学出版社 2006 年版，第 192 页。

商号强烈的忧患意识和关心民众疾苦的博大胸怀由此可见一斑。

弥勒帮商人王炽将"不为钱所役"当作其持之以恒的理财信条，赚钱后，会将部分钱财拿出来周济社会，以达到节制个人私欲过分膨胀的目的。① 王炽将所获钱财部分造家乡，用于教育、实业、卫生等各个方面，起了良好的表率作用，引起了许多商人的效仿，促进了当地乐善好施社会风气的形成与传播。

昭通商人李耀廷始终怀着济世救民之心，多次重金资助灾民。光绪十八年（1892）耀廷将为其母作寿，"值岁饥，其母止曰：'盍捐千金以赡饥民。'且往四川省募赈，得万余金，全活无算。庚子岁，复大饥，又自倡捐三千金，复由川募数千金，助官粜赈，并遣子弟赍数百金，分散贫苦亲戚"。遇到灾荒如此，不在灾荒时间，李耀廷也乐善好施，以济贫救困为常事，"凡桥梁道路，地方一切善举，动捐巨金，以成其美。更于冬寒施送棉衣，岁以为常……"对此，光绪二十九年（1903）云南巡抚林绍年奏请旌表中称李耀廷"先后捐资数千金赈济灾荒，以及施棺木、送药材、散粟米，凡属善举，皆乐行不倦"②。

喜洲帮以永昌祥商号为主，积极开展救助贫苦孤寡的慈善活动，时常施药给无钱看病的人；大病之人如无力治疗，可以提出申请减免，只要拿到永昌祥盖有"赵淑英"简章批条的人就可在永昌祥、锡庆祥等商号举办的"喜洲医院"进行免费医治。喜洲商帮还专设了"施棺会""寄柩所"为因贫困而无力为亲人下葬的人家提供帮助。③ 1939 年，大理发生严重饥荒，粮食短缺，米价空前高涨，一般百姓无力购买，生活异常艰难，"这时候，喜洲帮及其他商帮的华侨和民族资本家买了大批救济粮，用汽车拉回，在大理市面上低价出售，才把昂贵的米价压下来。而对无力买粮的群众则无偿救济了一部分"，同时设立"义仓"以平抑市场粮价，且实行"平放尖收"的积谷制度，方便群众借贷粮食，帮助农民

---

① 罗群、黄翰鑫：《王炽与云南商业社会》，云南人民出版社 2014 年版，第 120 页。
② 贺以明：《西南工商巨擘李耀廷》，《昭通文史资料选辑》第 9 辑，1995 年，第 8 页。
③ 薛祖军：《喜洲商帮》，云南人民出版社 2013 年版，第 318 页；陈延斌：《大理白族喜洲商帮研究》，中央民族大学出版社 2009 年版，第 168 页。

度过粮荒。①

二 重教兴学

明清时期儒学教育已在三迤大地蓬勃发展起来,科举入仕成为正途,一旦中举进入官场便可飞黄腾达、光宗耀祖。大多商人从小接受儒学教育,所学的知识也为他们经商提供了便利。发家致富后更是注重培养家族和家乡子弟,希望他们能够学有所成,早日回报社会。商人投资学校、图书馆等教育设施,既可以受到社会尊重以提高个人声望,也可为社会教育发展添砖加瓦。

喜洲商人致富后深感"吾邑人口逾万,虽有男女小学两校,容纳学童数百,而于其毕业后能至异地升学者,为数寥寥。其中清寒子弟,有志向学而无向学之力者,普通知识既未备具,何足以竞争生存"②,于是提倡筹办中学、图书馆等教育设施。自20世纪初,喜洲帮先后参与筹建喜洲两级小学、淑川女子小学、喜洲师范学校、大理县立中学、大理图书馆、苍逸图书馆、澄农图书馆,并在喜洲医院开办助产学习班,推行新技术接生,捐资修建东陆大学西郊医院及病菌学院。③ 其中,喜洲苍逸图书馆由永昌祥严子珍捐资20万元创办,该馆藏书万余册,并按时增购书报杂志。④ 喜洲商人在大理地区投资修建学校、图书馆,招收滇西子弟入学,使得中国西南边疆地区学风兴盛、人才济济,教育水平甚至远超许多内陆地区。

丽江帮裕和号牛文伯主动承担了丽江中学附小所有的办学费用,并捐资修建两间教室及一个办公室,补充了教学用具。从1944—1949年,学校一切费用均由裕和号承担。民国云南省政府闻讯,颁给牛文伯一块

---

① 杨育新:《大理华侨义举》,《大理市文史资料》第6辑,1997年,第80—81页。
② 李正清:《大理喜洲文化史考》,云南民族出版社1998年版,第557页。
③ 薛祖军:《大理地区喜洲商帮与鹤庆商帮的分析研究》,云南大学出版社2010年版,第203页。
④ 周智生:《商人与近代中国西南边疆社会——以滇西北为中心》,中国社会科学出版社2006年版,第189页。

写有"嘉惠菁我"四字的匾额,以示表彰。① 丽日升经理余仲斌,曾以其父龚梅公的名义,捐赠丽江省立中学、县立中学、县图书馆"万有文库"及各类图书先后达十余万册。为了提高丽江学前儿童的素质,仁和号驻昆分号经理杨超然,拿出毕生积蓄,全力以赴筹建丽江第一所幼儿教育学校。在仁和昌总经理赖敬庵、丽日升经理余仲斌的支持援助下,于1943年建成了被称为滇西第一园的黄山幼稚园。② 丽江商人资助丽江幼稚园、小学、中学建设,在丽江构成了较为完整的国民教育体系,保障了青年子弟的教育连续性、系统性和完整性。

据统计,截至1920年,鹤庆当地有高等小学、女子国民学校、民国学校等共计163所,其中有6所属于私立学校,概由当地商人捐助成立和运行。1926年,鹤庆筹办县立中学,兴盛和、怡和兴、福春恒、云丰祥、丁幼衡等商号及商人首先捐献了开办费,尔后不足之资则由兴盛和商号负责,鹤庆县立中学得以顺利开办。不仅如此,鹤庆商人到各地经商,也积极捐资支持当地教育事业的发展,如恒通裕号掌柜舒翼才捐资在下关关外兴办男子、女子初级小学各1所;恒盛公号捐资国币1万元给重庆育才学校,给昆明新村小学捐资国币150万元,给昆明文正中学捐资100万元;曾任福春恒、庆正裕、复协和等商号分号经理的鹤庆商人李岳嵩参与捐资兴办的学校有私立五华学院、五华中学、龙渊中学、新村小学。③

腾冲商人张鹏图热心公益,关心地方教育事业。1936年,张南溟任城保两等小学校董,在其于1938年离职时捐送该校教育基金1000银元,"为此,腾冲县政府奖给捐资兴学人张鹏图'热心教育'匾额一块,县长周淦书"④。腾冲玉顺兴商号为当地益群中学的创办捐赠了大量资金,并倡议创办和顺女子师范学校"并为此捐了大量资金,首开了侨乡女子文

---

① 郭大烈主编:《中国民族大辞典·纳西族卷》,广西人民出版社2004年版,第388页。
② 周智生:《商人与近代中国西南边疆社会——以滇西北为中心》,中国社会科学出版社2006年版,第186—187页。
③ 赵启燕:《鹤庆商帮》,云南人民出版社2013年版,第140—141页。
④ 王香萍:《实业家张南溟》,《腾冲文史资料选辑》第10辑,云南民族出版社2016年版,第261页。

明新学先河,推动了和顺第一代现代女性的出现"①。

弥勒帮商人王炽因母病故回乡办理丧事,听闻家乡私塾因教师经费和教学用具欠缺而停办,孩童无学可上。王炽便决定创办虹溪书院,通过集资购买学田,并聘请本街耆老经营学田,以租金作为办学经费。

光绪三十三年(1907),昭通商人李耀廷在昭通城区开办私立小学堂,男女分设,收其家族子女入学,"课程设置和一切规则,均照清政府所颁《小学章程》办理",每年暑假年假,对学生进行考试,"备钱十五千文作为奖金,以资鼓励;至于'实验不及格,实愚钝不堪教育者,令即退学,别营他业'"②。

三 捐资医疗

近代云南社会,在外国资本主义、封建主义、官僚主义的多重压迫下,地方医疗发展长期滞后,百姓生活困苦,许多人无力支付昂贵的医疗费用。各地商人出于回报社会的目的,投资修建医院、捐献医疗器材、提供免费疫苗等,在一定程度上推动了云南地方医疗水平的进步和医疗条件的改善,纾解了当地老百姓就医难、看不起病的问题。

1914年,腾冲商人李含馨,从缅甸捐银13000两,委托腾越总兵张松林建慈善局,"下设惠济医院、施棺所、叫化院。收治孤寡病人免费住院,供给医药与伙食,给死亡无钱购棺的施棺"③。

1936年,喜洲帮为了改善家乡医疗条件,服务民众,由严子珍和董澄农出面筹建了喜洲医院。该医院参照西方发达国家医院建设,使用先进的医疗设备。配有门诊、标本、化验、手术等科室,医疗器械从英、德等国进口。"喜洲医院医风医德良好,为群众解除疾苦。若遇难产及疑难急症,又无力支付医疗费者,只要提出申请,医院记账,经董事会同意,盖有永昌祥号'赵淑英'的私章,即可免除全部医疗费用。"④ 喜洲

---

① 寸浩鸿:《玉顺兴商号的起源与结局》,云南民族出版社2016年版,第160页。
② 贺以明:《西南工商巨擘李耀廷》,《昭通文史资料选辑》第9辑,1995年,第9页。
③ 萧朝荣:《绮罗的商号》,《腾冲文史资料选辑》第10辑,云南民族出版社2016年版,第113页。
④ 杨育新:《大理华侨义举》,《大理市文史资料》第6辑,1997年,第79—80页。

医院内还曾开办过"喜洲高级助产职业学校",教授新法培训高级助产士,为白族及其周边各族妇女生产减轻了痛苦,提高了滇西地区的医疗水平。

鹤庆商帮对地方医疗发展也很关注,典型者如恒盛公商号,1943年7月,响应募捐,向昆明昆华医院筹备组捐款国币5000元,支持医疗卫生事业的发展,受到省政府的奖励和表扬。①

近代时期,接种牛痘等先进医学技术传入云南,但因费用较高,能接种者并不多。1891年,弥勒帮商人王炽出资在省城昆明设牛痘局,利用当时的医疗成果,免费为市民接种疫苗,使成千上万人免受天花之苦。②

原籍西昌因做官迁居昆明的周自镐,创办了大道生布庄。周家父子十分关心工人疾苦。如遇办厂有节余,钱要花在教育和医药上,不准建房盖屋。大道生在昆明和玉溪的厂里都聘请了医生,包括中西医,免费给工人诊病,工人在厂里生病吃药都不花钱。③

四 铺路架桥

1878年,鹤庆福春恒蒋宗汉鉴于金沙江隔绝两岸,不便往来,倡导修建了金龙桥,"金龙桥横跨金沙江,宽八尺五寸,长二十六丈,由十六根铁索悬系两岸,上铺木板,旁护长栏,两头覆以瓦屋,共费银一万四千五百一十七元,在当时被誉为'万里长江第一桥'"④。兴盛和舒金和先后捐资并倡建了县内的镇源桥和永安桥;施正坤、杨玉保捐资将石牌坪至岗子哨一段崎岖泥泞之路重新铺修,方便往来行人;施定乾、蒋云卿等倡议修筑了县城北区大板桥至大龙溪约5公里的石板路,中间还修

---

① 赵启燕:《鹤庆商帮》,云南人民出版社2013年版,第143页。
② 罗群、黄翰鑫:《王炽与晚清云南商业社会》,云南人民出版社2014年版,第125—126页。
③ 周润苍:《"大道生"的艰难创业与发展》,《云南文史资料选辑》第49辑,云南人民出版社1996年版,第65页。
④ 赵启燕:《鹤庆商帮》,云南人民出版社2013年版,第143页。

建了小龙河桥和大龙溪北漾江木桥，一改往日路面倾圮、行路困难的景象。①

20世纪30年代，喜洲北面的河水时常泛滥，妨碍行人通行。永昌祥号严子珍出面集资修建了惠济桥。万花溪的洪水经常将北达丽江维西的要道冲断，商旅行人苦之。严子珍约同董澄农在冲断处建成一座石木结构的大桥，取名"镇川桥"，以济商旅。② 这两桥的修建，既便利了民众通行，赢得百姓敬仰、积累社会威望，又方便商贸往来，保障商贸活动正常开展。

1932年，洪盛祥捐银元3万元，修建了从腾冲满金邑邓子龙官邸"万华馆"前的邸塘至大董老街子的公路，使其"官马大道"，便于马车通行。此道至今仍是县城郊区的主要道路。③ 公路的修建，方便车马通行、人员流动；节约货物运输成本，有助于促进商业经济的繁荣。

滇西北地区高山峡谷纵列分布，交通极其不便，一直以溜索过河，惊险万分，"自中古迄今，历数千年不变，过溜者无论人畜往往心悸胆裂，魂魄飞越，且以生命为赌注，每年人畜货财之遭受损失亦不知几矣"④。为了改变困境，打通商路，丽江帮由仁和昌东家赖耀彩出巨资，并在余仲斌、马铸材、李增广等商人的协助下，于1948年在德钦建成第一座横跨澜沧江的钢缆吊桥。此外，"丽日升商号出资沿狮子山麓，从今县委党校一路铺修石板到了白马龙潭附近。裕春和牛文伯捐资铺修了今新华街至关门口一带的青石板路。丽江大研镇崇仁巷十字路至南门桥一段的石板桥为仁和昌出资所拓"⑤。

腾冲致和兴商号许际镒致富不忘乡里，倡议修建并带头捐资铺筑了"从洞坪村通往下绮罗、长洞、大董、上绮罗的道路。路面宽两米，路中

---

① 赵启燕：《鹤庆商帮》，云南人民出版社2013年版，第142页。
② 周智生：《商人与近代中国西南边疆社会——以滇西北为中心》，中国社会科学出版社2006年版，第194页。
③ 董晓京：《腾冲商帮》，云南人民出版社2013年版，第57页。
④ 《修普渡桥记》，杨林军编著：《丽江历代碑刻辑录与研究》，云南民族出版社2011年版，第168页。
⑤ 周智生：《商人与近代中国西南边疆社会——以滇西北为中心》，中国社会科学出版社2006年版，第194页。

间全部用长条石板相接而成，两边辅以卵石或小石块，沿途所经河流全部用条石架设桥梁，大大改善了洞坪村与外界的交通"①。

滇越铁路通车后，个旧出口的大锡仍需由骡马驮至碧色寨转火车运输，交通不便阻碍了个旧锡业的发展。建水帮朱恒泰的朱朝瑛在个旧与堂弟朱朝瑾商议"出口大锡凭驮马运输往来不便，费钱费时，成本加高，唯今之计，非筑铁路不可，吾弟当首倡之"，当时朱朝瑾任个旧商会会长，召集会议展开讨论，厂商李文山、谢鲁斋、王镇东等力表赞成，遂组股东会，征收锡、砂、炭股为资金。② 个旧至碧色寨铁路建成，大锡直接在个旧装运，经铁路可运抵越南海防，再转轮船运到香港，极大地降低了运输成本，利润增加。同时带动了个旧、蒙自等城市商业的繁荣。

光绪二十三年（1897），弥勒帮商人王炽首倡捐资修筑昆明城区至西山碧鸡关的石板路，道路修好后，为来往商旅与车马提供便利，风雨无阻。修筑完昆明城区到碧鸡关这段石板路后，又全资修筑家乡虹溪镇四门街的道路。但因当时经办人缺乏远见，偷工减料，改用毛石铺路，导致道路凹凸不平。③ 此外，王炽还捐资在弥勒南盘江渡口处建造了两座铁索桥，其中划归开远市的铁索桥在抗战时期的松山战役中，运送过大量军需物资，为抗战做出过突出贡献。

五 兴办水利

水利建设关系农业生产发展、民众生活需要、工业动力需求等多方面。地域商帮通过兴修水电站、资助开挖河道等，推进云南水利事业的发展，为大众谋福利。

直到 20 世纪 40 年代，喜洲地区发展仍较落后，天黑后便一片黯淡。为了改变此种状况，永昌祥严氏父子联合地方商绅投资黄金 300 两，在喜洲阳溪办了一个 30 千瓦的小型水力发电站。建成投产后，喜洲部分地区

---

① 张尊贤：《跨国商号致和兴》，《腾冲文史资料选辑》第 10 辑，云南民族出版社 2016 年版，第 255 页。
② 建水地方志编纂委员会：《建水县志》，中华书局 1994 年版，第 761 页。
③ 葛永才：《清末巨商王炽》，云南人民出版社 1998 年版，第 103 页。

用上了电灯,并利用电力进行粮食加工。① 阳溪发电站为滇西地区的第一个水电站,具有重要的历史意义,也为民众生活提供了极大的便利。

清光绪年间,鹤庆总兵朱洪章开挖南新河,疏浚水患,得到了商号支持,其中,福春恒捐款 500 两,庆昌和捐款 200 两,兴盛和与同心德各捐资 50 两,商人舒金和、蒋宗汉、丁槐等担任职员,为开挖工程献策出力。② 南新河道的挖通,有效地缓解了鹤庆地区的水患,不仅减少了水害灾害,而且为更多地区提供了农业灌溉。

丽江帮继昌和商号的李畅远,尽管资产并不雄厚,但将自己大部分的资财用于修建大具乡的水利工程。大具乡水利工程历时 17 年,大多费用为李畅远所出。该工程竣工后,基本解决了大具乡用水难的问题。大具乡民众曾立"丽江实业家李公畅远德政"碑纪念李畅远的伟大功绩。③

王炽家族对水力发电颇感兴趣,认为这是一项功在千秋、利在当代的工程。遂聘请德国工程技术人员进行勘测,并积极联合官商各界集资修建石龙坝水电站。王家成员曾参与昆明商办耀龙电灯公司的成立,并担任总董一职。"石龙坝水电站建成后,揭开了昆明用电的历史新篇章,从此省城府署、学校、店铺、作坊普遍用上了电灯,街巷也装上路灯,通宵明亮,面貌为之改观。"④ 水电站能够迅速完工,同庆丰王炽家族功不可没,先后拿出白银十几万两,王鸿图还出面为公司借款 40 万元。耀龙电灯公司供电后,为自来水公司成立提供了条件,同庆丰又筹建了云南自来水股份有限公司。"民国四年(1915)与法国海防机械建设公司签订了承建厂房、安装设备的合同。设置取水机 2 部于翠湖九龙池,借用电力取水;设置滤水池于五华山西,日蓄水 900 立方,日用 600 立方。"⑤ 后因经营不善而举步维艰,但是自来水厂的设置,标志着云南向现代文

---

① 薛祖军:《喜洲商帮》,云南人民出版社 2013 年版,第 164—165 页。
② 张了、张锡禄:《鹤庆碑刻辑录》,大理白族自治州南诏史研究会印,2001 年,第 211 页。
③ 周智生:《商人与近代中国西南边疆社会——以滇西北为中心》,中国社会科学出版社 2006 年版,第 194 页。
④ 葛永才:《清末巨商王炽》,云南人民出版社 1998 年版,第 98 页。
⑤ 葛永才:《清末巨商王炽》,云南人民出版社 1998 年版,第 98 页。

明前进了一大步。

六 助推地方文化发展

地域商帮投资地方文化事业，在修复地方文化古迹、重印书籍、投资报刊等方面也积极作为。

喜洲商人曾出资重建李元阳、杨升庵写韵楼、杨桂楼先生祠宇，建鸡足山祝圣寺镇宝亭；捐资重印《大理府志》《滇八家诗抄》《大理古代文化史稿》等书籍。[①] 1944年，大理《滇西日报》因经营困难而面临停刊危险时，永昌祥严燮成、严宝成兄弟伸手施援，予以资助，使得这份报纸重新焕发活力，一直经营至新中国成立前，为振兴滇西文化新闻事业做出了积极的贡献。[②]

1939年年底，因抗战返乡的部分丽江学子，面对民族危亡的时局创办了以宣传时事、普及科学知识、号召全民抗战为主的《丽江大众壁报》，牛文伯、赖敬庵、杨超然等商人积极给予资助，同时还为报纸筹集捐款。在商人等团体的资助下，不定期的《丽江大众壁报》改为定期的《丽江周报》，并改为油印发行，发行量增大，社会影响广泛。[③]

鹤庆帮热衷于捐修寺庙、文庙和神祠，在促进地方文化信仰方面有突出贡献。光绪十一年（1885），兴盛和号鉴于咸同兵燹之乱，县邑地藏寺的殿宇被焚毁，慨捐银200两，并得地方士绅捐助，重建了地藏寺。光绪年间，舒金和与福春恒号的蒋宗汉捐资修建县文昌祠。并于州署前捐资修建了几间铺面，以铺租作为修葺、香火费用。此外，恒盛公也曾捐资国币11万用于修建关帝庙。[④] 在清末民初内忧外患、社会动荡的背景下，鹤庆商人大修祠堂的举动迎合了民众寻求安慰的心理。

玉溪帮兴顺和商号东家马启祥热心于伊斯兰文化建设。曾出资修缮

[①] 薛祖军：《喜洲商帮》，云南人民出版社2013年版，第314页。
[②] 黄藏槐：《顾建平先生与滇西日报》，《云南文史资料选辑》第43辑，云南人民出版社1994年版，第325页。
[③] 张星泽：《边陲救亡小报——〈丽江周报〉》，《云南文史资料选辑》第50辑，云南人民出版社1997年版，第84—85页。
[④] 赵启燕：《鹤庆商帮》，云南人民出版社2013年版，第144页。

玉溪大营清真寺，在昆明赞助购地修建庆云街迤西公清真寺，资助经学教育，供养海里凡 20 余人。当时回族教长首倡木刻《古兰经》，马启祥鼎力相助，雇请四川雕刻木工 32 人，于昆明南城清真寺方角亭内监刻，聘请马敏斋监刻，历时两年完成，耗资近万两。1879 年《古兰经》木刻版完成，相继印刷出版，出版书籍被云南回民传播到世界各地。① 回族商人推动伊斯兰文化建设的行为，促进了云南文化多元化、开放化发展。

昭通巨商李耀廷在渝致富后，回报家乡，投资家乡文化建设。李耀廷曾捐银 3000 两修建鲁甸文庙，购买大量书籍赠予昭通凤池书院，并捐千金为"膏火"之资。凡昭通府五属生员应乡试者，均赠"卷金"②。

无论是文化古迹修复彰显地方文化底蕴，还是重刊书籍提升民众对家乡历史文化的了解，抑或兴办新式报刊开阔民众视野、启迪民智，等等，不仅可以促进地方文化发展，也有利于增进地方文化认同和国家认同，其积极意义是不言而喻的。

七 地域商帮从事公益事业的原由与社会效果

在晚清政府的重商政策以及开埠通商后洋货大量涌入的影响下，地域商帮投身于长途贸易和对外贸易，并取得成功。以弥勒帮王兴斋的经验情况来看，自光绪丁亥至宣统辛亥（1887—1911）年间，全部红利为 3899000 两。③ 喜洲帮永昌祥的资本从 1917 年的 32381 银元增长到 1937 年的 1825900 银元，20 年的时间，永昌祥资本增长了近 180 万银元，即使通货膨胀严重，资本增值仍在 30 倍以上。④ 由此可见，各地商帮从事公益事业的基础是商人自身实力的增强。

明清以来，云南地区儒学教育蔚为大观，大多商人从小就接受过儒学教育。弥勒帮商人王炽的理财消费则展现了其乐善好施的一面，起了

---

① 段金录、姚继德：《中国南方回族经济商贸资料选编》，云南民族出版社 2002 年版，第 332 页。
② 贺以明：《西南工商巨擘李耀廷》，《昭通文史资料选辑》第 9 辑，1995 年，第 8 页。
③ 刘云明：《清代云南市场研究》，云南大学出版社 1996 年版，第 174 页。
④ 杨克成：《永昌祥简史》，《云南文史资料选辑》第 9 辑，云南人民出版社 1965 年版，第 59 页。

良好的表率作用。王炽将"不为钱所役"当作其持之以恒的理财信条，赚钱后，会将部分钱财拿出来周济社会，以达到节制个人私欲的过分膨胀。① 腾冲帮茂恒号李境天家族，虽几代在缅甸经商居住，仍时刻怀着爱国爱乡的情怀，投资家乡公益事业。这也就是说，儒家文化"穷则独善其身，达者兼济天下"思想的影响，是商人纷纷投身公益的重要原因。

正如刘云明指出的那样，"商人致富后，或迫于社会舆论，怕落个'为富不仁'的名声，或为了改变自己的社会地位，博个'轻财有义'的美誉，亦将资财用于兴办'公益'"②，商人致富成为社会新贵，急需取得民众的认可，投资公益是达此目的的最好手段。通过公益活动积累声誉，还可扩大商人及其商号的知名度与影响力，形成品牌效应。如严子珍在喜洲建立图书馆取名为"苍逸图书馆"；丽江帮裕和号牛文伯资助丽江中学附小，因此该学校易名为"文伯小学"。③

此外，鸦片战争后，清政府与列强签订了一系列不平等条约，需赔款大量白银，国库空虚。再加上各种贷款，使得地方政府已无暇顾及赈济、慈善等公益事业。商人投资公益由此成为地方政府、传统士绅救济不足的有力补充。云南开埠通商后，大量外国传教士在通商口岸及内地办兴办了育婴堂、孤儿院、诊所、医院、学校等育婴及医疗教育慈善机构。外国传教士兴办的各种慈善机构，取得了明显的社会效益，则激发了商人兴办慈善的热情。

所谓"慈善团体所以救政治之偏而补社会之缺也"④，商人从事公益产生了明显的社会效果。

商人投资慈善，尽管有很大局限性，"但他们所做的种种义举，对解除群众疾苦，传播科学文化和提高本地区民众文化素质"，"推动社会进步、维护社会稳定发挥了积极作用"。⑤

商人投资公益事业，是社会财富再分配的重要方式，同时也推动社

---

① 罗群、黄翰鑫：《王炽与云南商业社会》，云南人民出版社2014年版，第120页。
② 刘云明：《清代云南市场研究》，云南大学出版社1996年版，第178页。
③ 郭大烈主编：《中国民族大辞典·纳西族卷》，广西人民出版社2004年版，第388页。
④ （民国）《当涂县志·民政志》，江苏古籍出版社1991年版，第459页。
⑤ 杨育新：《大理华侨义举》，《大理市文史资料》第6辑，1997年，第83页。

会再生产。"商人利润投向这些社会公益事业,实际上也是当时社会再生产过程中社会财富再分配的一种重要形式,它们不仅创造了社会的就业机会,而且商人资本利润所得向乡籍的回归流动,也在各种形式上支持了地方上社会再生产。"[1]

教育是国家兴旺发达的根本,也是地方兴盛的源泉。各地商人对教育与文化事业的重视与投资,为地方的长远发展奠定了坚实基础。如喜洲帮投资教育事业,为喜洲人才培养和发展提供优越的条件,并取得了显著的效果。到新中国成立后,获得将级军衔的喜洲人就有十多位。据不完全统计,喜洲籍人士获正副教授职称的有四百多人,行政地师以上有一百多人。《喜洲镇志》收录的具有中级以上职称和科级以上职务的人员有一千人。[2] 人才是社会财富的创造者,人才是地方社会发展的贡献者,喜洲社会的发展,与喜洲帮重视教育发展密切相关。

---

[1] 张忠民:《前近代中国社会的商人资本与社会再生产》,上海社会科学出版社1996年版,第316页。

[2] 薛祖军:《喜洲商帮》,云南人民出版社2013年版,第312页。

第 五 章

地域商帮与近代云南地方社会治理

第一节 商人势力的膨胀与近代云南地方治理架构的变化

近代以来,从事对外贸易和长途贩运的云南商帮实力膨胀。经商不再受到限制,商业已不再是"末业";地域商帮不断增加,加速了社会阶层流动性。商会的成立,表明商人成为一个重要的社会管理阶层。商人群体壮大后,急切地希望在地方政治上占有一席之地,不可避免地导致了地方社会治理结构的变化。

一 商人社会地位变化与社会流动

近代以前的云南社会,地主经济占据了主导地位,民众大多从事农业生产,少有经商活动。社会阶层固化,职业世代沿袭,社会流动呈凝固性。在传统社会中"个人对自己的天赋地位逆来顺受,相信以往的社会秩序是天经地义和不可改变的。人们重农抑商,盲目的宗教信仰,歧视和排斥妇女参与社会活动,凡事以传统和权威的好恶来衡量品评,提倡无条件遵从和自我封闭等"①。腐朽的思想禁锢了民众的大脑,盲目地遵从权威、封闭自守,导致社会流动性差。而到近代,英、法帝国主义侵入云南,洋货大量涌入,高额的商业利润,吸引了大批农民从事商业经营,传统的社会结构遭受极大冲击,社会流动日益频繁。政府面对内

---

① 王笛:《跨出封闭的世界——长江上游区域社会研究》,中华书局2001年版,第718页。

忧外患的局面，只好取消经商限制，出台鼓励商业发展的政策。"中兴名臣曾国藩仅赏侯爵，李鸿章不过伯爵，其余百战功臣，竟有望男爵而不可得者，今以子男等爵，奖创办实业之工商，一扫数千年贱商之陋习，斯诚稀世之创举。"① 云南商人利用边疆优势，开展对外贸易与区域长途贩运贸易，并发展成为实力强大的地域商帮。不少经商致富的事例和高额的商业利润，吸引了更多的农民、手工业者经营商业。经商致富的商人，或通过买房置地，成为地主，或捐纳应试，成为士绅阶层。由此，固化的社会结构被打破，社会流动性显著增强。

在此背景下，云南商人积极参与政治事务，受到政府重视，如弥勒商人王炽因在中法战争中，为清军资助军饷有功，获四品道员职衔，恩赏荣禄大夫二品顶戴，诰封三代一品"封典"，王炽成为中国王朝社会唯一的"一品"红顶商人。② 建水帮朱恒泰商号的朱朝瑛因参加辛亥临安起义有功，被国民政府授予陆军中将的头衔、三等嘉禾勋章。永昌祥的严子珍因经营有方，曾被李根源委派为"督办下关蒙化厘金兼大理税务"，为地方政府代解库银、课款。③ 宣威商人浦在廷，因支持广州革命政府，被孙中山委任为全国总商会副会长、广东烟酒公卖局局长等职，并授予少将军衔，荣膺五等嘉禾奖章。④ 商人政治地位的提高，不仅是政府商业政策转变的表现，而且是商业由被歧视、限制、约束到被鼓励、支持、引导的反映，更是商人力量壮大的结果。

商人为了加强市场竞争力，实现利润最大化，往往以血缘、乡缘为纽带，组成地域性的大商帮。在一些商帮势力较大的地方，商人凭借强大的资本和充足的物资资源，一跃成为社会中的上流阶层，拥有了社会"管理者"身份。著名的迤西三大帮，几乎掌握了当地社会的各个方面。各地商会的成立与运营，更表明当地商人已具备了相当规模，商人成为

---

① 朱英：《甲午战后清政府经济政策的变化与商人社会地位的提高》，《贵州社会科学》1998 年第 5 期。
② 弥勒县县志编纂委员会：《弥勒县志》，云南人民出版社 1987 年版，第 752 页。
③ 杨克成：《永昌祥简史》，《云南文史资料选辑》第 9 辑，云南人民出版社 1965 年版，第 82 页。
④ 中共宣威市委史志办公室：《宣威市志》，云南人民出版社 1999 年版，第 820 页。

地方社会的重要阶层，参与社会管理。鹤庆县商会"掌握一地的经济命脉，商会的职权已超出商业范围，无论地方上的政治、军事、文教它都有所干预"①。随着云南商人的社会地位提高，其影响力也在增强，以至于有人这样评价道："这时候的云南好像整个社会财富都是商业资本家的，成百上千的骡马，琳琅满目的商店和服务行业都是他们的。各级政府和税收机构都是他们的，他们好像一股独立的社会力量。"② 这说明商人的影响力不断增强，已越来越多地深入社会的各个方面，成为重要的社会管理阶层。

商业经营中，不少人的社会地位随着商业经营成败而波动。不少贫民通过经营商业致富，社会地位提高，成为地主或商绅；也有原本是地主或商绅因经营失败，家产抵债，沦为贫民。蒙自"八大号"以经营大锡为主业，1917年受欧战影响，锡价暴涨暴跌。暴涨时锡商大量购进锡块，后遇锡价暴跌，锡商所押给东方汇理银行的锡块价款，还不够支付利息，大多锡商关门歇业，沦为贫民。③鹤庆帮遭遇到一战后的金融大危机，也是纷纷倒号，几十年的经营功亏一篑。丽江宁蒗县永宁纳西族聚居区，甲布瓦管家阿纳家，为经营赶马运输，曾卖出或押出土地，但结果一无所获，土地化为乌有，社会地位也一落千丈。④ 商业经营的巨大风险性，加剧了社会阶层的流动性。由此，随着商人力量壮大，商人阶层形成，直接带动、形成了以下几种社会流动途径：

第一，由农而商。云南山高水深，地势崎岖不平，耕地面积严重不足。无地可耕的贫民只好走上经商道路，通过艰苦奋斗，以实现人生价值。商人为了增强市场竞争力，实现利润最大化，往往以血缘、乡缘为纽带，组成地域性的大商帮。

---

① 潘寿山：《鹤庆商会纪事》，《鹤庆文史资料》第1辑，1990年，第159页。
② 田麟勋：《革命征途第一步》，《鹤庆文史资料》第5辑，1998年，第16页。
③ 蒙自县志编纂委员会：《蒙自县志》，中华书局1995年版，第592页。
④ 王承权、詹承绪调查整理：《宁蒗县永宁区忠实乡纳西族封建领主制、阿注婚和母系家庭调查》，国家民委《民族问题五种丛书》编委会编：《当代中国民族问题资料·档案汇编〈民族问题五种丛书〉及其档案集成》第5辑，《中国少数民族社会历史调查资料丛刊》第95卷，中央民族大学出版社2005年版，第395页。

第二，由商而农。一些商人致富后，出于经商风险太大和提升社会地位的考虑，退出商业领域，买房置地，成为封建地主。腾冲商帮的董耀庭家有土地千余亩，董爱庭家有800余亩，李境天家有700余亩。①

第三，亦农亦商。商人将部分资本用于购买田地，成为地主，同时也兼营商业。如永昌祥严子珍将大片土地用于种植经济作物。

第四，亦商亦工。部分商人受"实业救国"思潮的影响，将资金投入工业生产，既为自己提供了充足而稳定的产品来源，也推动了云南的工业建设。如茂恒将所得利润大多投入"云茂纺织厂"的建设。

第五，亦农亦工。贫民为了获得更多的收入，进入商人投资设立的工厂，当生产工人养家糊口。遇到农忙时节或工厂破产，便回到田地劳作。

第六，亦官亦商。中国传统社会作为一个"官本位"社会，云南商人深受影响，致富后通过考科举、资助革命、结交官府要员、慈善捐赠等方式，取得官员身份，以满足其光宗耀祖的心理。喜洲、鹤庆帮商人大都捐纳得官，还有著名的官商王炽、朱朝瑛等。

二　商帮的增多与会馆的涌现

近代云南地域商帮众多，以喜洲、鹤庆、腾冲、建水、蒙个帮五大地域商帮为代表。除这五大帮外，还有经营特色产品的商帮，比如专门经营茶叶的石屏帮和思茅帮，主营火腿的宣威帮，主营药材的丽江帮；以大商人闻名的商帮有，清末一品商人王炽所属的弥勒帮，西南工商巨擘李耀廷所在的昭通帮；以民族为纽带的纳西族商帮、回族商帮、彝族商帮、白族商帮、藏族商帮、哈尼族商帮，壮族商帮等少数民族商帮。此外还有部分知名商帮，比如蒙化帮、中甸帮、永平帮、云龙帮、顺宁帮、景东帮、磨黑帮、沙甸帮、广南帮、开化帮、竹园帮、寻甸帮、玉溪帮、通海帮、峨山帮、曲靖帮、会泽帮等。对此，《新纂云南通志》云："至本省商民，则有腾冲帮、鹤庆帮、大理帮，经营于缅甸；临安帮

---

① 梁冠凡等调查整理：《下关工商业调查报告》，《白族社会历史调查（一）》，云南人民出版社1983年版，第164页。

经营于香港，其他各县城镇，以其地之广狭、人口之多寡、交通之便利与否，各为等差，而恒以省会为中心。"① 会馆是同乡商人以地缘为纽带，以祭神、娱乐聚会、洽谈业务为目的而建立的民间商业组织。会馆为同乡商人提供了商业往来、信息沟通、娱乐的场所，是地域商帮的活动所在地。会馆的落成，是地域商帮形成的重要标志。

在省内，滇西是云南会馆最为集中的地区。鹤庆帮兴盛和商号舒翼才倡议在下关修建鹤庆会馆，以便同乡聚会往来。鹤庆商号中，恒通裕、兴盛和各捐2000元，怡和兴、鸿盛昌、日新德各捐1000元，福春恒认捐2000元。② 加上在下关经营的中小商号捐款，商家的齐心协力促成了鹤庆会馆的快速建成。会馆落成后，加强了在下关的鹤庆商人间的联系，提升了鹤庆商人的市场竞争力。保山县的云南会馆也较为集中，"市肆货物之繁华，城池风景之阔大，滇省除昆明外，他郡皆不及，人以此谓之小南京焉"③。其中包括大理鹤庆会馆"鹤云寺"、大理会馆"双鹤观"、腾越会馆"腾阳会馆"等，集中分布在城南和太保山等地。喜洲、鹤庆商人建立的大理会馆共有13处，遍布云南三迤各地。④ 此外，还有昆明的石屏会馆、建水会馆等。

云南会馆遍布全国绝大多数省份，其中以北京、四川为多。云南商人在京城的会馆就有6所，即赵公祠、云南北馆、景忠会馆、云南新馆、云南老馆、云征试馆；四川省成都有云南会馆，会理有云贵宫"观音阁，州大北门外小西关太和会馆"，宜宾有云南会馆"滇南馆"，位于"下走马街，由云南籍旅宜商人出资建造"。贵阳市云南会馆，位于今贵阳市和平路，建于清光绪二十四年（1898），该馆有房屋、地基数十幢。此外，在其他省会城市和商业市镇也建有云南会馆，如广州有云南会馆和云贵

---

① 龙云、卢汉修，周钟岳、赵式铭等纂：《新纂云南通志》卷143《商业考一》，云南人民出版社2007年点校本，第7册，第91页。

② 舒自志：《博南古道上的鹤庆舒姓商号》，《云南文史资料选辑》第42辑，云南人民出版社1993年版，第237页。

③ 光绪《永昌府志》卷8《风俗》，光绪十一年（1885）刻本，台北成文出版社1967年影印本，第22页。

④ 张培爵修，周宗麟纂：《大理县志稿》卷3《建设部》，1916年铅字重印本，台北成文出版社1974年影印本，第142页。

会馆；在河南开封、湖南善化有云贵会馆；天津有云贵会馆；在西北甘肃皋兰有云贵会馆；在广西桂林有云贵会馆、平乐县有云南会馆、百色有云南会馆；在西藏拉萨有云南会馆"三多庙"；等等。国外的云南会馆分布于东南亚、南亚，以缅甸较为集中，主要有1876年在曼德勒修建的"腾越会馆"，以及在位于洞缪及曼德勒之间的金多堰修建了具有会馆性质的"土地祠"①。

云南会馆为云南商人拓展商业活动，维护自身商业利益，提供了活动平台。会馆的建成，表明地域商帮已经具有相当规模，具有一定的经济实力。通过遍布国内外的商业会馆，地域商人在当地积极参与竞争，获取更多的商业利益，也能避免一定程度的风险。会馆后又发展成为商会，显示出商人的实力进一步增长。

三 商会：商人参与社会治理的组织

近代以来，工商立国成为政府与社会共识，随着工商立国政策的确立和振兴工商政策的实践，政府和工商界的社团意识促进了商会的迅速发展。② 云南商人在政府的大力支持下，积极主动参与商会的筹建。1906年，以"近来中外互市，铁路将通，蒙自、思茅、腾越等处进出口货日见充斥，商务渐臻繁盛，亟应整顿考查，以维自有之权利"起见，"遵照商部奏定章程，设立商会，名曰云南省垣商务总会"。③ 云南商会采取"二董"同治的组织形式，由总理和协理主持日常会务，会董和帮董共同参与管理。会董由全体会员选出执行会务，帮董由各行帮分别推选出，有助于照顾各方利益；同时会董、帮董有提议参议驳议之权，使得商会的决策具有一定的民主性，能够兼顾大多数商家的正当权益。计有总理1人，协理1人，会董10人，帮董10人，共有58个商业行帮加入商会，随后各地方性商会先后成立。从《奏设云南省垣商务总会章程》看，商会的职责主要有：一、联络商情、保护商务；二、平抑物价、禁止垄断；

---

① 马晓粉：《清代云南会馆研究》，博士学位论文，云南大学，2014年，第79—82页。
② 虞和平：《近代商会的法人社团性质》，《历史研究》1990年第5期。
③ 龙云、卢汉修，周钟岳、赵式铭等纂：《新纂云南通志》卷144《商业考二》，云南人民出版社2007年点校本，第7册，第113页。

三、不得大量廉价抛售，扰乱市场；四、定期开会，共同商定商务大事；五、保护货物运输，与官府紧密联系；六、规范市场秩序，严禁假币；七、制定度量标准，确保市场交易公平。① 至1938年，据省实业司统计，全省上报依法成立商会县、市计有85个，1942年增加为98个县、市：马关、石屏、宣威、江川、巍山、武定、勐腊、麻栗坡、保山、罗平、绥江、广南、腾冲、盐津、云县、临沧、晋宁、路南、江城、曲靖、南华、凤庆、泸西、玉溪、禄丰、华宁、昭通、富民、金河（今属金平）、大理、文山、镇雄、个旧、盐丰（今属大姚）、澄江、永胜、河西（今属通海）、牟定、西畴、思茅、墨江、弥渡、金平、景谷、丘北、祥云、广通（今属禄丰）、建水、富宁、凤仪（今属大理）、大关、永平、邓川、宾川、鹤庆、镇沅、德钦、巧家、峨山、蒙自、通海、中甸、陆良、勐海、华坪、会泽、丽江、南峤（今属勐海）、呈贡、大姚、普洱、宜良、禄劝、龙陵、楚雄、维西、鲁甸、姚安、彝良、永仁、兰坪、洱源、寻甸、剑川、云龙、沾益、元江、镇康、易门、永善、开远、元谋、安宁、新平、河口、潞西、勐烈（今属江城）。②

商人通过商会管理市场，成为市场规则的制定者。如全面抗战时期，昆明市商会参与市场管理表现在：第一，维护市场秩序。工商登记，将大量外来商人登记加入商会，方便管理；平抑物价，成立物价调整委员会，禁止囤积物品、要求各店铺明码实价；调解商事纠纷，主要调整债务、劳资纠纷。第二，平抑粮价、调剂民食。第三，对同业工会进行管理和整治，重新厘定行规。③ 昆明商会对市场的积极治理，使得全面抗战时期的昆明市场总体秩序良好，没有因时局不稳而出现太大的波动。又如大理、下关商会，"在一定程度上有规定某些物资价格的权利……如市场上的肉类、粮食、茶叶等主要商品的价格，堆店、旅馆、马车运输等

---

① 龙云、卢汉修，周钟岳、赵式铭等纂：《新纂云南通志》卷144《商业考二》，云南人民出版社2007年点校本，第7册，第113—115页。

② 云南省地方志编纂委员会：《云南省志》卷14《商业志》，云南人民出版社1993年版，第45—46页。

③ 张思媛：《抗战时期昆明市商会与地方社会（1937—1945）》，硕士学位论文，云南民族大学，2016年，第28—41页。

收费标准，都由商会评价委员会统一规定。同时，市场度量衡的改变和使用，也由商会统一规定"，"商会还出面向政府承包各种商业税收……此外，商会还经常出面要求政府减免某项商业税收，保护商业成员利益"①。

不可否认，商会的成立与发展标志着云南地方商人不仅超越了血缘与地缘纽带的羁绊，而且也冲破了行业的囿限②，但各地商会互不相属，组织上具有独立性，地域商帮是各地商会形成的基础，各大商号在商会中发挥着重要作用，"被大商号控制的棉纱、棉布、百货等商品的价格，多由各大商号自己'开小会'决定，商会不会过问"③。商会的成立与发展使各地商人不仅继续扮演地方商业经营者角色，还在一定程度上成为地方商业与社会发展的管理者。

四　自治公所与县参议员选举

清末新政时期，云南政体有了较大的变化。1908 年开办云南全省自治局，置官绅局长一人。1909 年正式成立咨议局，云南议员设 68 人。各地成立自治传习所、宣讲所，以便人们了解宪政，参与宪政。于是有了"行政之权在官吏，建议之权在议员"④。议员和自治公所有了参与社会管理的权力，并以选举方式产生，这为新贵商人们参与政权提供了绝佳机遇。

云南商人经商致富后，凭借自身强大的经济实力和较高社会地位，积极参与到社会治理中。正如施坚雅谈中国传统市场与社会结构联系一样，"任何一种对于传统中国社会结构的观察，只要把它与相关联的市场

---

① 马维勇：《清末民国时期下关、大理的商会》，《大理市文史资料》第 3 辑，1990 年，第 52 页。

② 罗群：《从会馆、行帮到商会——论近代云南商人组织的发展与嬗变》，《思想战线》2007 年第 6 期。

③ 马维勇：《清末民国时期下关、大理的商会》，《大理市文史资料》第 3 辑，1990 年，第 52 页。

④ 龙云、卢汉修，周钟岳、赵式铭等纂：《新纂云南通志》卷 126《商业考二》，云南人民出版社 2007 年点校本，第 6 册，第 359 页。

体系进行比较作为重点,就必然会随着层次的提高越来越注意到行政体系"①,云南商人也渴望参与政治生活。恰逢清末新政的商人,将目光投射到了自治公所和地方参议员选举上。其中以迤西三大帮所在的滇西地区表现最为明显。

1931年,云南省府在全省推行地方自治,通过民众推选、政府加以委任的方式在县辖各区建立自治公所,开展地方自治。自治公所的成立,为商人参与政治生活敞开了大门。新贵商人们,"深以自己的财富和经营能力,以及经济领域的成就而自傲,并开始以主人翁的姿态面对世事了"②。

地方参议员的选举更是商人角逐的对象。据大理县参议院资料显示,大理县参议员的当选人和候补人一共17名,其中7名来自商界。丽江县有名的商绅大多被选举为议员,比如赖敬庵、和吉甫被选为参议员,赵家兴、杨春和二人均在候补议员行列。鹤庆参议会中,有商人出身的杨开泰、杨澄浦、李监廷跻身参议员名列,罗勋臣、张正卿、东光亮被选为候补参议员。③ 商人取得县参议员的席位,在政治上有了发声的机会。

商人群体不断壮大,并通过自治公所、县参议员选举方式,参与到社会治理中去。地域商帮积极参与政治生活,通过政治维护商业利益,同时也满足了中国传统社会所认为的通过做官可以光宗耀祖的心理。

五 "商绅"主导下的地方治理

商绅群体是指经营自己的商号,而且同时具有一定的科举功名或职衔的商人。他们的身份不仅是商人或者绅士,而是具备了一种"双重身份",从而形成"商绅"群体。④ 云南地域大商人大多通过科举或捐职

---

① [美]施坚雅:《中国农村的市场和社会结构》,史建云、徐秀丽译,中国社会科学出版社1998年版,第55页。

② [法]白吉尔:《中国资产阶级的黄金时代(1911—1937)》,上海人民出版社1994年版,第157页。

③ 周智生:《商人与近代中国西南边疆社会——以滇西北为中心》,中国社会科学出版社2006年版,第213页。

④ 赵善庆:《清末民初云南"商绅"阶层的变动及其与近代商业的转型》,《云南民族大学学报》(哲学社会科学版)2015年第4期。

衔，取得官员职衔，形成势力庞大的商绅群体。

云南商人致富后多采取捐纳取得功名，以提高社会地位。如"王鸿图经营同庆丰，系全省工商第一大户，捐有二品道员四品京堂；马启元经营兴盛和，系鹤庆工商大户，捐有二品武职副将头衔"①。严子珍"一生在清朝捐过'同知'衔，在民国任过'顾问'"②；弥勒商人王炽有朝廷诰封的三代一品"封典"；宣威商人浦在廷被孙中山授予少将军衔，荣膺五等嘉禾奖章③。这些商绅凭借自身的政治经济特权，主导了当地的社会治理。

喜洲镇由镇公所主管全镇事务，设镇长、副镇长各一人，由地方推荐，国民党政府加委。实力雄厚的严、董、杨、尹四大家族，完全掌握了推荐权，所有当选的镇长都代表着四大家族的利益。特别是像喜洲商帮中的严、董两家，镇政府官员保举前须得到他们的认可，方可获得加委。④ 时人概括当时喜洲的政治为：官同虚设、绅权无边。

蒙自顺成号周家兄弟纵横官商两界，一时炙手可热，掌控了蒙自地方事务。诸如团总、商会长、局长、校长之类，大半由其兄弟子侄担任，"周苾斋任团总、商会长，周楚之（周柏斋之侄）任教育局长、中学校长，偶有他姓插足其间者，亦系其至亲密友，外人则不得问津。当时蒙自有'无周不长，无长不周'之谣，盖纪实也"⑤。

鹤庆商人除了把持自治公所、县参议员等职位，也作为商绅干预地方事务。1950 年 4 月，不明情况的鹤庆人因永胜罗瑛的部队要进占县城而人心惶惶。县政府召开紧急会议，通知参加会议的单位除了有县参议会、商会、司法、公安等负责人之外，还有士绅施次鲁、丁浙生、舒泰

---

① 陈子量：《云南商会》，《云南文史资料选辑》第 49 辑，云南人民出版社 1996 年版，第 2 页。
② 杨克诚：《永昌祥简史》，《云南文史资料选辑》第 9 辑，云南人民出版社 1989 年版，第 82 页。
③ 中共宣威市委史志办公室：《宣威市志》，云南人民出版社 1999 年版，第 820 页。
④ 杨宪典：《喜洲志》，大理白族自治州南诏史学会，1988 年，第 187 页。
⑤ 吴能清：《我所知道的蒙自顺成号》，《云南文史资料选辑》第 9 辑，云南人民出版社 1965 年版，第 108 页。

生、罗勋臣、李襄臣等人。① 这些士绅都是鹤庆各大商号的负责人,表明商人已经成为地方事务决定者的一分子。

商绅能够主导地方治理者,多为商帮实力强大的区县。其他地方的绅权相对有限,但也是地方政治事务的重要参与者。商人能够主导地方政治,说明商人已经具有官商结合的身份和雄厚的经济基础。

六 商人参与维护社会稳定

在某些商帮势力强盛的地区,地方事务完全掌握在大商人手中。他们往往从维护自身利益出发,或组建社会管理机构维持地方治安,或调解纠纷维护市场秩序,或组织地方武装保境安民,积极参与维护地方社会的稳定。

1933年,喜洲商帮为了预防火灾,出资组织了由30多人组成的"喜洲消防大队",购买了一批铜质水枪,射程约30米,建立了云南省内第一家农村消防队。消防队遇火情时救火,平时帮助地方维护治安,有力地保护了公众生命财产安全。1937年,为了确保自身的生命财产安全,经政府同意后,喜洲帮出资购进一批枪支弹药,组建私立的"喜洲实验警察局"。该局设局长、巡官各1名,警长3名,警员30名。"喜洲实验警察局"的警员训练有素,有效地维护了地方的安宁与稳定,所以喜洲的治安远远好于其他乡镇。②

1934年,腾冲骡马运输工会和进出口商在运费问题上发生纠纷,未能及时解决,骡马运输工会罢工达两个月,进出口贸易一度停顿。腾冲帮与骡马运输工会多次协商无果,洪盛祥号紧急调回在下关分号的自有马帮,并邀请拥有五六百匹马的蒙化马帮到腾冲驮运,使腾冲至八莫的运输线得以畅通。腾冲骡马运输工会只好改变强硬态度,主动要求协商,双方在运输费用上达成了一致,腾冲的对外贸易得以恢复,规模也得以扩张。洪盛祥的这一举动,在很大程度上维护了腾冲商业贸易的稳定。③

---

① 杨维基:《鹤庆解放前后——我的回忆》,《大理州文史资料》第2辑,1984年,第41页。
② 薛祖军:《喜洲商帮》,云南人民出版社2013年版,第315页。
③ 黄槐荣:《洪盛祥商号概况》,《腾冲文史资料》第3辑,1991年,第35页。

受1911年云南省城昆明重九起义成功的影响,建水帮朱恒泰号朱朝瑛参与领导了辛亥建水起义,起义成功后,朱朝瑛被推举为南军都统。朱朝瑛为防止后患,凭借其与临安府属纳楼土司女儿的姻亲关系,派随员佴致中、刘维垣到司治官厅和江外土司地区进行游说,宣传起义宗旨和革命意义,使江外的九家土司坚定地站在朱朝瑛一边,从在一定程度上保持和维护了当地社会的稳定。①

中法战争前后,提督鲍超和云南巡抚岑毓英领导的抗法清军,因缺少军费开支,行军途中不时有士兵劫掠事件发生,给沿途的民众和商铺带来巨大灾难,也影响到商贸活动的开展。弥勒商人王炽从稳定商业秩序和维护边疆安全出发,主动拜见云南巡抚岑毓英等人,提出垫资军饷,并设置了临时性的银票方便官兵兑取。② 王炽此举稳定了社会秩序,赢得百姓敬仰,又与地方军政长官结下良好关系,取得为云南财政服务的特权,商号规模日渐壮大。

晚清时期,各地盗贼风起云涌,就连偏僻的十八寨也受到影响。"咸丰六年(1856),回民起义军建水马位与宁州马汝德自开远、盘溪破竹园、围虹溪。虹溪乡绅连文甲置办团练,委王为练目。连与马旧识,遣王交涉,许以军需粮秣,遂解虹溪之围。"③ 虹溪商绅共同面对危机,解虹溪之围,有力地维护了社会稳定。

第二节　近代云南地域商帮与地方政治变革

19世纪中后期,一向强势的外省商帮不复存在,地域商帮乘势崛起;通过参与辛亥革命,工商业资产阶级掌握了政权,地域商帮得到发展壮大;全面抗日战争时期,全国各种资源云集西南,云南地域商帮进入了鼎盛阶段;抗战胜利后,解放战争期间,大量工厂、人员搬回原地,加上纸币的恶性通货膨胀,地域商帮逐步衰落。由此可见,云南地域商帮

---

① 汪致敏:《朱家花园——滇南豪门的兴衰与隐退》,云南人民出版社2013年版,第96—97页。
② 罗群、黄翰鑫:《王炽与晚清云南商业社会》,云南人民出版社2014年版,第145页。
③ 弥勒县志编纂委员会:《弥勒县志》,云南人民出版社1987年版,第752页。

的崛起、发展、壮大、兴盛、衰落都与云南地方政治变革密不可分。

一 崛起于边疆民族危机之际

英法占领越南、缅甸后，就将目光窥视到中国西南边疆地区。为了将势力渗透云南边境，英国于1875年派探险队进入云南考察，发生了著名的"马嘉理事件"，英国获得了滇缅通商以及派官员驻大理等地的权利，获得滇缅通商的权利。1884年中法战争后，中方不败而败，先后被迫开辟了蒙自、思茅、腾越三关，以便和英、法通商。通商口岸的开辟，大量的洋货得以涌入云南市场，以大理为例，"惟吾邑洎咸同以前，初无所谓洋货，光绪初洋货始见输入。洎越亡于法，缅沦于英，于是洋货充斥，近则商所售，售洋货，人所市，市洋货，数千年之变迁，未有盛于今日者"[①]。物美价廉的外国轻工业品极大地冲击了云南市场，为商业发展带来了活力。洋货广阔的市场和可观的利润，吸引了大量商人从事对外贸易和区域长途贩运贸易，并由此发展壮大。

云南本土商人势力的崛起和地域商帮的形成，并成为云南商业发展的操控者，深刻改变了云南商业发展的格局与走向，并随着商人实力的增强，越来越多地在地方事务的各个方面产生影响，参与地方政治变革，对地方政治发展产生了特殊影响。

二 参与拥护辛亥革命

云南昆明的重九起义，受武昌革命胜利的影响。重九起义胜利后，蔡锷、唐继尧成立云南都督府，宣布云南独立。重九起义的消息，传遍云南全境，各地商帮都通过不同的方式积极响应辛亥革命，实现了政权的平稳过渡，避免了大规模流血冲突事件的发生。

迤西商帮改旗易帜，响应都督府。"大理官绅商各界于十四日在大理设迤西自治总机关部，并通行各属，宣布反正始末，安慰军民，并特电顺宁、丽江、楚雄三府，永北、蒙化各直隶厅，令转饬所属一体反正悬

---

① 张培爵修，周宗麟纂：《大理县志稿》卷6《社交部》，1916年铅字重印本，台北成文出版社1974年影印本，第349页。

旗庆贺。"① 其后，楚雄、丽江官绅各界回电赞同云南独立。在滇西北地区的政治变革中，商人成为重要决策者，鹤庆商帮利用商会控制的商团武装，控制住鹤庆总兵张继良等反动势力，② 对于稳定鹤庆局势发挥了重要作用。

迤南商帮以朱朝瑛为代表直接领导了辛亥临安起义。得知武昌起义胜利的消息传来，当时的临安（建水）巡官徐维新和由广东回乡休假的军官倪致中，力劝朱朝瑛勿去广东，应设法与驻军七十五标中的革命党人取得联系。10月30日朱朝瑛接到省城来电，知昆明爆发"重九起义"，11月1日徐维新与新军接上头，双方商当日10时发动起义。驻南校场的新军第一营和第二营准时开到南城门下，朱朝瑛派人开城门接应，先攻府署，继攻标本部，临安全城光复。次日凌晨，驻北校场的新军也闻风归顺。遂召集临安各界人士开会，成立南防军政府，推朱朝瑛为正都统，新军七十五标教练官赵复祥为副都统。③

辛亥临安起义后朱朝瑛一举成名，担任临元镇总兵职务，并被国民政府授予陆军中将的头衔、三等嘉禾勋章。1912年，朱朝瑛又担任了国民党迤南支部长，12月又被选为第一届国会众议院议员。朱朝瑛集党、政、军职务于一身，朱恒泰商号也随之声名大噪。1913年，朱朝瑛凭借在地方的崇高声誉，被推举为个旧商会会长。

孙中山领导的兴中会、同盟会等团体在海内外宣传革命活动，声势浩大。作为昭通巨商的李耀廷，深感国弱民贫、帝国主义横行的根源，在于执政者的软弱无能。因此李耀廷捐输巨款，赞助革命，还积极支持他的两个儿子参与辛亥革命。④

三 卷入地方实力派的斗争

商业与政治关联，云南商人不得不时刻跟随政治变化，并及时作出

---

① 由云龙：《迤西各属光复记》，载中国科学院历史研究所第三所编辑《云南贵州辛亥革命资料》，科学出版社1959年版，第77—79页。
② 鹤庆县志编纂委员会：《鹤庆县志》，云南人民出版社1991年版，第571页。
③ 建水县地方志编纂委员会：《建水县志》，中华书局1994年版，第761页。
④ 贺以明：《西南工商巨擘李耀廷》，《昭通文史资料选辑》第9辑，1995年，第9页。

反应。民国初期云南政局混乱、变幻多端,在一次次的政治变革中,商人的政治选择决定了他们的人生境遇与商业经营的成败。

1915年滇军将领蔡锷在云南组织护国军,反对袁世凯称帝,而辛亥临安起义有功的朱朝瑛却鬼使神差地站到了袁世凯一边。亲袁的广西军阀龙济光以朱朝瑛任第三路军司令,委任其弟朱朝玫为"南防司令",秘密遣人联络建水普均堂、莫朴、白万、朱映堂发动叛乱以予配合。1916年3月,朱朝瑛率领三路军2000余人,在滇桂边界与护国军黄毓成相遇,两军发起猛烈战斗,朱军败退百色,朱朝瑛逃往广东。与此同时,朱朝玫在个旧的叛乱,也被护国军镇压。①朱家经此变故,财产被查抄一空。

朱朝瑛在护国战争中,参与袁世凯一方是对形势的错误判断。朱朝瑛认为袁世凯的北洋政府军实力雄厚,护国军完全不是其对手,自己加入袁世凯的军队,一旦袁军获胜,自己在云南的地位便可一跃千丈。而未能想到袁世凯称帝,违背历史潮流,不光众多的革命党不答应,就连其一手培养出来的北洋军都不听其号令,最终袁世凯在全国一致的反对声中,宣布退位,结束闹剧。袁的退位,意味着曾经雄伟壮观的"朱家花园"辉煌不再。

1927年,唐继尧残暴统治,引起了云南民众强烈不满。眼看唐继尧的统治即将崩溃,昆明镇守使龙云、蒙自镇守使胡若愚、昭通镇守使张汝骥、大理镇守使李选廷四人发动了"二六政变",将唐继尧赶下了台。唐继尧倒台后,形成了以龙云、卢汉,胡若愚、张汝骥为首的两派,为争夺云南的统治展开激烈斗争。

永昌祥的严燮成与杨润馨分别讨好两派,这样无论哪派上台,都可以保证永昌祥的利益。严燮成在昆明极力拉拢龙云、卢汉,通过钱庄与龙云等人来往密切。

早在1920年前后,杨润馨在叙府与胡若愚交往,胡被川军打得丢盔弃甲,将姨太太和私款数万元托给杨润馨,让杨替他悉心照顾。后胡为感谢他,让儿子拜杨为干爹,张汝骥对杨也颇有好感。因此,严燮成对杨润馨说:"如果龙云、卢汉上台,我保永昌祥的江山,如果胡、张上

---

① 建水县地方志编纂委员会:《建水县志》,中华书局1994年版,第761页。

台，你保永昌祥的江山。"① 严、杨分别讨好两边，将永昌祥的利益放在第一位，无论哪一派上台，永昌祥都不会遭受重大损失，充分体现了商人参与政治的最大目的，就是维护自身的商业利益。

宣威商人浦在廷左右逢源，结交各方实力派。1916 年 1 月，护国军总司令蔡锷率师赴川，路经宣威，设兵站于宣威商会；浦在廷带头捐资，为护国军筹粮备款。1918 年，护国军胜利归来，再经宣威，都督唐继尧为他颁发银质梅花奖章。1921 年，参与"倒唐"的范石生派驻宣威，得到他的大力支持，为此范题赠"宛水榕峰、形势秀雄、挺立能人，有如在公"的赞词。② 浦在廷对政治极其敏感，随时与当权派保持密切联系，结交政要权贵，以获得商业特权和维护自身崇高的社会地位。

四　投身共产主义事业

云南商人从事区域长途贸易和对外贸易为主，常年奔波在外，眼界开阔，了解国内外局势。部分商人及其子女，知道了共产主义是为全人类的解放而奋斗，便毫不犹豫地投身共产主义事业；也有部分商人鉴于国民党统治腐败、金融混乱，商业秩序不在，经商举步维艰，明白了投身共产党才能换来和平的商业环境，便积极向共产党靠拢。不管其目的如何，商人的加入都壮大了云南的共产主义事业。

宣威商人浦在廷一家，为共产主义事业做出了突出贡献。1926 年浦在廷送次子浦承绪（字绍基）东渡日本，入早稻田大学攻读。不久浦承绪加入中国共产党，1928 年回到昆明，为中共云南省临时委员会做了许多工作。浦在廷的三个女儿浦代英、浦石英、浦琼英（字卓琳）被送到北平读书。③ 1937 年，三个女儿先后奔赴革命圣地延安，加入了中国共产党，并在抗日战争、解放战争中开展工作，为中国人民的解放事业做出了卓越贡献。特别是浦在廷的三女儿浦琼英（字卓琳），与中国共产党领导人邓小平结成了革命夫妻。

---

① 杨克成：《永昌祥简史》，《云南文史资料选辑》第 9 辑，云南人民出版社 1965 年版，第 84 页。
② 中共宣威市委史志办公室：《宣威市志》，云南人民出版社 1999 年版，第 820 页。
③ 中共宣威市委史志办公室：《宣威市志》，云南人民出版社 1999 年版，第 820 页。

丽江帮仁和昌驻昆明分号经理赖敬恒不仅自己加入党组织，还积极介绍其他丽江商人加入。仁和昌总经理赖敬庵、曾任仁和昌驻昆分号经理杨超然，也都是丽江商界中入党较早的红色商人之一。曾任丽江县政务委员会后勤部主任的李立三，为了革命，几乎已倾家荡产。① 丽江和平解放后，李立三在赴中甸争取和平解放时，被当地反动头目汪学鼎杀害，将自己的全部奉献给了党的解放事业，为滇西北解放做出了贡献。

解放战争时期，金融秩序混乱，商业举步维艰。为了寻求和平的商业环境，部分思想先进的商人主动加入共产党组织。1948年，鹤庆商人鲍品良与丽江商人李立三相约赴昆明寻找党组织，次年10月，经云南地下党员黄平、欧根介绍，鲍品良、李立三等人先后加入中国共产党。② 此外，恒盛公的张相时，与云南地下党早期党员黄洛峰保持长久友谊，并给予其力所能及的帮助。③

五 积极支持抗日救亡运动

1937年七七事变后，日本发动了全面侵华战争，引发了中国民众轰轰烈烈的抗日救亡运动。云南人民同仇敌忾，积极投身到抗日救亡运动中。"商人民族意识和商人群体意识是当时特定历史条件下的反映和要求，它是使多个群体行动起来的动机，形成无数相互交错的力量。"④ 作为云南社会中的有产富裕阶层，面对民族危亡的艰难时刻，云南商人挺身而出，为抗日救亡贡献自己的力量，捐出大量的钱财、武器、弹药、医药、粮食等抗战物资，有力地支援了全民族抗战。

喜洲帮永昌祥严子珍大义凛然，捐出10万军饷，慰劳抗日军队；锡庆祥老板董澄农，以个人的名义认购一架飞机，展现其强烈的爱国主义

---

① 郭大烈、和志武：《纳西族史》，四川民族出版社1995年版，第448页。
② 周智生：《商人与近代中国西南边疆社会——以滇西北为中心》，中国社会科学出版社2006年版，第220页。
③ 张嘉和：《归国共大事 丹心终不改——忆爱国老人张相时》，《鹤庆文史资料》第2辑，1992年，第48—49页。
④ 宋美云、宋立曼：《近代天津商会与国内其他商会网络机制的建构》，《中国社会经济史》2001年第3期。

情怀；鸿兴源老板杨鸿春等人在下关将军洞为抗日将士祈福，并捐款数万元以济军饷。① 滇西抗战时国军的110医院进驻喜洲，生活费用、寒衣等均由喜洲工商界捐助。

鹤庆帮恒盛公商号与兴记、永昌祥、同义兴共捐飞机一架；后又捐出协运军米款国票3000元，军米贴费、电杆、征兵帮款、增收消防器材等款国票8700元，征购军粮补助费国票5300元等。② 甚至还有家族子孙亲赴抗日前线，如兴盛和商号舒氏家族中的舒自志，从陆军大学毕业后，跟随程潜将军奔赴前线，另一族人舒杰参与台儿庄战役阵亡。

1942年5月日军侵占腾冲县城，在国民党第20集团军和原驻防的3个师的紧密配合下，于9月14日全歼日军于腾冲城内。永茂和商号李仁卿和其弟李致卿投入了极大的人力、物力，配合国军收复腾冲。③ 腾冲能被快速收复，与腾冲工商业人士的大力支持分不开。

江川彝族商人曲焕章所创制的白药被誉为云南三大名特产之一。全面抗战爆发后，滇军58军和60军出滇抗战，曲焕章无偿赠送3万瓶百宝丹给滇军将士。滇军将士在抗日战场上负伤后使用云南白药，疗效甚好，很快又能投入战场。其竞争对手会泽商人曾泽生也不甘落后，慷慨赠送给滇军官兵5万瓶白药精。④ 蒋介石为曲焕章白药题赠"功效十全"，也为曾氏白药题赠"良药功深"。曲、曾两家的白药都有突出的功效，拯救了无数抗日战士的生命，为抗战保留了有生力量。

六　对解放事业的鼎力襄助

解放战争时期，云南各地商人普遍意识到共产党才是长期和平的真正希望，于是积极向党靠拢，捐钱捐物，乃至直接参与其中，以实际行动支持党的解放事业。

永昌祥严燮成、严宝成曾多次资助过边纵七支队医药、棉衣等物资，

---

① 薛祖军：《喜洲商帮》，云南人民出版社2013年版，第319—320页。
② 赵启燕：《鹤庆商帮》，云南人民出版社2013年版，第128页。
③ 董晓京：《腾冲商帮》，云南人民出版社2013年版，第150—151页。
④ 浦元华：《曲焕章与云南白药》，《云南文史资料选辑》第49辑，云南人民出版社1996年版，第95—96页。

其中棉衣就有1450件，十二小家中，协丰号经理杨茂馨冒着危险营救地下党员张清龙、倪其裕，掩护民盟成员槐发英等人。① 1949年云南解放时，喜洲帮部分商人热烈欢迎解放军入驻昆明和大理，受到了新政权的重视。

鹤庆县解放过程中，时任鹤庆县商会会长的杨维基，在中共地下党员李泽宽、杨子昭、孙致和的安排和动员下，以民选的方式出任鹤庆县县长一职，表面上仍旧工作，实际听党指挥安排。此外，他利用县财政部分资金和自己资产，出面购买枪支，组建县地下革命武装。② 在杨维基等人的努力下，鹤庆县得以和平解放。

李立三（入党后改名李烈三）、赖敬恒、赖敬庵、杨超然等是丽江商界较早入党的红色商人。1949年7月1日丽江和平解放后，这些商人不遗余力地参与了新政权的建设，李烈三曾任丽江县政务委员会后勤部主任，县第一任供应科科长为赖敬恒，第一任财政科科长为赖敬庵，县人民银行第一任经理为杨超然。新政权为了缓解财政紧张的局面，指派以后勤部主任李烈三、财务部主任赖敬庵为首的工作人员，以商人为主要对象展开一系列的募捐活动。丽江商人竭尽所能，踊跃捐资捐物支持革命。后勤部主任李烈三，首先带头捐款，捐出一屋子枪支弹药（有百条枪和百多箱子弹），进出康藏高原的全部马帮，立记商号库存的布匹及其他存货，连同一所新建的四合院和妻子的私房首饰等共值300两黄金的财产。赖敬庵在发起募捐后，以仁和昌商号的名义带头捐献了黄金60两，白银若干，经商自卫用枪40多支，接着又曾多次捐献过钱币、物资，前后捐款折价共约5万元半开银币。达记经理李达三捐出半开银币1万元，黄金40两，白银若干；机枪1挺、长短枪各五六支；他的梨园（今丽江玉龙花园）、纸厂、牦牛厂也捐给了人民政府；还捐了不少布匹等生活物资。约略计算，丽江商人仅1949年7月至12月就共捐出黄金、白银、物

---

① 薛祖军：《喜洲商帮》，云南人民出版社2013年版，第321页。
② 杨维基：《鹤庆解放前后——我的回忆》，《大理州文史资料》第2辑，1984年，第46页。

资折价合半开银币 24.6 万多元。① 凡此，有力地支援了滇西北人民自卫军的抗敌活动。

总之，云南各地商人通过援助民间义勇自卫军、营救地下党员、欢迎解放军进城、听从党的指挥办事、组建地下革命武装、开展募捐活动、捐款献物等方式，加快了云南早日解放的步伐，也在一定程度上了保障了云南地方社会在解放后的稳定与发展。

七　商人参与政治变革的动机

面对风起云涌的政治变革，云南商人积极参与到其中。或通过亲身参与政治变革运动，或捐钱献物资助与其利益相关者。无论通过何种方式，无论成功或失败，他们都始终不忘自己的商人身份，维护自己的商业利益。

（一）在商言商：参与政治变革维护自身商业利益

云南商人参与政治变革，积极结交当权派，其最根本目的在于维护自身利益。通过结交政要，官商勾结以获取经营特权，谋取更大的商业利益。

1927 年唐继尧倒台后，永昌祥的严子珍和杨润馨分别结交以龙云、卢汉，胡若愚、张汝骥为首的两派。无论其中哪一派上台，都可以保证永昌祥的长久利益。

1911 年 10 月 27 日（农历辛亥 9 月 6 日），张文光、刘辅国发动了辛亥腾越起义，然而却因军饷不足陷入困境，只好向缅甸同盟会员告急。永茂和商号李仁卿等人闻讯，立即召开紧急会议，向与会者讲述腾越起义状况。后经大会决定，"先支援腾越起义卢比三万盾，白银两万两。随即派人立刻携款奔赴腾冲，以安军民之心"②。李仁卿等人也向在缅华侨募捐革命经费，使得滇西都督府得以维持革命果实。李仁卿等商人积极支持革命政府，其主要目的在于革命成功后，作为革命功臣，从政府中摄取垄断特权，便利自身商号开展商业经营活动。

---

① 周智生：《商人与近代中国西南边疆社会——以滇西北为中心》，中国社会科学出版社 2006 年版，第 220—223 页。

② 董晓京：《腾冲商帮》，云南人民出版社 2013 年版，第 150 页。

（二）以官为尊：深受传统"官本位"思想影响

辛亥革命后，严子珍积极结交省政府当权派人员，以俱乐部活动名义，送钱送物。在政府的器重下，1912年严子珍就做了下关兼弥渡厘金局局长、大理府税局局长、下官商会会长，后又任云南省政府财政顾问，省署咨议等职。1927年，严子珍在云南官僚的扶持下，任省府内阁会议委员和慈善会会长；1929年又任省公路总局委员，保管资金。其子严燮成于1931年加入国民党，在抗战前任昆明市商会会长，抗战后任省商联会主席；1948年任云南粮食局副局长。①严子珍通过先后担任一系列官职，利用官员特权经商的同时，也可以证明其人生价值和满足其光耀门楣的心理需求。

辛亥临安起义后朱朝瑛一举成名，先后担任临元镇总兵、国民党迤南支部长、第一届国会众议院议员等职务，并被国民政府授予陆军中将的头衔、三等嘉禾勋章。朱朝瑛可谓集党、政、军职务于一身，朱恒泰商号也随之声名大噪。1913年，朱朝瑛凭借在地方的崇高声誉，被推举为个旧商会会长。朱朝瑛面对辛亥革命变局，果断参与其中并取得胜利。朱朝瑛参与辛亥临安起义后，在建水的政治地位极高，并将整个朱家的地位提升为滇南第一大户。

云南商人通过捐纳、考试、从军获取官职不是个例，而是绝大多数都是如此。以宣统二年（1910）鹤庆商务会总理会董名册为例：

表5-1　　　　　　　　宣统二年鹤庆商务会名册

姓名	商号	职衔
李焕章	永顺和	蓝翎知州衔分省补用
杨耀南	文华号	同知衔
杨德保	宝兴祥	从九品职衔

---

① 梁冠凡：《下关工商业调查报告》，《白族社会历史调查（一）》，民族出版社2009年版，第166页。

(续表)

姓名	商号	职衔
潘承构	兴盛和	同知衔
段联荣	公和昌	从九品职衔
蒋家祥	鸿昌和	从九品职衔
李端	正兴和	从九品职衔

资料来源：民国云南省建设厅档案，卷宗号：77-5-197，云南省档案馆藏。

表中除李焕章为鹤庆商务会总理外，其余人都为会董，并且全是鹤庆籍。从中可以看出所有会员都有或大或小的职衔，下关、丽江等地的商会会员也是如此。云南商人热衷于官职，受"万般皆下品，唯有读书高"的观念所影响，认为只有考取功名当官，才能光宗耀祖。同时也是由于政治对商业影响太大，希望拥有官员身份，保持自身的商业利益。此外，加入官场的商人成为新的商绅阶层，主宰当地事务，以满足经商成功后彰显其社会价值的心理。

第 六 章

"汲取历史营养",回应时代需要

商帮文化传承与商业遗产挖掘的前提是对商帮进行正确的评价,在此基础上,一方面要继承商帮文化中优秀的成分,另一方面要高度警惕商帮文化中虚伪与有害的成分①,认识近代云南商帮文化当然也是如此。通过对近代云南商帮历史作用及其局限的认识,批判地继承发扬近代云南商业遗产,"汲取历史营养"以回应时代需要,才是我们审视这一历史的价值所在。

第一节 近代云南商帮的历史作用与商业精神传承

一 近代云南地域商帮的历史作用

即便是在中国古代"四民"分野的社会,商人和商业长期被压制的情况下,作为一个社会阶层,商人对为推动当时的社会发展依然做出了贡献,在进入近代社会后,商人地位提高,自然会在更大程度上,在更广泛的领域内,为社会的发展与进步做出更大的贡献。云南地域商帮虽然兴起较晚,但其正是在近代云南经济社会大转型的背景下,借着云南对外开放和对外贸易快速发展的有利条件发展和壮大的,其对近代云南社会变迁的广泛、深度参与,扮演了近代云南社会变迁过程中最为活跃、最为有力的推动者的角色。其历史作用,主要表现在以下几个方面:

第一,促进了近代云南经济的变化与发展。口岸开放——对外贸易

---

① 史晋川:《商帮文化:动力抑或阻力》,《浙江树人大学学报》2008 年第 8 期。

发展是近代云南地域商帮兴起的重要因素，云南商人构筑、利用云南—南亚—东南亚贸易圈在使自身力量壮大的同时，推动了云南对外贸易的快速发展。1889年蒙自开关后，法国商品通过越南首先进入云南市场，滇越贸易兴旺；后美国、西欧、日本等国的产品多经香港转运到越南海防，再通过红河水运或滇越铁路经蒙自关进入云南，滇港贸易成为云南最重要的贸易；1897年思茅开埠通商，不少汉、回、傣、哈尼、景颇等民族商人到老挝、泰国、柬埔寨等国家和地区经商，中国与中南半岛各国的贸易快速发展；1902年腾越开关，滇西商人竞相从事对外贸易，带动了滇缅、滇印贸易的繁荣。以东南亚、南亚各国为主要贸易对象的各种贸易在云南相互融合、纵横交错，构成了中国—南亚—东南亚贸易圈。如此，则大大开拓了云南的国际市场，云南对外贸易呈现出前所未有的发展态势。从1889年到1931年，长达43年的时间内，云南对外贸易虽间有波动，但不论进口，还是出口总体都呈现出高速增长的态势，货值分别从62300海关两和87629海关两增至8498686海关两和7184478海关两，年平均增长率分别高达25.26%和25.20%，其发展速度不谓不惊人。①

随着对外贸易的发展，大量物美价廉的洋货涌入，使中国传统自足自给的小农经济逐步松动并开始瓦解，农业经济的商品率显著提高。如商人将洋纱运至各地市场，使棉布无利可图，传统耕织养家的紧密度受到动摇。据《玉溪县志》载："妇女入市，以布易棉。自光绪初年，洋纱入境，妇女趋便，以布易纱，而纺棉之利已失。"② 纺织户为了换取洋纱，必须到市场上出售自己的产品，从而提高商品率。滇越铁路通车后，个旧大锡厂商极力扩大经营规模，招收大量工人，也刺激路南农产品商品率提高，"每年输往个旧、蒙自米58万石，油1.24万斤，猪2450万头"③。

云南商人积极投资和兴办现代工业，通过官商合资或独资形式先后

---

① 张永帅：《对外贸易与近代云南统一市场的形成及其空间结构》，《云南大学学报》（社会科学版）2019年第4期。

② 李珪主编：《云南近代经济史》，云南民族出版社1995年版，第53页。

③ 李珪主编：《云南近代经济史》，云南民族出版社1995年版，第53—54页。

建立造币厂、兵工厂、发电厂、印刷厂、缝纫厂等现代化工业企业，推动了云南工业的近代化进程；云南商人的长距离贩运，促进了各地市场的发展与繁荣，并将云南各地大小市场紧密地联系到一起，促进了云南全省统一市场的形成与发展；此外，商人不仅是各地金融秩序的维护者，壮大和发展了传统金融，还为创办现代金融做出了难能可贵的尝试和努力。

云南地处内陆边疆，但在近代，经济却呈现出前所未有的增长与发展，应该说是与各地商人的努力分不开的。云南商人对近代云南社会经济发展的有力探索，应该予以肯定。

第二，促进了云南民众生活水平的提升。受复杂的自然地理环境、位置偏远、交通落后等条件的制约，云南经济长期落后，"可以说在鸦片战争前，云南是全国最为落后的省份之一"，人民生活水平远远落后全国大多数省份；何况云南经济发展还存在东部与西部、坝区与山区、核心区与边缘区等在空间上呈现出的发展的极度不平衡现象，很多地方的人，尤其是边疆少数民族地区的老百姓，最基本的生活都还得不到保障。[①] 进入近代以来，云南经济发展，老百姓生活水平逐步提升，这是与政府和全社会的共同努力分不开的，商人在其中就起了非常重要的作用。商人的商业经营活动，不仅通过进出口贸易和区际、区域长途贸易，扩大和丰富了城镇市场，提高了城镇民众的消费水平和生活质量；而且为了扩展市场，商人们还深入少数民族聚居的边疆、偏远地区，改变了当地的市场和商品流通格局，改变和提升了当地商品供应构成，扩大了商品供应量，在很大程度上促进了当地人民生活水平的提升与改进。

第三，推动了云南民众思想的进步。中国传统社会中，人们仅是在家庭、地方社区以及他们所属的功能团体的关系中生活，人们的思想被禁锢在狭隘、保守的圈子里。[②] 而近代以来眼界开阔、头脑灵活的商人，长年在外经商，走南闯北，易于接受先进思想熏陶，回乡后将先进思想

[①] 杨伟兵、张永帅、马琦：《西南近代经济地理》，华东师范大学出版社2015年版，第235—237页。

[②] 王笛：《跨出封闭的世界——长江上游区域社会研究（1644—1911）》，中华书局2001年版，第7页。

加以传播，有力地推动了当地民众的思想解放，促进了当地社会风貌的变化。

当然，诸如办报纸、举办演讲等传播先进思想的方式，对普通老百姓的影响是比较有限的，因为一般老百姓，普遍不识字，生活穷苦又忙于生计，既没有条件阅读杂志，也没有时间去听演讲，但有条件接受新事物、新思想的当地民众和商人的引导，还是对他们产生了很好的"身教"与示范作用。也正是从这个意义上讲，尽管商人推动云南民众思想进步的作用，对不同人产生的作用有差异，但从较长时段看，商人扮演了民众思想进步的重要推动者的角色，应该是没有疑问的。

第四，促进了云南地方社会治理结构的优化。以往的地方社会治理由官僚地主一手操办，商绅阶层兴起后，商人也参与到政治生活中，形成官员、地主、商绅共同治理的格局。随着各地域商帮相继出现，商人成为社会中一个重要阶层。商人不仅以其越来越重要的经济地位，间接地影响着地方治理格局的变化和地方事务的管理，还通过改变社会身份，如"捐官"，直接参与地方社会事务的管理，而因其在参与社会管理过程中能够考虑到政经协调的问题，在一定程度上促进了地方治理的提升与优化。而商会的成立，则为商人参与地方政治生活提供了重要平台，商人在社会治理中拥有了明确的管理者的身份。此外，随着民主政治的发展，商人通过参选自治公所负责人和县参议员等职务，进入地方社会治理决策层，进一步加强了商人对地方事务的影响力。相比于传统的地主官僚专制统治，地域商人的加入，掌握了一部分政治权力，形成地主、官僚、富商联合治理的局面，优化了社会治理结构。三方势力的并行，有利于增强地方事务决策的科学性、民主性。[①]

第五，促进了民族间的交流与融合。常年穿梭于各民族地区的云南商人，促进了各民族相互交流与融合，加快了云南各民族间多元一体、共生互补的良好民族关系的形成。民族间的融合与交流，主要表现一是不同民族商人的精诚合作，如永昌祥商号的白族商人严子珍创业初期，

[①] 冯永飞：《近代滇西商帮经营管理模式研究（1894—1949）》，硕士学位论文，云南师范大学，2022年，第22页。

就全靠与江西汉人彭永昌的合作①，才得以发展壮大；鹤庆帮的后起之秀福春恒商号的负责人，为彝族将领蒋宗正、汉族周守正和白族李岳嵩②，并且相互间还结成了儿女亲家；1923年，在印度经商的中甸藏族商人马铸材与腾冲汉族商人董耀庭、鹤庆白族张相诚、丽江纳西族杨守其共同开创了经缅甸、印度到西藏的运茶路线③。二是在外经商的商人主动融入当地社会，促进了区域人口与族群的融合。如，云南省会昆明为各民族商人云集之地，各民族商人或合作，或竞争，往来密切，在商业活动中加速和增进了民族间的交流与融合；汉、回、白、彝、纳西族商人，进入怒族、独龙族、傈僳族、景颇族聚居的生产力相对落后的地区经商，加强了各民族间的交流互动；在外经商，娶当地妻子，遵从当地习俗的商人比比皆是，加强和密切了不同地区、不同民族间的关系。

此外，文化随着人的活动范围的扩大而扩散，商人如火如荼的贸易活动，成为民族文化融合的媒介。比如，由于藏族文化对纳西族商人的影响，"在永宁纳西族聚居区，发展到男子以穿藏袍、戴藏帽为美。如今在丽江起屋建房时人们大都喜爱采用蛮楼，这种建筑形式，就是纳西族商人从西藏建筑风格中引入的"④。

第六，推动了云南地方商业都市的建设与发展。商业的发展带来城市的繁荣昌盛。云南商人长距离贩运贸易的开展，带动一些交通便利的城镇，发展成为商业城市；将原来混乱、破旧、肮脏的城镇，逐步完善为整洁、宽阔、文明的现代商业都市。

以云南省会昆明为例，法国领事方舒雅在云南期间（1899—1904），曾对昆明城市这样描写道："四方城内街道纵横、狭窄、阴暗，令人讨厌的通道形成一座迷宫。你也可以想象一幅中世纪古老城市阴暗角落的版

---

① 杨克成：《永昌祥简史》，《云南文史资料选辑》第9辑，云南人民出版社1965年版，第49—52页。
② 梁冠凡等整理：《下关工商业调查报告》，《白族社会历史调查（一）》，民族出版社2009年版，第135页。
③ 马家奎：《回忆先父马铸材经营中印贸易》，《云南文史资料选辑》第42辑，云南人民出版社1993年版，第201页。
④ 杨福泉：《多元文化于纳西社会》，云南人民出版社1997年版，第147页。

画，污秽肮脏的通道散发恶臭。未经雕凿的街石不严缝地铺在地面，缝隙中满是粪尿杂物，潮湿发霉。"①身为法国领事的方苏雅见过西方城市文明兴盛，不免有过分贬低昆明城市之嫌，不过也正说明了当时昆明的破旧，作为省会的昆明城市尚且如此，其他城市就不难想象了。近代以来，云南省会昆明凭借人口众多、交通便利的优势，成为各大地域商帮的云集之地，极大地推动可昆明商业的发展，以上景况逐渐不复存在，而各地商人为改变昆明城市面貌发挥了积极作用，如弥勒帮的王炽家族投资兴办石龙坝水电站和耀龙电灯公司，揭开了云南用电历史新篇章，从此省城府署、学校、店铺作坊普遍用上了电灯，街巷道路也装上路灯，通宵明亮；为解决昆明的用水问题，同庆丰还创办了云南自来水股份有限公司。随着昆明商业功能的增强，人们推倒城墙，扩建道路，填平护城河。云南各地商人集聚昆明，工商业人口大量增加，提升了昆明城市化水平。②

在地域商帮的经营活动下，省城昆明发展的同时，各地方的商业城镇也急剧发展。如丽江，1930年，国民政府派遣刘曼卿为特使进藏，看到丽江俨然一派繁荣景象："丽江市镇，纵横四五里，房屋栉比，人烟稠密，市之中心有四方街者，为最繁盛之所。沿街多堆积碗糖、盐块以及洋货、布匹等物求售。彼等顾客除本地人外，则以康、藏人为最多。盖年来康、藏、滇商业中心因战争影响已由阿墩而移至此地矣。"③如喜洲，到了20世纪三四十年代，一度为云南最繁荣的集镇之一。滇西北最早的水电站、私立中学、图书馆、现代医院等都诞生在喜洲；这里有电灯、电话、电报、收音机、小汽车、电影、水泥路以及漂亮的西式建筑等，喜洲被人称为"滇西剑桥""东方瑞士"或"小上海"。④

此外，为了改变当地的落后面貌，各地商人多注意在家乡投资兴办

---

① ［法］方舒雅：《晚清纪事——一个法国外交官的手记（1886—1904）》，罗顺江、胡宗荣译，云南美术出版社2002年版，第281页。
② 冯永飞：《近代滇西商帮经营管理模式研究（1894—1949）》，硕士学位论文，云南师范大学，2022年，第24页。
③ 刘曼卿：《国民政府女秘使赴藏纪实》，民族出版社1998年版，第134页。
④ 薛祖军：《喜洲商帮》，云南人民出版社2013年版，第295页。

现代教育，推动了云南地方新式教育的发展。

二 近代云南地域商帮的商业精神及其传承

商业精神是一种以功利为原动力，在合法交易中利己利人，促进发展的社会氛围和职业道德。① 近代云南地域商帮之所以能够发挥以上重要的历史作用，从其登上历史舞台那一刻起就影响和推动着云南社会的变化与发展，是与熔铸于其治理模式之中的商业精神密不可分的。近代云南地域商帮的商业精神，概括起来主要有：开拓进取精神、诚信守义精神、团结互助精神、家国情怀精神。这些精神既凝结了中国传统文化的精髓，又充分体现了云南地域文化特征，在近代云南商帮兴起、发展、鼎盛中发挥了重要作用，是历史留给当今云南商人最为重要的精神遗产。②

（一）开拓进取精神

云南地理环境复杂，山隔水阻，进行长途贸易非常困难，但近代云南地域商帮，抓住时机，克服自然制约，不畏艰险，锐意进取，为云南商业的发展揭开了光辉灿烂的一页。

1. 因地制宜，不畏艰险

云南地处云贵高原，山地面积占94%以上，号称"山国"，虽然因资源丰富，被誉为"动物王国""植物王国"和"有色金属王国"，但交通不便，极大地制约了区域内和区域间的往来以及社会经济的发展。但是，云南先民并未屈服于地理环境的限制，面对高山深谷没有却步，也没有被恶劣的天气吓倒，北上深入藏区、川蜀，开辟了驰名中外的"茶马古道"；向南、西南，通过"蜀身毒道"很早就与东南亚、南亚建立了贸易关系；向东、东南则与贵州、两广地区互通有无……

受自然环境制约，云南不仅"自古不通舟楫"，各地道路也多羊肠鸟道，艰险异常，"云南的交通只得以马、骡、驴及苦力为依赖，除此而外，别无他法"，但在这当中，人的力气与耐力毕竟有限，苦力不可能作

---

① 前线评论员：《论商业精神》，《前线》2022年第6期。
② 牟军：《云南商业精神的历史文化解读》，《今日民族》2021年第11期。

为运输特别是长途运输的主要方式；驴的力气也嫌其小，往往只能用它在平坝地区作短途运输；只有马、骡，以速度快、力气大、耐力强、善于攀爬陡峭的山路，从而使其成为在云南复杂与艰险的地形环境下承担长途运输的不二之选。云南先民不屈服于自然，而又因循自然，因地制宜，让马帮承担起了长途贸易的重担。铜铃响起、铁蹄嘚嘚，一声声、一句句悠扬的"赶马调"，这是云南马帮的声音。一匹匹驮马，或三五成群，或成群结队，满载货物，或穿梭于山间，或疾走于川坝，密切了云南各地间的联系，沟通了云南与外地的交往。如果说，西北沙漠丝绸之路是属于驼队的荣光，那么，南方陆路丝绸之路则属于马帮的辉煌。①

尽管如此，云南马帮不得不面临一系列的自然与社会风险，正如"赶马调"所唱，"农民破产走夷方，帮人赶马下四川，夷方炎热瘴气大，四川要过鬼门关。以车河来獭头坡，山高坡陡土匪多，豺狼出来吃骡马，土匪出来抢马驮。豆沙关来老鸹滩，路面只有五尺宽，一失足成千古恨，人财两空家破产"②。为此，到了近代各地赶马人为提高出行安全，规避风险，采取自卫措施的同时，提高管理和组织能力，加强后勤保障，不断强化和提高马帮的风险防范能力。③ 正因如此，面对蒙自、思茅、腾越开关以来云南对外贸易发展对交通运输的空前需求，云南马帮运输也迎来了其发展的巅峰。活跃在昆明、保山、腾越、八莫一线的骡马常有四五千匹之多；经思茅深入缅甸、泰国、老挝等地的马帮，每年有3000余匹；在耿马、镇康一线的对外通道上，一年之中有2000—4000匹骡马忙于运输货物；滇藏之间，即便是在冬季，也有千余匹骡马，开春后则可达3000余匹；在滇越铁路通车之前，蒙自关往来货物完全依赖马帮运输。抗日战争期间，云南人民为支援抗战，用于对外运输的骡马可能高达50多万匹。与此同时，云南各地商人纷纷出资组建马帮，从事贸易，从而形成了凤仪帮、蒙化帮、云龙帮、鹤庆帮、喜洲帮、丽江帮、中甸帮、

---

① 张永帅：《曾经的马帮》，《云南经济日报》2014年3月27日。

② 段金录、姚继德编：《云南回族经济商贸资料选辑》，云南民族出版社2000年版，第424页。

③ 申小寒：《民国时期云南马帮风险及防范研究》，硕士学位论文，云南大学，2021年，第47页。

保山帮、腾冲帮、临安帮、迤萨帮、阿迷（开远）帮、石屏帮、沙甸帮、顺宁帮、景东帮、思茅帮、磨黑帮、寻甸帮、玉溪帮、通海帮、峨山帮、鲁甸帮、宣威帮、曲靖帮、会泽帮、昭通帮、开化（文山）帮、广南帮等20余个地域性大马帮。这些大马帮的驮马往往多达数百匹甚至上千匹，专事长途贸易，此外，那些主要从事短途运输的小马帮更是不计其数①。云南各地商人或与马帮密切合作，或自办马帮，克服各种困难，深入各地开拓市场，近代马帮运输的兴盛，无疑对近代云南商帮的形成与壮大起到了重要的支撑作用。

这充分说明，近代云南商帮的兴起乃至壮大，并非因为交通运输等客观条件发生了技术层面的变化，而是面对对外贸易的发展和各地商品经济的活跃，云南各地商人克服苦难，提升传统马帮运输能力，最大化地利用马帮运输的结果。如今的云南，早已实现了从米轨到高铁的飞跃，各地交通四通八达，交通已不再是制约云南商业发展的重要因素。但在商业经营策略上仍需讲求"因地制宜"，要在发挥好云南区位和地缘优势，利用好云南地理和产需特征，处理好国际市场与国内市场的关系上下功夫；在经营实践中仍需坚持不畏艰险的精神，敢于面对困难，有韧劲与毅力，有办法、有能力解决困难。

2. 因时就势，锐意创新

云南商业发展的历史虽然悠久，但迟至"清代初期至中叶，商人在云南大部分地区的居民中尚处于艰难的游离过程"②，云南商人的力量还很弱小，"不过零星伙伴"，全省商业几乎完全控制在外省商人之手，"在清中世，外省之贸易于滇者，最早为江西帮，湖南帮之笔墨庄，四川帮之丝绸、玻璃、烟叶等，其世业有相沿至今者，江西帮之万寿宫遍于各地。其后则有两广帮、北京帮相继而来"③。但咸同以后，云南省内商人的崛起有了诸多现实的机遇：一是战乱使外省商人受到重创，大量外省商贾资金的撤出，使云南商界投资出现了不小的空隙，减少了竞争；二

---

① 张永帅：《曾经的马帮》，《云南经济日报》2014年3月27日。
② 刘云明：《清代云南境内的商贾》，《云南民族学院学报》（哲社版）1996年第2期。
③ 龙云、卢汉修，周钟岳、赵式铭等纂：《新纂云南通志》卷143《商业考一》，云南人民出版社2007年点校本，第7册，第91页。

是历经战乱后的云南各地，百业待兴，物资匮乏，急需加强物资交流，贩卖商品往往能获重利；三是蒙自、思茅、腾越等地开埠通商后外贸的快速发展，进一步促进了市场的发育，而随着对外贸易的发展，社会风气开始发生变化，"耻为商贾"的传统观念逐渐动摇，士民从商之风兴起。① 面对此有利时机，具有经商传统的鹤庆、喜洲、腾冲等地商人乘势而起，昭通、曲靖、建水等地人民也纷纷投资商业，云南省内商人势力迅速崛起、壮大，各地商帮渐次形成。他们纷纷投身对外贸易，将省内省外、国内国际市场有机结合，注意构建以销售带生产，生产促销售的产供销一条龙的经营链，在营销规模、资本积累、商号扩充、市场占有、领域扩张、群体壮大等诸方面都实现了前所未有的发展，成为各自地盘上执商业之牛耳者。从这个意义上讲，与其说近代云南商帮的兴起是时代的产物，不如说云南商人正是抓住了外省商人退出、外贸发展的有利时机，采取正确的经营与发展策略，成为云南市场的主宰者。换句话说，如果没有云南商人因时就势，抓住时机力谋发展，就不可能产生近代云南商帮精彩纷呈、光辉灿烂的历史篇章。

近代云南商帮的兴起与壮大，有时代提供的机遇，但如果没有自身的努力，即使一时为时代所青睐，也必将会被时代所遗弃。近代云南商帮在技术、管理和制度等方面的创新，既是其努力的表现，当然也是其发展壮大的重要原因。

技术方面创新的主要体现，一是对有利于提高商品质量的加工技术的利用，如鹤庆帮的同兴德商号在麝香检、选、提、制等生产环节都有一定创新，并成为家传秘方，其经营的"德"字牌麝香"驰名海外，各商埠洋商之来购者，以金若干至计，时值应合香若干准之以付，亦即赍之，去不审视，货亦不问价格"②；二是由商而工，在构建产供销一条龙的过程中，在工矿业生产上积极采用新技术，如腾冲帮洪盛祥商号在下关开设石磺厂时就因聘请德国采矿专家以科学的技术和方法觅得旺矿，又通过聘请美国化学专家开展研究证明了石磺的功效，从而打开了印度

---

① 车辚：《晚清云南的商业经济地理结构》，《曲靖师范学院学报》2009年第1期。
② 杨金凯编著，高金和点校：《鹤庆县志》，云南大学出版社2016年版，第372页。

广阔的市场，垄断了云南石磺的产、运、销①；三是对电报等新事物的积极接纳和创新性利用，如鹤庆商帮恒盛公商号自主研制的《密电底总则》，通过拍发加密电报以保证商业情报的机密性和及时性②，福春恒商号对沿用的通关信函进行了格式和交流机制的创新，提高了通关效率③。

正如有论者所指出的那样，"不能把近代商帮仅仅视作传统商帮在时间上的自然延续"④，近代云南商帮不仅仅是形成和活跃于近代时期的商帮，更是在管理和制度上具有诸多"近代"特征的地域商人群体。创新管理手段，尝试构建现代企业制度，灵活经营，是近代云南商帮各主要商号成功的重要原因。对此，喜洲商帮永昌祥商号最具代表性。对利润按银股与力股分别分配，使拥有资本和劳动力的人都有奔头，这是符合投入——获得的近代管理原则的，其秉持"人弃我取，人取我予"，"莫买当头涨，莫卖当头跌"，"货不在多，只在精，只要买得其时，卖得其时，纵货如山积，亦不能望其项背也"，"生意人本旨包罗万象，贵在钻营得力，择其精而就之。只要合乎时宜，每年虽然做一二驳生意，利益亦属可观"的现代经营理念和灵活变通的经营方式，以及其注重对员工的培训和设立绩效奖励体系等这些管理手段和制度上的创新，无疑是使永昌祥成为近代云南经营进出口贸易卓有成效的大商号之一的关键因素。⑤

所谓时势造英雄，抓不住时机，不能因时就势，就成不了英雄。面对云南正积极、深入参与"一带一路"倡议，"RCEP"助力云南区位优势发挥的重大发展机遇，以及后疫情时代建设"面向南亚、东南亚辐射中心"面临的诸多挑战，云南商人要想立于不败之地，就应该充分汲取

---

① 姚建峰、田生湖：《云南迤西三大商帮的历史功绩与现代价值》，《文山学院学报》2020年第2期。
② 赵启燕：《近代滇西白族商帮的商贸经营与管理——以鹤庆商帮为例》，《思想战线》2007年第6期。
③ 姚建峰、田生湖：《云南迤西三大商帮的历史功绩与现代价值》，《文山学院学报》2020年第2期。
④ 梁仁志：《中国商帮史研究中"传统—近代"说之反思——以近代徽商研究为中心》，《南京社会科学》2021年第4期。
⑤ 况浩林：《近代滇西白族商人严子珍创办的永昌祥商号》，《民族研究》1989年第6期。

"历史营养",抓住机遇,迎接挑战,与时俱进,锐意创新,方可谱写出滇商新的精彩的时代篇章。

(二) 诚信守义精神

如果说资本是一个商号进入某个行业的入场券,那么,恪守诚信,坚持道义,就是这个商号得以长期生存和发展的通关卡。近代云南各地商帮主要商号的发展与其普遍所具有的诚信守义精神是密不可分的。

普遍重视商品质量,绝不以次充好,具有较强的品牌意识,是近代云南商帮诚信守义精神的重要体现。如鹤庆帮恒盛公创始人张泽万就是讲求诚信经营的典范,他所经营的大宗商品麝香,因产量少、用途广、名贵价高,市场上有不少掺杂使假的货色,真假难辨,而张泽万坚持不掺杂使假,保证货真价实,恒盛公汉口分号所销售的烧壳香,售出之后都有包票,数十年不变;鹤庆商帮第一大商号同兴德致力于为客户提供高质量产品,以信接物,因其麝香"检选、提制、装饰均有秘传",质量可靠,争相来购者不绝。① 喜洲帮复春和号视商业信誉为生命。有一年,昆明一客商向总号订了一百多驮云县春尖茶,质量、货价都已商定,并预付了部分货款,结果马帮在驮往昆明的路上遇到几场大雨,有一部分茶被雨水淋湿,等快到昆明碧鸡关附近时,"马锅头"将淋湿的茶叶倒出来翻凉、晒干,再继续运往昆明。昆明号上的人知道后打电话回下关报告此事,并认为将几驮淋湿的茶混在大批茶叶中交货无碍大事,但总号坚决不同意,坚持把淋过雨的货卸在一边,并跟昆明的客户讲清楚情况,将淋过雨的茶叶做降级、折价处理。正是这种"以诚待人、以信立本"的态度感动了客户,从此与复春和商号保持了长期的业务往来和商业合作。② 腾冲帮永茂和商号承包的烟酒公司禁止对烟酒掺杂作假,强调保证质量,深得各方赞誉,才使得永茂和在缅甸昔卜垄断性烟酒销售长达16年之久,获利丰厚。③

大、小商号之间,商号与马帮、中小商铺、小商客之间彼此信任,

---

① 姚建峰、田生湖、喻凡、崔同宜:《云南商帮》,云南人民出版社2020年版,第118页。
② 牟军:《云南商业精神的历史文化解读》,《今日民族》2021年第11期。
③ 姚建峰、田生湖、喻凡、崔同宜:《云南商帮》,云南人民出版社2020年版,第233页。

互不相欺,这种基于信誉的合作,是近代云南各地商帮得以发展壮大的重要原因,也是其诚信守义精神的重要体现。如喜洲商帮的大商户与藏区的贸易往来,受到藏区的交通和天气的制约,藏商每年只能在大雪封山前出来做一次买卖。这种买卖常常以期货的方式进行,双方彼此赊欠常达一年半载,只凭口头约定,不写任何契约,对商家信誉的要求极高,但藏商与他信得过的商人建立主顾关系后,拉也拉不走。①

此外,秉持顾客至上的原则,以细致入微的服务换取顾客的认可,是近代云南商帮在竞争激烈的市场得以长期立足的重要原因,也是其信誉为本的重要体现。喜洲商人做生意最为尊重顾客,顾客上门,微笑迎宾,殷勤接待,他们挂在嘴边的一句话是:"人家来找我们容易,而我们要找人家就难如登天了。"在带学徒的时候,有经验的师傅会反复告诫学徒:人家来光顾买东西,你如果对人家不礼貌甚至粗暴对待,或弄虚作假、以次充好、短斤少两,又或一问三不知,那人家何必要受你的气,可以到别处去买,上了一回当不可能是回头客。而且一传十、十传百,名声臭了,商铺不就门可罗雀、无人问津了,连生意都做不成了还怎么发家致富。腾冲商帮的顾客至上不仅体现在价格公道、童叟无欺、保证质量等方面,还体现在为顾客方便而建立业务经营配套设施。如永茂和的腊戌分号业务繁多,又是交通运输的枢纽站,有大量马帮来此运送货物,因此,茂恒专门建设了可容纳2000多匹马的大马栈和专供来往顾客住宿的客房和仓库,解决了马帮和来往客商休整的难题,使得永茂和的业务非常兴旺。②

正所谓"任何反对意见也不会推翻这个真理:诚实比一切智谋更好,而且它是智谋的基本条件",如果没有诚信守义的精神,就不可能有近代云南商帮的发展与壮大。如果说在那个时代,诚信守义精神基本属于道德范畴,商人们的诚信多属"自发"的举动,则在当下,"诚信不仅是个人发展的内在需求和适应市场的根本之道,而且会作为整个商业社会最

---

① 姚建峰、田生湖、喻凡、崔同宜:《云南商帮》,云南人民出版社2020年版,第169页。
② 姚建峰、田生湖、喻凡、崔同宜:《云南商帮》,云南人民出版社2020年版,第170—171、233页。

主要的契约内容被要求强制执行",自觉恪守诚信、坚持道义,就应该是所有商人的基本准则,否则,违约者不但会受到公众的道德谴责和市场的自发惩戒,还会受到法律的制裁。①

(三) 团结互助精神

云南商业发展基础薄弱,商人力量薄弱,却能在咸同之后异军突起,快速发展,在很大程度上是各地商人以血缘和地缘关系,以及民族认同感为纽带,抱团合作,同舟共济的结果。以迤西商帮为例,无论是喜洲商帮、鹤庆商帮,还是腾冲商帮,商人间普遍存在婚姻往来,同宗同族者较多,他们既是老乡,又是亲戚,还往往是同一个民族,血缘、地缘、亲缘关系交织,加之民族认同作用,使他们有效地避免了恶性竞争、互相拆台的商业陋习,能够在发现商机和有利条件时,乐于与商业伙伴共同分享,进而在有所分工的基础上深入合作,实现共赢。②

如喜洲商帮,其四大家族相互间都有密切的亲属关系,"如严宝成父与杨润馨母是兄妹,严燮成的妻子是杨炽东的姐姐,尹辅臣是董澄农的外甥,严宝成和尹卓廷又是儿女亲家,而尹卓廷和尹辅成是同族兄弟等等。由于亲属关系和资产阶级彼此经济上的需要,相互间的经济联系是很密切",此外,"八中家、十二小家在亲族关系和经济关系上,与四大家也有密切关系。如杨明相母和杨炽东母是姊妹,赵子文和杨炽东是表兄弟等等"③。喜洲商帮内部这样的姻亲加同乡的人缘关系是促使商帮商号群起并随之扩大的一个重要原因。④

谋求合作是腾冲各大商号广泛采用的商业战略,如洪盛祥与昆明的"陆根记"合资开展西藏业务;永茂和本身就是股份制企业,其与谢肇东合资成立"春永和"商号,与庆正裕、永昌祥各出资 30 万港币合组"协记公司",与同乡许卓如、贾象坤、李氏三家合组"永生源"商号;茂恒商号则是由当时在腾冲比较有名的经营滇缅贸易的"春延记"和"茂延

---

① 刘旗辉、王福生:《新商业精神探寻》,《珠江经济》2004 年第 6 期。
② 牟军:《云南商业精神的历史文化解读》,《今日民族》2021 年第 11 期。
③ 朱家桢、刘敏江、邹汝为:《大理县喜洲白族社会经济调查报告》,《白族社会历史调查(一)》,民族出版社 2009 年版,第 20—30 页。
④ 薛祖军:《喜洲商帮》,云南人民出版社 2013 年版,第 76 页。

记"两家商号联合创建而成,本身也是合资企业,后来茂恒还与永昌祥、庆正裕商号合伙组建了永茂公商号。① 合资组建商号,解决资金困难,扩大资金规模,共同经营,风险共担,共谋发展,因合作而共赢,是腾冲各大商号得以壮大的重要原因。如洪盛祥与"陆根记"各出资20万卢比合股经营,自印度采购棉纱、棉布和西药,在拉萨中转,丽江接运,下关收货,转运昆明销售,仅三年时间,就获利20多万卢比。②

如果说团结互助是促进近代云南商帮兴起与壮大的重要原因,更是其商业精神的重要体现的话,那么,这种团结互助的精神除了在平时有较多体现外,在面对险境时,这种精神则显得更为可贵。也正是在面对险境时,云南各地商帮内部,以及不同地区间的商人往往不是幸灾乐祸,而是伸出援手,共渡难关,才促成了近代云南商人力量整体上的壮大。正如有论者所指出那样,"以宗族血缘为纽带的地方商人群体的兴起,使得商帮内部的关系更加紧密,地方商人的继续发展就有了一个坚实的保障。同时,商帮内部以宗族、家族关系为认知基础的相互帮助,又进一步强化了商人间对于宗族与家族关系的认同,二者间随着近代地方商人势力的逐渐发展增强,呈现了一个互动的关系"③。尽管近代云南各地商帮所体现出的对宗族、家族"愈演愈烈"的认同,集中反映了云南社会经济结构发展的相对滞后性④,但因之呈现出的团结协作、荣辱与共、共谋发展的良好格局的结果,不会过时,也应该是当下云南商人共同的追求。

(四)家国情怀精神

深受儒家思想影响的中国商人普遍具有浓厚的家国情怀精神,近代的云南商人当然也不例外。更进一步讲,近代云南商人多"走出去"以经营对外贸易为主,异国他乡的经历与感受使他们的乡梓意识更浓,家

---

① 姚建峰、田生湖、喻凡、崔同宜:《云南商帮》,云南人民出版社2020年版,第233页。
② 董晓京:《腾冲商帮》,云南人民出版社2013年版,第71页。
③ 周智生:《商人与近代中国西南边疆社会——以滇西北为中心》,中国社会科学出版社2006年版,第181页。
④ 周智生:《商人与近代中国西南边疆社会——以滇西北为中心》,中国社会科学出版社2006年版,第181页。

国情怀更重，正所谓："云南商人有一个共同点，这就是大家都比较关心家乡的公益事业，更关心国家的命运，从弥勒商人王炽到宣威商人浦在廷、大理商人李琢庵、腾冲商人寸玉亭，他们无不积极投身到社会大潮之中，捐出自己的财产，为社会变革贡献了自己的力量。这是云南的一大商业精神。"①

近代云南商人的家国情怀主要体现在两个方面，一是通过做慈善、助教育、办交通、兴文化等方式助力地方经济社会发展，造福乡里，本书第四章第二节对此有专门论述；二是关心国运，助力革命，积极参与国家和地方政治变革，对此，本书第五章对此有较为全面的论述。此不赘述。近代云南商人造福地方社会的举动，关心国家命运的言行，既出于他们为谋求商业利益的"本能"，可视为一种变相的"广告"与宣传，以"义举"赢得人心，扩大市场；更在于他们有着强烈的"穷则独善其身，达则兼济天下"的情怀与抱负，是中国传统"儒商"文化强调商人社会责任感，以"天下为己任"的重要体现。尽管时移世易，中国传统商人以天下为己任的历史使命感和关心国计民生、关心国家与民族未来的思想，不仅没有过时，还应该进一步提倡和加强。云南商人欲谋"共同进步，再创辉煌"，就应该积极践行社会主义核心价值观，高举"爱国"旗帜，树立起强烈的社会责任感，积极参与地方公益慈善文化建设，想政府与人民之所想，急政府与人民之所急，利用资金与人力资源优势，回馈国家，反哺社会。如此，则在肩负起其应有的社会责任的同时，又扩大和提高自身的知名度与影响力，一举两得，以经济价值与社会价值的统一，实现个人、企业与群体的长远发展。②

第二节 超越"历史"，再铸辉煌

正如史晋川所指出的那样，"我个人并不否认商帮文化中有许多好的经商理念和经营方式。但是，同时我也不想回避对商帮文化本质上的不

---

① 熊清华：《百年滇商》，云南人民出版社2013年版，第20页。
② 卞利：《徽商经营管理对现代企业的启示》，《浙江树人大学学报》2008年第2期。

利方面问题的讨论"①，我们也应该以批判的态度，在看到近代云南商帮的历史贡献和商业精神的同时，也要看到其存在的局限与不足；既要传承"历史"，对其积极的方面大力提倡与弘扬，更要超越"历史"，以自我革新的方式，突破"局限"，构筑适应新时代要求的新型滇商文化。

一 近代云南地域商帮的局限

深受封建思想影响的近代云南商人，在力图改变社会的同时，又不可避免地打上了旧时代的烙印。何况，作为自发形成的社会群体，缺乏严密的组织，商人对社会固有秩序的冲击与改造作用还是相对有限的。

第一，渴望通过经商发家致富、实现资产增值的商人，始终以获取高额利润为目的，这是无可厚非的。但是，为达此目的，近代云南商人不惜采取贩运鸦片、不对等交易等手段，对西南各族人民造成了极大的危害。

由于云南独特的自然地理条件，出产的鸦片要优于各省，深受西南各族人民众喜爱。商人被鸦片高额的利润所吸引，不仅四处贩运销售，还鼓动农民大面积种植鸦片，导致粮食大面积减产甚至威胁到了云南社会的稳定。② 正如马克思所说："资本有50%的利润，它就铤而走险；为了100%的利润，它就敢践踏一切人间法律；有了300%的利润，它就敢犯任何罪行，甚至冒绞首的危险。"③ 为一己私利而贩运鸦片，是云南商业发展史上极不光彩的一笔。

深入边疆民族山区交易的商人，利用当地民族不懂市场价格，随意敲诈勒索。贡山傈僳族的节马登老人回忆道："当时我们不识戥子，不识秤，背一背贝母只算我们五六斤，或者七八斤只顶一斤，现在我们知道一背起码二三十斤。"④ 这种不对等交易行为，也损害了商业市场的公平与民族平等交往。

---

① 史晋川：《商帮文化：动力抑或阻力》，《浙江树人大学学报》2008年第2期。
② 董孟雄：《云南近代地方经济史研究》，云南人民出版社1991年版，第160—166页。
③ 马克思：《资本论》（第1卷），人民出版社1975年版，第829页。
④ 云南省编辑组：《中央访问团第二分团云南民族情况汇集》（上），民族出版社2009年版，第60页。

第二，通过科举、捐纳、参与选举是商人参与政治的正当途径，但不少的商人利用手中的财富，通过向政要人员行贿、报账、保管钱财等方式，摄取政治特权，进行垄断经营，扰乱了正常的市场秩序和社会生态。而商人与政治的捆绑，也在很大程度上造成了商人命运常随政治的变动而起伏。

与官府结交密切，导致企业、家族随政治动荡而风雨飘摇。茂恒筹办云茂纺纱厂时，曾受到云南省政府高层190万元的港币投资，可仅隔一年也就是新中国成立前，省政府高层担心时局变故，便逼迫茂恒退股。①茂恒迫于压力只好退还本金和股息，其他大股东也坚决要求退股，给企业造成重大损失。朱恒泰商号的朱朝瑛在护国战争中，站错了队伍，导致整个朱氏家族随之败落。

商人参与政治生活，本应是近代社会民主政治的重要组成部分，但是通过贿赂获取政治特权，随意操控地方治理，在一些大商帮聚居区，商人的特权甚至可以主宰地方行政人员的选举与任职，随意更换自己的代言人②，造成了地方政治的异常。

第三，商人利用市场余缺，通过买卖价格差以牟利，但为牟利不顾一切进行投机买卖，囤积居奇，造成了商业经营的混乱，加重了人民的负担。如滇越铁路通车后，商人为追求更高利润，将附近区县所产米粮用火车运送更远地方销售。各地商人将米粮囤积在交通便利的宜良，往米价高的地方运，致使触手可及的昆明米价奇高。为了缓解昆明城内缺粮的困境，地方官不得不晓谕米商，"本地所产米粮，只准贩运省城售卖，不准贩运火车渔利"③。如"在山高谷深的怒江地区，汉、白、纳西族商人都到这里来进行暴利投机买卖，甚至垄断了某些民族迫切需要的日用品如粮食、盐巴、布匹之类的商品，待价而沽"④。1944年永昌祥收

---

① 古高荣、杨润苍：《茂恒商号及其云茂纺织厂始末》，《云南文史资料选辑》第42辑，云南人民出版社1993年版，第105页。
② 杨宪典：《喜洲志》，大理白族自治州南诏史学会，1988年，第187页。
③ 张晖：《昆明百年商业变迁》，云南人民出版社2013年版，第48页。
④ 《民族问题五种丛书》云南省编辑委员会编：《怒江社会历史调查》，云南人民出版社1981年版，第93—94页。

到棉纱涨价消息，故意低价出售，制造棉纱大跌的气氛，其他商号因消息不通信以为真纷纷抛售①，永昌祥却到处购买，获利数倍。引得不少商号纷纷效仿，一度引起市场混乱。

第四，近代云南商人普遍深受封建思想束缚，限制其发展壮大。传统封建大家庭制的影响，不仅商号的高级管理人员往往全部是家族内部人员，无法做到广纳天下英才而用之。而且一般人员也大多采用家族内部成员，维护本家族的利益，对外姓店员进行排挤。由此使得商号缺乏新鲜血液，容易丧失进取心妨碍其发展壮大。如鹤庆帮恒盛公商号在号内的人员选用上，一般在家庭、亲属，以及同乡亲友的范围内选拔，不得已才使用外人；而且在经商过程中"非常重视保持张姓正统，对于凡把外姓投资者认作东家的人，就设法使他们不安而自去"②。任人唯亲，无法将优秀的管理人才吸收到商号中，导致商号活力不足，采取保守经营，在很大程度上限制了恒盛公的发展。

一般商人都会将商号传给下一代，所谓"父死子继"，但这样带来极大的弊端。如果继承人颇有经商头脑，自然会将商号发展壮大；倘若继承人资质平平，便会导致商号衰落甚至破产。如同庆丰的王炽去世后，其子王鸿图缺乏经商才干，经营管理不善，先后丢失汉口、上海等地借贷业务，最后只得改营他业。

此外，近代云南商人深受封建土地经济影响，经商致富后，绝大多数都会广置房产土地，跻身成为地主阶层。大量盈利资金被用于土地、房产，没有资产用于扩大再生产，导致商号发展进程缓慢。

也正是受以上局限的影响，不宜高估商人对近代云南社会发展的促进与推动作用。加之云南各地经济社会发展原有的不平衡，和商人对不同地域、不同人群不同作用的叠加，进一步加剧了城乡之间、内地边地之间、不同人群之间的差距。

总之，唯利是图、投机倒把、官商勾结，没有很好地顺应时代发展，

---

① 梁冠凡等整理：《下关工商业调查报告》，《白族社会历史调查（一）》，民族出版社2009年版，第156页。

② 张相时：《云南恒盛公商号史略》，《云南文史资料选辑》第18辑，云南人民出版社1983年版，第6页。

管理比较落后，即自身的落后性与局限性是近代云南商人难以持续发展的主要原因。商人作为一个新兴的社会阶层，对近代云南社会发展的影响比较有限，除了与当时的社会经济、政治环境密切相关外，主要是其自身的局限性制约了其影响力的发挥。

二 新旧之间与近代云南商帮局限性的形成

以上近代云南商帮的局限性的形成，究其根本，在于近代云南商人还没有真正实现从传统商人向近代商人的转变，他们身上既有明显的"近代"商人特征，又有浓厚的"古代"社会的印痕，是新旧杂糅的矛盾体。

如果说，他们顺应时代大势，积极接纳"新事物"，作为一个群体从整体上呈现出蓬勃向上、积极有为的面貌，从而让其有了活跃于近代云南，乃至东南亚、南亚经贸舞台的能力，为推动云南经济社会的发展起到了非常重要的积极作用的话，那么，其对"旧惯习"的"传承"与"发扬"则需要一分为二地来看。前述近代云南商帮的商业精神，与中国传统儒商直接关联的内容，因其早在近代以前就已形成，当然属于"旧时代"，但并非"旧事物"，同样可以属于"新时代"，正如前文所述，对其发扬光大，也正是近代云南地域帮产生、发展和壮大的重要原因。与此同时，个别近代云南商人并未摆脱那些几千年来束缚中国社会发展与进步的"沉疴"：他们仍多唯利是图之举，如普遍经营鸦片生意，危害百姓身体健康，造成社会道德沦丧；他们仍将自己置于"士农工商"传统社会结构中，对商人身份的认同不够，将经商只是看作"被迫"的谋生的手段，向往的还是地主身份，故经商致富后往往大肆购置土地，在生活上贪图享乐；没有实现自身的真正"独立"，普遍依附官府，官商勾结，不仅破坏正常的交易秩序，还往往导致政治腐败的出现；没有自觉回应时代的召唤，管理理念与治理模式总体落后，没有实现从传统的"生意人"向现代企业家的转变……前述近代云南商帮诸多的局限性，正是这些"沉疴"影响与作用的结果。正因如此，超越"历史"，以自我革命的方式铲除这些"沉疴旧疾"，实现真正的转身与蜕变，是当下云南商人的唯一出路。

三 回应时代召唤，做云南"三个定位"建设的积极实践者

2015年1月19日至21日，习近平总书记考察云南并发表重要讲话，希望云南"努力成为民族团结进步示范区、生态文明建设排头兵、面向南亚东南亚辐射中心"①。习近平总书记对云南的"三个定位"为云南的发展指明了方向。2020年，党中央对云南省进一步提出要求：新时期云南应该深刻把握以创新、协调、绿色、开放、共享为内涵的新发展理念，引导"三大定位"建设取得不断新进展，推动全省经济高质量发展。当前，云南全省上下正在上下一心、全力以赴落实习近平总书记"三个定位"要求。笔者认为，云南"三个定位"建设为云南商人的发展与壮大提供了空前的机遇，云南商人应该积极回应时代召唤，以"破茧成蝶"的勇气突破自身局限，重塑滇商形象，做云南"三个定位"的积极践行者，为云南经济社会的发展和中华民族的伟大复兴做出应有的贡献。

第一，利用好云南区位优势，做"面向南亚东南亚辐射中心"建设的积极践行者。

云南经济要发展，优势在区位，出路在开放。云南是典型的沿边省区，与缅甸、老挝和越南毗邻，国境线长达4060公里，是我国面向南亚东南亚和环印度洋地区开放的大通道和桥头堡，是中国通往南亚、东南亚的窗口和门户。建设面向南亚东南亚的辐射中心是国家充分发挥云南区位优势，提升云南省开放水平的重要战略举措，可使云南成为中国沿边开放发展的新高地，推动云南在国内国际双循环发展格局中发挥重要作用。② 如果说，作为近代云南商帮"边疆性"的重要体现，"走出去"纷纷投入对外贸易，成就了其商业辉煌的话，那么，沿着先辈滇商的光辉足迹，乘国家与云南省"大开放促大发展"战略的春风，重振滇商雄风，就是新一代滇商责无旁贷的历史使命了。③

但据已有研究，云南对东盟国家、南亚国家的进出口贸易量在我国

---

① 《习近平在云南考察时强调 坚决打好扶贫开发攻坚战 加快民族地区经济社会发展》，《云岭先锋》2015年第2期。
② 张世宇：《以三大定位引领云南经济高质量发展》，《环渤海经济瞭望》2021年第9期。
③ 林巧：《滇商"大集合"：振兴命题》，《云南经济日报》2011年1月6日，第A04版。

所占的比重所反映的云南建设面向南亚东南亚辐射中心现状看，云南在我国面向南亚东南亚开放中的区位优势尚未转化成经济优势。因此，云南建设"辐射中心"仍处于起步阶段。①之所以如此，根本原因是云南自身经济体量不够大，经济发展质量和经济发展结构存在问题，使其在对南亚东南亚贸易中的比较优势没有得到凸显。改变这一现状的根本途径，除了继续加强公路、铁路、水运、口岸等大通道建设，持续提高双方的"通过"能力外，更重要的是调整结构、提升质量，促进云南农、工、商的协调、快速发展，系统地解决云南对外经贸发展后劲不足的问题。

云南外向型农业的发展不仅需在产出的"特色"上下功夫，还要在"高附加值"和"深加工上"出成效，否则，不仅会造成因竞争力不强无法扩展出更为广阔的市场，而且即使占有了一定的市场也不会产生更好的效益。云南工业发展基础总体薄弱，本土龙头企业不多，品牌性工业产品数量更少，在真正实现面向南亚东南亚市场的有效供给方面还存在很大差距。农业和工业发展存在的问题，即供给侧的问题，使云南对外经贸的发展失去了根本支撑。因此，笔者认为，不论是从近代云南商人以工商互促发展路径走向成功的历史经验来看，还是从现代经济产业间相互关联的内在逻辑出发，云南商人要想真正在"走出去"中打赢翻身仗，就必须走产供销一条龙或产供销协同发展的路子，要充分利用其资金和人力资源优势积极参与实体经济投资，以实现有效供给为导向持续改进和提升产品质量，进而实现以农养商、以工养商，商业发展又反哺、促进农业、工业发展的良性循环局面的形成。此外，云南商人还要积极利用南亚东南亚的资源和劳动力优势，加大对外投资力度、扩大对外投资规模、提升对外投资效益，在更大程度上以"产"的就地化，实现对南亚东南亚的市场需求的成本更低、更有效的供给。

第二，利用好云南多元文化共生特点，在"民族团结进步示范区"建设中发挥独特作用。

第七次全国人口普查数据显示云南全省总人口4720.9万人，其中汉族人口3157.3万人，占总人口的66.88%；少数民族人口1563.6万人，

---

① 张世宇：《以三大定位引领云南经济高质量发展》，《环渤海经济瞭望》2021年第9期。

占总人口的33.12%。在全国56个民族大家庭中，云南有25个世居少数民族，15个独有民族，16个跨境民族，全国30个民族自治州，云南就有8个。正如云南"十四五"规划指出的，"经过漫长的民族迁徙和变迁，千百年来形成了云南各民族在文化上兼收并蓄、经济上相互依存、情感上相互亲近的格局，是中华民族大家庭的缩影"，云南不仅是中国山地民族分布最集中、文化多样性最突出、民族经济类型分异最明显的省份，同时也是各民族和谐稳定关系保持最具代表性的区域。①

这样的多元文化共生的特点，使得云南地域文化具有鲜明的民族性特征，正因如此，近代云南地域商帮才具有了显著的民族性特征。近代云南商帮的兴起与壮大，是各地汉族与少数民族当中商业意识相对较浓、对时代变化较为敏感的人们共同努力的结果，他们的成功又多借助于民族感情；而他们深入地理位置偏僻、自然环境相对恶劣的少数民族聚居地区开拓市场，既丰富和优化了他们的商品构成与经营结构，又极大地促进了这些地方的发展，缩小区域间发展的差距。历史告诉我们，促进云南省的整体发展和区域协调发展，需要全省各族人民共同努力；历史也告诉我们，利用好云南多元文化共生的特点，以"民族的就是世界的"加强对民族地区的投资与开发，或正是云南商人发展所具有的独特优势和制胜法宝之一。

2014年，民族自治地区的国民生产总值为5109.21亿元，占当年云南全省国民生产总值12814.59亿元的39.37%。到2019年，民族自治地区国民生产总值为9266.97亿元，占全省23223.75亿元的39.90%。六年内，民族自治地区的国民生产总值增速为12.65%，非民族自治地区的增速为12.62%，全省平均增速为12.63%。由此可见，民族自治地区的国民生产总值不仅实现了与全省的同步发展，甚至还带动了全省经济总量的发展速度。② 这说明云南"民族团结进步示范区"建设"各民族都是一家人，一家人都要过上好日子"理念，建设目标是"绝不让一个兄弟

---

① 周智生、张黎波：《云南多民族共生格局的历史形成机理初探》，《云南师范大学学报》2015年第1期。

② 张世宇：《以三大定位引领云南经济高质量发展》，《环渤海经济瞭望》2021年第9期。

民族掉队、绝不让一个民族地区落伍"正在逐步变为现实。

尽管如此，民族地区总体落后的局面尚未实现根本性改变。因此，推动民族地区高质量发展，"坚持把发展作为促进民族团结进步的总钥匙，不断增强民族地区自我发展能力……逐步缩小与全省发展水平的差距"是现阶段加快"民族团结进步示范区"建设的基本任务之一。民族地区高质量发展的需要，为包括云南商人在内的投资者提供了巨大的商机，云南商人自当积极行动起来，不仅如此，推动家乡发展、助力民族进步，更是云南各地、各民族商人义不容辞的责任。推动民族地区的高质量发展，和非民族地区一样，关键在产业。而民族地区产业的优化与发展应将重点放在具有比较优势的民族特色产业上。云南商人一方面应该立足资源禀赋，在民族地区重点发展特色农业，建立和拓展农业特色示范园区，进行精加工，联动与融合第二、第三产业，延长并完善农业产业链，使其向综合化、辐射化发展，增加产品附加值；另一方面要挖掘和创新特色文化内涵，以"文化+"助推产业振兴，要在民族文化旅游业、民族工艺制作、民族节庆会展、民族演艺演出等领域重点开拓，要坚持"高手在民间"的理念，将社会效益与经济效益有机结合，让当地民众广泛参与，打造形式多样、内涵丰富的民族文化品牌，形成广泛、持续的影响力。

第三，利用好云南自然环境优势，为实现"生态文明建设排头兵"目标贡献力量。

云南地理环境复杂，自然资源非常丰富。云南素有"动物王国""植物王国"之称，由植物、动物和微生物构成的生物资源在云南拥有巨大数量的资源种类，其物种的多样性，无论是在国内还是在全世界都是十分罕见的。云南矿产资源种类繁多，因其有色金属矿产资源储量丰富、矿种齐全而向有"有色金属王国"之称。[①] 所谓"一方水土养育一方人"，近代云南商人正是积极利用云南自然环境和自然禀赋优势，一方面将各地农副产品更多地变成商品投向市场；另一方面积极投入矿产品贸

[①] 杨伟兵、张永帅、马琦：《西南近代经济地理》，华东师范大学出版社2015年版，第224—225页。

易和矿业开发走出一条工商互促、产供销一条龙的发展路径，在壮大自身力量的同时，极大地促进了云南经济社会的发展。历史告诉我们，云南的发展不能脱离云南的地理环境，要最大化地利用自然环境和资源禀赋优势；历史告诉我们，如何因地制宜，创造性地、在更大程度上利用好云南自然环境优势，应该是如今的云南商人需要深入思考的重大问题。

如何发挥和利用好自然环境优势，既关乎一个地方能否持续、健康、高质量地发展，也会对投资者能否获得长期收益产生直接影响。但是，长期以来，不少投资者并没有处理好保护与利用的关系，破坏性开发，极端逐利性的投资与建设时有发生，对云南社会和投资者自身都造成了难以弥补的损失。云南省"十四五"规划指出：生态文明建设排头兵的核心要义是保护。要牢固树立和践行绿水青山就是金山银山理念，坚持节约优先、保护优先、自然恢复为主，深入贯彻落实《云南省创建生态文明建设排头兵促进条例》，筑牢西南生态安全屏障，提升"植物王国""动物王国""世界花园""生物基因宝库"的影响力。深入实施可持续发展战略，强化生态文明领域统筹协调机制，构建生态文明体系，促进经济社会发展全面绿色转型，努力成为全国生态文明建设排头兵，建设人与自然和谐共生的现代化。很显然，生态文明排头兵建设，不仅为投资者提供了重要的投资机会，更为投资者提出了全面落实习近平总书记生态思想的要求。对云南商人而言，在云南"生态文明建设排头兵"建设中，积极作为，不仅为其"利"之所在，也为其"义"之所在。这就要求云南商人，一方面要积极投资生态保护与修复工程的建设，如九大高原湖泊治理，另一方面则要在利用云南自然资源优势为我所用之时，在农业、工业、矿业等行业和部门的投资与建设中，始终坚持创新、协调、绿色、开放、共享的发展理念，尊重自然、顺应自然、保护自然，绝不走"先污染后治理"的老路，推动云南经济高质量发展，为"美丽云南"建设做出更大贡献。

综上所述，笔者认为，特殊的人群是特殊时代的产物。作为产生于具有过渡时代特征的近代云南商帮，一方面既继承了中国传统商业文化的精髓，又发挥云南区位优势，挖掘、利用云南地域文化动能，从而形成强大的云南商业精神，促进了自身的发展与壮大，推动了云南经济社会的发展；但另一方面因没有更好地做到与时俱进，没有完全摆脱封建的枷锁与落后思想的束缚，既限制了自身的持续发展，不少商号"其兴也勃焉，其亡也忽焉"，当然也限制了其对近代云南社会发展的影响。因此，既要积极"汲取历史营养"，传承和发扬云南商业精神，又要超越"历史"，以云南"三大地位"为指向，深化省情内涵认识，积极回应时代的召唤，云南商人实现"恢复历史荣光，再次走向辉煌"的梦想就不会遥远。

参考文献

一 史料

陈鹤峰:《王兴斋在清末经营的南帮票号同庆丰天顺祥简史》,《云南文史资料选辑》第28辑,云南人民出版社1984年版。

陈鹤峰:《王兴斋的南帮票号同庆丰与天顺祥》,《云南文史资料选辑》第49辑,云南人民出版社1996年版。

陈慕叔:《个旧的印刷业及地方小报》,《个旧市文史资料选辑》第4辑,1984年。

陈其栋修,缪果章纂:《宣威县志稿》卷7《建设》,1934年铅印本,台北成文出版社1967年影印本。

陈子量:《云南商会》,《云南文史资料选辑》第49辑,云南人民出版社出版1996年版。

陈宗海修,赵端礼纂:《腾越厅志》,光绪十三年刊本,台北成文出版社1967年影印本。

程茂绩:《昆明德和罐头早期发展历程》,《云南文史资料选辑》第49辑,云南人民出版社1996年版。

大理白族自治州地方志编纂委员会:《大理白族自治州志》,云南人民出版社1999年版。

大理史志编纂委员会:《大理市志》,中华书局1998年版。

董平:《从同昌公司到富和美商号》,《腾冲文史资料选辑》第10辑,云南民族出版社2016年版。

董平:《三益恒商号》,《腾冲文史资料选辑》第10辑,云南民族出版社

2016年版。

董彦臣：《凤尾山石磺业发展简况》，《云南文史资料选辑》第42辑，云南人民出版社1993年版。

段金录、姚继德：《中国南方回族经济商贸资料选编》，云南民族出版社2002年版。

段松廷：《民国初期丽江县实业概况》，《丽江文史资料》第6辑，1988年。

方国瑜主编：《云南史料丛刊》，云南人民出版社2001年版。

戈阿干：《在拉萨祭三多旧俗》，《丽江文史资料》第9辑，1990年。

古高荣、杨润苍：《茂恒商号及其云茂纺织厂始末》，《云南文史集粹》（五），云南人民出版社2004年版。

顾金龙、李培林主编：《云南近代矿业档案史料选编（1890—1928）》，1987年。

管学宣、万咸燕修：《丽江府志略》，丽江县县志编委会办公室翻印，1991年。

鹤庆县志编纂委员会：《鹤庆县志》，云南人民出版社1991年版。

贺以明：《西南工商巨擘李耀廷》，《昭通文史资料》第9辑，1995年。

黄藏槐：《顾建平先生与滇西日报》，《云南文史资料选辑》第43辑，云南人民出版社1994年版。

黄槐荣：《洪盛祥商号概况》，《大理市文史资料》第8辑，1999年。

黄日雄：《河口商办电灯旧话》，《河口文史资料》第1辑，1990年。

建水县地方志编纂委员会：《建水县志》，中华书局1994年版。

蒋万华：《福春恒的兴衰》，《云南文史资料选辑》第49辑，云南人民出版社1996年版。

解乐三：《庆正裕商号回忆录》，《云南文史资料选辑》第9辑，云南人民出版社1965年版。

昆明市志编纂委员会：《昆明市志长编》卷11、卷12，1983年。

赖敬庵、杨超然：《丽江工商业资料》，《丽江文史资料》第3辑，1985年。

李拂一：《佛海志安纺织厂纺织机的情况介绍》，《勐海文史资料》第2

辑，1992年。

李珪、梅丹：《云南近代对外贸易史略》，《云南文史资料选辑》第42辑，云南人民出版社1993年版。

李华：《民国时期贡山商品流通史况》，《怒江文史资料选辑》第17辑，1991年。

李镜天：《先父李任卿传略》，《云南文史资料选辑》第51辑，云南人民出版社1991年版。

李镜天：《永茂和商号经营缅甸贸易简史》，《云南文史资料选辑》第42辑，云南人民出版社1993年版。

李镜天：《永茂和商号经营史略》，《腾冲文史资料选辑》第3辑，1991年版。

李继东：《和顺商帮及其商号略述》，《腾冲文史资料选辑》第10辑，云南民族出版社2016年版。

李世荣：《福贡市场史况与解放初期的民贸工作》，《怒江文史资料》第16辑，1990年。

李正帮：《云南猪鬃业发展概况》，《云南文史资料选辑》第42辑，云南人民出版社1993年版。

丽江纳西族自治县志编纂委员会：《丽江纳西族自治县志》，云南人民出版社2001年版。

刘献廷：《佛海启明电灯公司创建始末》，《勐海文史资料》第2辑，1992年。

刘毓珂等纂修：《永昌府志》，光绪十一年刊本，台北成文出版社1967年影印本。

龙云、卢汉修，周钟岳、赵式铭等纂：《新纂云南通志》云南人民出版社2007年点校本。

马伯良：《回族商号兴顺和》，《云南文史资料选辑》第49辑，云南人民出版社1996年版。

马家奎：《回忆先父马铸材经营中印贸易》，《云南文史资料选辑》第42辑，云南人民出版社1993年版。

马维勇：《清末民国时期下关、大理的商会》，《大理市文史资料》第3

辑，1990年。

马泽如：《云南原信昌商号经营概况》，《云南文史资料选辑》第16辑，云南人民出版社1982年版。

马泽如口述，杨润苍整理：《原信昌商号经营泰国、缅甸、老挝边境商业始末》，《云南文史资料选辑》第42辑，云南人民出版社1993年版。

马桢祥：《泰缅经商回忆》，《云南文史资料选辑》第9辑，云南人民出版社1965年版。

弥勒县县志编纂委员会：《弥勒县志》，云南人民出版社1987年版。

缪以庄：《解放前昆明印刷业概况》，《云南文史资料选辑》第18辑，云南人民出版社1983年版。

民国云南省建设厅档案：《大理县银行出资人名册》，云南省档案馆藏，卷宗号：106-4-1631。

民国云南省秘书处档案：《民国二十三年维西县康叶区王受之等诉李文林父子意图操权的呈文》，卷宗号：106-1-1588。

《民族问题五种丛书》云南省编辑委员会编：《白族社会历史调查》，云南人民出版社1983年版。

《民族问题五种丛书》云南省编辑委员会编：《白族社会历史调查（一）》，民族出版社2009年版。

《民族问题五种丛书》云南省编辑委员会编：《白族社会历史调查（三）》，云南人民出版社1991年版。

《民族问题五种丛书》云南省编辑委员会编：《白族社会历史调查（四）》，民族出版社2009年版。

《民族问题五种丛书》云南省编辑委员会编：《怒江社会历史调查》，云南人民出版社1981年版。

（明）刘文征：《滇志》，云南教育出版社点校本1991年版。

宁少逸、浦安宇：《宣威火腿罐头的创始人浦在廷》，《云南文史资料选辑》第49辑，云南人民出版社1996年版。

蒙自县政协文史委：《蒙自的进出口贸易》，《云南文史资料选辑》第42辑，云南人民出版社1993年版。

潘寿山：《鹤庆商会纪事》，《鹤庆文史资料》第1辑，1990年版。

蒲元华：《蒲在廷与宣威火腿》，《云南文史资料选辑》第49辑，云南人民出版社1996年版。

浦元华：《曲焕章与云南白药》，《云南文史资料选辑》第49辑，云南人民出版社1996年版。

秦光玉编纂，李春龙点校：《续云南备征志》（上），云南人民出版社2017年版。

覃有录：《麻姑金矿始末》，《马关县文史资料》第2辑，1986年。

阮光裕：《兴盛一时的手工卷烟业》，《鹤庆文史资料》第1辑，1993年。

施次鲁：《福春恒的兴衰》，《云南文史资料选辑》第42辑，云南人民出版社1993年版。

石屏县志编纂委员会：《石屏县志》，云南人民出版社1990年版。

宋光焘：《鸦片流毒云南概述》，《云南文史资料选辑》第1辑，云南人民出版社1962年版。

舒家骅：《鹤庆商帮资本发展纪略》，《大理市文史资料》第6辑，1989年。

舒自志：《博南古道上的鹤庆舒姓商号》，《云南文史集粹》（五），云南人民出版社2004年版。

舒自治、苏松林：《鹤庆兴盛和商号》，《云南文史集粹》（五），云南人民出版社2004年版。

苏豹君口述，常泽鸿整理：《抗战时期下关金融市场中的跑换》，《大理市文史资料》第5辑，1994年。

苏汝江：《云南个旧锡业调查》，国立清华大学国情普查研究所，1942年。

苏松林调查整理：《凤仪石磺生产与运销》，《白族社会历史调查（三）》，云南民族出版社2009年版。

唐仿寅：《福春恒兴衰与核心人物周守正》，《鹤庆文史资料》第2辑，1992年。

腾冲县志编纂委员会：《腾冲县志》，中华书局1995年版。

腾越镇人民政府：《腾越镇志》，云南民族出版社2016年版。

田赋伟：《解放前我县信贷金融概况》，《鹤庆县文史资料》第1辑，

1990年。

田麟勋：《革命征途第一步》，《鹤庆文史资料》第5辑，1998年。

屠书濂纂修：《腾越州志》，光绪二十三年重刊本，台北成文出版社1967年影印本。

王槐荣修，许实纂：《宜良县志》卷2《风俗》，1921年铅印本。

魏少堂：《个旧大锡交易所》，《个旧文史资料选辑》第4辑，1984年。

吴溪源：《顺成号发家概略》，《云南文史资料选辑》第9辑，云南人民出版社1965年版。

吴能清：《我所知道的蒙自顺成号》，《云南文史资料选辑》第9辑，云南人民出版社1965年版。

喜洲镇志编纂委员会：《喜洲镇志》，云南大学出版社2005年版。

熊元正：《鹤庆土布小史》，《大理州文史资料》第2辑，1984年。

熊元正：《清末至民国期间鹤庆的集市与贸易概述》，《大理州文史资料》第6辑，1989年。

严湘成、杨虹：《永昌祥对外贸略述》，《云南文史集萃》（五），云南人民出版社2004年版。

杨炳权：《同茂和商号创始人何以志》，张志芳主编：《腾冲历史上的商号》，云南民族出版社2016年版。

杨虹：《昆明大成实业公司简史》，《云南文史资料选辑》第29辑，云南人民出版社1986年版。

杨承景、杨树春：《我国最早修建的水电站——石龙坝水电站》，《昆明文史资料选辑》第20辑，1993年。

杨克成：《永昌祥简史》，《云南文史资料选辑》第9辑，云南人民出版社1965年版。

杨金凯编著，高金和点校：《鹤庆县志》，云南大学出版社2016年版。

杨琏、杨璠：《振兴地方民族工商业的杨穆之》，《鹤庆文史资料》第4辑，1996年。

杨维基：《鹤庆解放前后——我的回忆》，《大理州文史资料》第2辑，1984年。

杨宪典编纂：《喜洲志》，大理白族自治州南诏史研究学会1988年印行。

杨用勋、杨润苍、何开明：《董澄农经营钨砂出口及创办大成实业公司的历程》，《云南文史资料选辑》第42辑，云南人民出版社1993年版。

杨卓然：《滇人赴缅做工人及经商情况简述》，《云南文史资料选辑》第9辑，云南人民出版社1965年版。

杨卓然：《"喜洲帮"的形成和发展》，《云南文史资料选辑》第16辑，云南人民出版社1980年版。

姚贤镐编：《中国近代对外贸易史资料》（第2册），中华书局1962年版。

瑶子：《云南近代实业家——蒋楦》，《建水县文史资料》第3辑，1992年。

尹树泽：《复春和商号的号规》，《大理市文史资料》第8辑，1999年。

伊文和：《云南最古老的华侨商号——"三成号"》，《云南文史资料选辑》第42辑，云南人民出版社1993年版。

云南历史研究所：《个旧锡业私矿调查》，1979年。

云南省档案馆、云南省经济研究所：《云南近代矿业档案史料选编》第3辑，1990年。

云南省编辑组：《哈尼族社会历史调查》，云南民族出版社1982年版。

云南省编辑组：《纳西族社会历史调查（二）》，云南民族出版社1986年版。

云南省编辑组：《中央访问团第二分团云南民族情况汇集》（上），云南民族出版社1986年版。

云南省地方志编纂委员会：《云南省志》卷13《金融志》，云南人民出版社1994年版。

云南省地方志编纂委员会：《云南省志》卷14《商业志》，云南人民出版社1993年版。

云南省民政厅档案，《各县呈报改善不良风俗报告》，云南省档案馆藏，卷宗号：11-8-117。

云南省志编纂委员会办公室：《续云南通志长编》，1985年、1986年。

张嘉和：《归国共大事 丹心终不改——忆爱国老人张相时》，《鹤庆文史资料》第2辑，1992年。

张了、张锡禄：《鹤庆碑刻辑录》，大理白族自治州南诏史研究会印，

2001年。

张培爵修，周宗麟纂：《大理县志稿》，1916年铅字重印本，台北成文出版社1974年影印本。

张绍良、李典章：《滇西火柴工业简史》，《云南文史资料选辑》第18辑，云南人民出版社1983年版。

张相时：《云南恒盛公商号史略》，《云南文史资料选辑》第18辑，云南人民出版社1983年版。

张星泽：《边陲救亡小报——〈丽江周报〉》，《云南文史资料选辑》第50辑，云南人民出版社1997年版。

张竹邦：《滇缅交通与腾冲商业》，《云南文史集粹》（五），云南人民出版社2004年版。

张尊贤：《跨国商号致和兴》，《腾冲文史资料选辑》第10辑，云南民族出版社2016年版。

赵谦庵口述，杨荣苍整理：《美兴和商号经营史》，《云南文史资料选辑》第42辑，云南人民出版社1993年版。

赵勤：《"喜洲商帮"的形成及对地方的贡献》，《大理市文史资料》第13辑，2006年。

中甸县志编纂委员会办公室编：《中甸县志资料汇编》（三），1991年。

中共宣威市史志办公室：《宣威市志》，云南人民出版社1999年版。

中国第二历史档案馆、中国海关总署办公厅编：《中国旧海关史料》，京华出版社2001年版。

中国科学院历史研究所第三所编辑：《云南贵州辛亥革命资料》，科学出版社1959年版。

周润苍：《"大道生"的艰难创业与发展》，《云南文史资料》第49辑，云南人民出版社1996年版。

二　著作、学位论文

［法］白吉尔：《中国资产阶级的黄金时代（1911—1937）》，上海人民出版社1994年版。

陈阿兴、徐德云：《中国商帮》，上海财经大学出版社2015年版。

陈学文：《龙游商帮研究》，杭州出版社2004年版。
陈延斌：《大理白族喜洲商帮研究》，中央民族大学出版社2009年版。
陈征平：《云南工业史》，云南大学出版社2007年版。
董孟雄：《云南近代地方经济史研究》，云南人民出版社1991年版。
董孟雄、郭亚非：《云南地区对外贸易史》，云南人民出版社1998年版。
董晓京：《腾冲商帮》，云南人民出版2013年版。
［法］方舒雅：《晚清纪事——一个法国外交官的手记（1886—1904）》，罗顺江、胡宗荣译，云南美术出版社2002年版。
冯永飞：《近代滇西商帮经营管理模式研究（1894—1949）》，硕士学位论文，云南师范大学，2022年。
夫巴主编：《丽江与茶马古道》，云南大学出版社2004年版。
葛永才：《清末巨商王炽》，云南人民出版社1998年版。
郭大烈、和志武：《纳西族简史》，四川民族出版社1999年版。
郭大烈主编：《中国少数民族辞典·纳西族卷》，广西民族出版社2004年版。
贺圣达：《缅甸史》，人民出版社1992年版。
和晓花：《纳西族谚语文化研究》，云南人民出版社2008年版。
和中孚：《中国与东南亚的链接——滇越铁路》，云南人民出版社2014年版。
胡阳全：《云南马帮》，福建人民出版社1999年版。
［英］霍尔：《东南亚史》，中山大学东南亚历史研究所译，商务印书馆1982年版。
蒋君章：《西南经济地理》，商务印书馆1945年版。
李刚：《山西商帮史》，西北大学出版社1997年版。
李珪主编：《云南近代经济史》，云南民族出版社1995年版。
李旭：《藏客》，云南大学出版社2000年版。
梁瑞明编著：《社会学基础》，中山大学出版社2019年版。
廖乐焕、孙丹：《云南马帮经济变迁研究》，人民出版社2011年版。
刘云明：《清代云南市场研究》，云南大学出版社1996年版。
陆韧：《云南对外交通史》，云南民族出版社1997年版。

罗群：《滇商巨子——王炽》，云南人民出版社2016年版。

罗群：《近代云南商人与商人资本》，云南大学出版社2004年版。

罗群、黄翰鑫：《王炽与晚清云南商业社会》，云南人民出版社2014年版。

罗群、罗敏：《话说滇商》，中华工商联合出版社2008年版。

马丽娟：《多型论：民族经济在云南》，云南人民出版社2012年版。

马晓粉：《清代云南会馆研究》，博士学位论文，云南大学，2014年。

木仕华：《东巴教与纳西文化》，中央民族大学出版社2002年版。

纳西族简史编写组：《纳西族简史》，民族出版社2008年版。

秦树才：《云岭金沙话货殖———云南民族贸易》，云南教育出版社2000年版。

申小寒：《民国时期云南马帮风险及防范研究》，硕士学位论文，云南大学，2021年。

［美］施坚雅：《中国封建社会晚期城市研究——施坚雅模式》，王旭等译，吉林教育出版社1991年版。

［美］施坚雅：《中国农村的市场和社会结构》，史建云、徐秀丽译，中国社会科学出版社1998年版。

宋林清等：《走向东南亚——云南外向型经济及口岸发展研究》，云南人民出版社1993年版。

唐力行：《商人与中国近世社会》，浙江人民出版社1993年版。

万湘澄：《云南对外贸易概观》，新云南丛书社1946年版。

王川：《滇川贸易百年》，云南人民出版社2013年版。

王笛：《跨出封闭的世界——长江上游区域社会研究》，中华书局2001年版。

王恒杰：《迪庆藏族社会史》，中国藏学出版社1995年版。

王明达、张锡禄：《马帮文化》，云南人民出版社1993年版。

王绳祖：《中英关系史论丛》，人民出版社1981年版。

王振忠：《明清徽商与淮扬社会变迁》，生活·读书·新知三联书店1996年版。

汪致敏：《朱家花园——滇南豪门的兴盛与隐退》，云南人民出版社2013

年版。

吴承明：《中国资本主义与国内市场》，中国社会科学出版社1985年版。

吴兴南：《云南对外贸易——从传统到近代化的历程》，云南民族出版社1997年版。

吴兴南：《云南对外贸易史》，云南大学出版社2002年版。

吴增基、吴鹏森、苏振芳主编：《现代社会学》，上海人民出版社2018年版。

谢本书主编：《云南近代史》，云南人民出版社1993年版。

熊清华：《百年滇商》，云南人民出版社2013年版。

薛祖军：《大理地区喜洲商帮与鹤庆商帮的分析研究》，云南大学出版社2010年版。

薛祖军：《喜洲商帮》，云南人民出版社2013年版。

熊元彬：《云贵高原近代手工业研究（1851—1938）》，博士学位论文，华中师范大学，2015年。

严仲平：《清代云南铜政考》，中华书局1948年版。

杨福泉：《纳西族与藏族历史关系研究》，云南人民出版社2011年版。

杨林军编著：《丽江历代碑刻辑录与研究》，云南民族出版社2011年版。

杨寿川：《云南矿业开发史》，社会科学文献出版社2014年版。

杨伟兵、张永帅、马琦：《西南近代经济地理》，华东师范大学出版社2015年版。

杨学政主编：《云南少数民族礼仪手册》，云南民族出版社1999年版。

杨毓才：《云南各民族经济发展史》，云南民族出版社1989年版。

杨兆钧等主编：《云南回族史》，云南民族出版社1994年版。

杨政业：《白族本主文化》，云南人民出版社1994年版。

杨政业主编：《大理文化论》，云南民族出版社2001年版。

姚建峰、田生湖、喻凡、崔同宜：《云南商帮》，云南人民出版社2020年版。

［美］约瑟夫·洛克：《中国西南的古纳西王国》，刘宗岳译，云南美术出版社1999年版。

张海鹏、张海瀛：《中国十大商帮》，黄山书社1993年版。

张晖：《昆明百年商业变迁》，云南人民出版社2013年版。

张桥贵：《独龙族文化史》，云南民族出版社2000年版。

张绍碧主编：《建水史话》，云南人民出版社2017年版。

张守广：《宁波商帮史》，宁波出版社2012年版。

张思媛：《抗战时期昆明市商会与地方社会（1937—1945）》，硕士学位论文，云南民族大学，2016年。

张肖梅：《云南经济》，中国国民经济研究所，1942年。

张永帅：《空间视角下的近代云南口岸贸易研究（1889—1937）》，中国社会科学出版社2017年版。

张振明、张舒：《晋商兴衰史》，山西经济出版社2010年版。

赵启燕：《鹤庆商帮》，云南人民出版社2013年版。

钟崇敏：《云南之贸易》，1939年手稿油印本。

周智生：《商人与近代中国西南边疆社会——以滇西北为中心》，中国社会科学出版社2006年版。

朱英：《近代中国商人与社会》，湖北教育出版社2002年版。

三 论文

卞利：《徽商经营管理对现代企业的启示》，《浙江树人大学学报》2008年第2期。

蔡洪滨、周黎安、吴意云：《宗族制度、商人信仰与商帮治理：关于明清时期徽商与晋商的比较研究》，《管理世界》2008年第2期。

车辚：《晚清云南的商业经济地理结构》，《曲靖师范学院学报》2009年第1期。

陈剑峰：《地域商人与明清时期浙北区域经济发展》，《浙江社会科学》2006年第6期。

陈立旭：《区域工商文化传统与当代经济发展——对传统浙商晋商徽商的一种比较分析》，《浙江社会科学》2005年第3期。

陈庆德：《人类经济发展中的民族同化与认同》，《民族研究》1995年第1期。

戴鞍钢：《近代中国西部内陆边疆通商口岸论析》，《复旦学报》（社会科学版）2005 年第 4 期。

戴光中：《明清浙东学术与宁波商帮发展》，《宁波大学学报》2003 年第 4 期。

范金民：《明代地域商帮兴起的社会背景》，《清华大学学报》2006 年第 5 期。

范金民：《明代地域商帮的兴起》，《中国经济史研究》2006 年第 3 期。

范金民：《明清地域商人与江南市镇经济》，《中国社会经济史研究》2003 年第 4 期。

郭亚非：《近代云南与周边国家区域性贸易圈》，《云南师范大学学报》2001 年第 3 期。

韩军：《大理白族喜洲商帮》，《云南民族学院学报》1992 年第 3 期。

黄举安：《滇康边区新形势》，《边疆通讯》第 2 卷（1944 年）第 1 期。

［澳］霍尔：《云南的地方派别（1927—1937）》，谢本书等译，云南省历史研究所《研究集刊》1984 年第 1 期。

况浩林：《近代滇西白族商人严子珍创办的永昌祥商号》，《民族研究》1989 年第 6 期。

李式金：《云南阿墩子——一个汉藏贸易地》，《东方杂志》第 14 卷（1944 年）第 16 号。

李灿松、周智生：《"藏彝走廊"地区白族商人商贸活动的持续性探讨》，《云南民族大学学报》2009 年第 4 期。

梁仁志：《中国商帮史研究中"传统—近代"说之反思——以近代徽商研究为中心》，《南京社会科学》2021 年第 4 期。

林文勋、马琦：《近代云南省际贸易研究》，《中国边疆史地研究》2011 年第 4 期。

刘旗辉、王福生：《新商业精神探寻》，《珠江经济》2004 年第 6 期。

罗国蕊：《彝族"罗罗"虎崇拜与民族精神》，《毕节学院学报》2009 年第 10 期。

罗群：《从会馆、行帮到商会——论近代云南商人组织的发展与嬗变》，《思想战线》2006 年第 6 期。

罗群、杨浩波：《近代云南商业发展与边疆社会民俗变迁——以大理鹤庆为中心》，《中国边疆学》第 3 辑，2015 年。

马维良：《云南回族的对外贸易》，《回族研究》1992 年第 2 期。

牟军：《云南商业精神的历史文化解读》，《今日民族》2021 年第 11 期。

普卫明：《云南少数民族理财思想的起源及其表现形式》，《云南民族大学学报》2008 年第 4 期。

秦树才：《明清时期洱海地区商业述略》，《昆明师专学报》1989 年第 4 期。

申旭：《回族商帮与历史上的云南对外贸易》，《民族研究》1997 年第 3 期。

史晋川：《商帮文化：动力抑或阻力》，《浙江树人大学学报》2008 年第 8 期。

石忆邵：《明清时期中国商帮崛起的动力机制及地域分异特征》，《同济大学学报》1997 年第 2 期。

宋美云、宋立曼：《近代天津商会与国内其他商会网络机制的建构》，《中国社会经济史》2001 年第 3 期。

太丽琼：《近代腾冲商帮的经营管理思想》，《保山学院学报》2010 年第 1 期。

王里鹏：《晋商家族制与徽商宗族制之比较研究》，《山西大学学报》2010 年第 3 期。

吴承明：《从传统经济到现代经济的转变》，《中国经济史研究》2003 年第 1 期。

吴乾就：《云南回族的历史和现状》，云南历史研究所《研究集刊》1982 年第 2 辑。

吴兴南：《历史上云南的对外贸易》，《云南社会科学》1998 年第 3 期。

姚建峰、田生湖：《云南迤西三大商帮的历史功绩与现代价值》，《文山学院学报》2020 年第 2 期。

虞和平：《近代商会的法人社团性质》，《历史研究》1990 年第 5 期。

张光忠：《中华民族商帮文化的全球意义——基于中国企业的国际化经营战略研究》，《中南财经政法大学学报》2008 年第 1 期。

张世宇：《以三大定位引领云南经济高质量发展》，《环渤海经济瞭望》

2021 年第 9 期。

张益赫、葛扬：《文化信仰与商帮治理：明清时期晋商、徽商比较制度分析》，《河南社会科学》2012 年第 6 期。

张永帅：《对外贸易与近代云南统一市场的形成及其空间结构》，《云南大学学报》（社会科学版）2019 年第 4 期。

张永帅：《腹地变迁：近代云南三关贸易地位形成的空间过程（1889—1937）》，《西南边疆民族研究》第 18 辑，云南大学出版社 2015 年版。

赵本灿：《弥勒县彝族文化旅游资源研究》，《科技与产业》2009 年第 11 期。

赵善庆：《近代滇西商帮与滇缅贸易》，《东南亚南亚研究》2014 年第 2 期。

赵善庆：《清末民初云南"商绅"阶层的变动及其与近代商业的转型》，《云南民族大学学报》（哲学社会科学版）2015 年第 4 期。

赵善庆：《统制与嬗变：抗战时期云南商会的组织演进述论》，《暨南学报》2016 年第 4 期。

赵启燕：《近代滇西白族商帮的商贸经营与管理——以鹤庆商帮为例》，《思想战线》2007 年第 6 期。

周黎安：《从明清时期的商帮治理看现代民营企业发展》，《中国市场》2011 年第 3 期。

周膺：《当代地域商人群体与古代商帮的差异》，《浙江学刊》2011 年第 5 期。

周智生：《云南商人与近代中印商贸交流》，《学术探索》2002 年第 1 期。

周智生、张黎波：《云南多民族共生格局的历史形成机理初探》，《云南师范大学学报》2015 年第 1 期。

朱英：《甲午战后清政府经济政策的变化与商人社会地位的提高》，《贵州社会科学》1998 年第 5 期。

四　报纸、网络文章

林巧：《滇商"大集合"：振兴命题》，《云南经济日报》2011 年 1 月 6 日。

前线评论员:《论商业精神》,《前线》2022年第6期。

张永帅:《曾经的马帮》,《云南经济日报》2014年3月27日。

张永帅:《云南铁路百年跨越历程:从米轨到高铁的沧桑巨变》,《云南日报》2016年10月4日。